Flugkapitän i.R. Horst Materna

Die Geschichte der Henschel Flugzeug-Werke A.G.

in Schönefeld bei Berlin 1933 bis 1945

Verlag Rockstuhl

Impressum

Umschlaggestaltung: Harald Rockstuhl, Bad Langensalza

Titelbild: Luftaufnahme des Werkgeländes der Henschel Flugzeug-Werke A.G. in Schönefeld bei Berlin von 1940 aus der Sammlung des Luftfahrtclubs „Otto Lilienthal“ e. V. –
Im Titelblatt das Firmenlogo von HFW - neu gestaltet nach alten Vorlagen von Harald Rockstuhl.

Bisherige Auflagen:
1. Auflage – 2010 | 2. bearbeitete Auflage 2011 | 3. Auflage – 2012 im Verlag Rockstuhl

4. Auflage 2016
ISBN 978-3-86777-049-1

Innenlayout: Harald Rockstuhl, Bad Langensalza

Lektorat unter Verantwortung des Autoren

Druck und Bindearbeit: Digital Print Group Oliver Schimek GmbH, Nürnberg/Mittelfranken

Gedruckt auf alterungsbeständigem Papier nach ISO 9706

Die Deutsche Nationalbibliothek verzeichnet diese Publikation in der Deutschen Nationalbibliografie. Detaillierte bibliografische Daten sind im Internet über *http://dnb.d-nb.de* abrufbar.

Inhaber: Harald Rockstuhl
Mitglied des Börsenvereins des Deutschen Buchhandels e.V.
Lange Brüdergasse 12 in D-99947 Bad Langensalza/Thüringen
Telefon: 03603 / 81 22 46   Telefax: 03603 / 81 22 47
www.verlag-rockstuhl.de

Inhalt

Farbprofil einer Hs 123 im Spanischen Bürgerkrieg. Mehr dazu auf Seite 59

Wintertarnung der Hs 129. Mehr dazu auf Seite 150

Künstlerische Darstellung der Hs 132 im Flug (Zeichnung Rode). Mehr dazu auf Seite 85

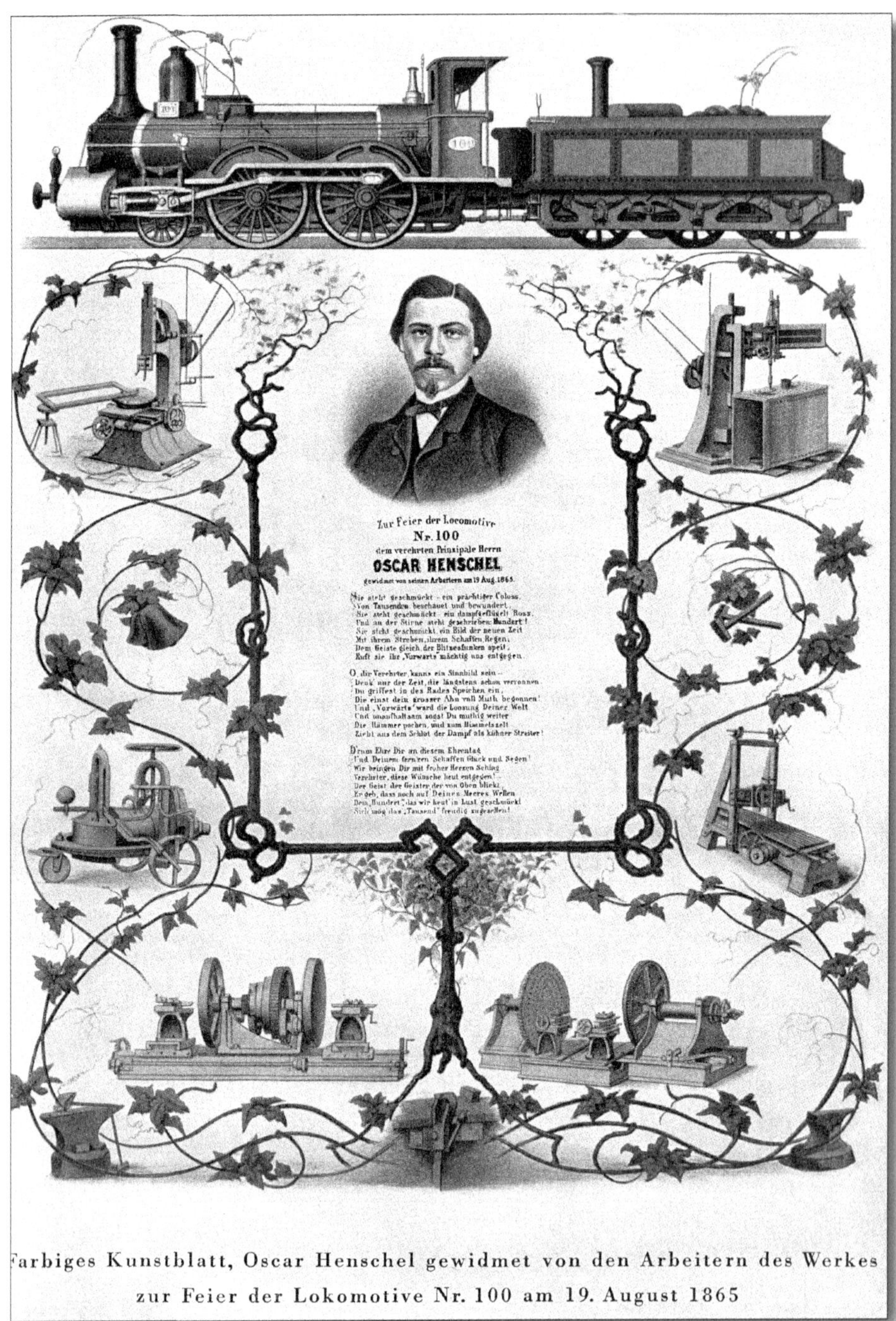

Farbiges Kunstblatt, Oscar Henschel gewidmet von den Arbeitern des Werkes zur Feier der Lokomotive Nr. 100 am 19. August 1865

Dieses Werbeblatt wurde anlässlich der 100. Lokomotive am 19. August 1865 herausgegeben.

Widmung und Danksagung

Der Autor widmet dieses Buch den ehemaligen Mitarbeitern und Beschäftigten der Henschel Flugzeug-Werke A.G., die aufopferungsvoll und unter großen Anstrengungen in kürzester Zeit eines der modernsten Flugzeugwerke Deutschlands aufgebaut und zur wirtschaftlichen Blüte gebracht haben. Gleich welcher Nationalität, ob freiwillig oder durch die Kriegsumstände gezwungen, haben sie Großes geleistet, die technische Entwicklung vorangetrieben und eine vorbildliche Produktionskultur entwickelt.
Die Geschichte der Henschel Flugzeug-Werke A.G. in Schönefeld bei Berlin ist bisher nicht geschrieben worden, sie der Vergessenheit zu entreißen, war das dringende Bedürfnis des Autors.
Dipl.-Ing. Ernst Götsch aus Kassel ist es zu verdanken, dass, neben seiner anerkennenswerten Vorarbeit für das Manuskript, dem Autor eine Vielzahl von Firmen-Dokumenten zur Verfügung stand. Hans-Joachim Henning, Frank-Dieter Lemke und Klaus Wartmann haben wesentlich zur Entstehung dieses Buches beigetragen indem sie Ergebnisse ihrer Recherchen und eigene Beiträge uneigennützig zur Verfügung stellten, beim Nachweis entscheidender Quellen halfen und zu einer sachlich richtigen Darstellung beitrugen.
Besonders erwähnt werden sollen die ehemaligen „Henschelaner“ Gerhard Beland, Bruno Behrens, Gerhard Braunstein, Bernhardt Drewitz, Fritz Ehmke, Irmgard Handke, Herbert Hickstein, Erich Langner, Heinz Philipp, Horst Sowa und Heinz Schweinitzer, die mit ihren Erinnerungen sehr geholfen haben. Darüber hinaus gilt herzlicher Dank weiteren Freunden und Angehörigen für ihre wertvolle Unterstützung. Sie standen mit Rat und Tat zur Seite und lieferten Dokumente, Fotos, Erinnerungen, Hinweise und Ideen. Deshalb seien sie, ohne eine Wertung ihres Beitrages vorzunehmen, nachfolgend aufgeführt.
Manfred Boehme, Werner Kießling, Klaus Knepscher, Klaus-Peter Kosanke, Siegfried Schmidtsdorff, Klaus Ullrich sowie Angehörige der Henschelaner Herting, von Heynitz und Kujas. Leider können einige von ihnen das Erscheinen dieses Buches nicht mehr erleben.
Dank und Anerkennung gilt Holger G. Hackenberg, der die Fotos und Dokumente in diesem Buch bearbeitet und digitalisiert hat. Auch die Gesellschaft zur Bewahrung von Stätten deutscher Luftfahrtgeschichte (GBSL), der Luftfahrtklub „Otto Lilienthal“ und das Bundesarchiv in Berlin-Lichterfelde sollen für ihre bereitwillige und hilfreiche Unterstützung dieses Vorhabens Erwähnung finden. Nicht zuletzt sei meinem Freund Jörg Mückler gedankt, der durch die kritische Durchsicht des Manuskripts sehr geholfen hat, das Buch auch sprachlich und stilistisch lesenswert zu machen.
Sie alle und vor allem der Autor würden sich glücklich schätzen, wenn das Buch durch die Leser Anerkennung findet; sie würden sich aber auch über jede Ergänzung und hilfreiche Kritik freuen.

Schönefeld im Herbst 2009 *Horst Materna*

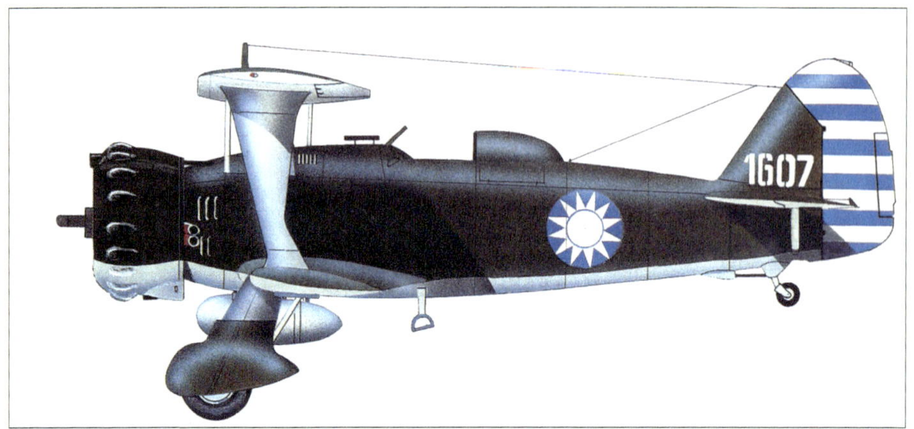

Farbprofil einer Hs 123 in China. Mehr dazu auf Seite 85

Künstlerische Darstellung der Hs P. 67 (Zeichnung Rode). Mehr auf Seite 215

Künstlerische Darstellung der Hs P. 87 (Zeichnung Rode). Mehr auf Seite 211

Vorwort

Historische Rückschau aus heutiger Sicht mag manchem nur als verklärte Erinnerung an „Früher" erscheinen. Dennoch sind viele Ereignisse, Erfindungen und Leistungen der damaligen Zeit wichtige Grundlagen für den heutigen Standard im Flugzeugbau. So soll dieses Buch als Versuch verstanden werden, dem einzigartigen Erfolg der Henschel Flugzeug-Werke A.G. in Schönefeld bei Berlin besonders auf dem Gebiet der spanlosen Verformung von Werkstoffen und der rationellen Großserienfertigung von Flugzeugen gerecht zu werden. Henschel zählte nicht zu den bekannten großen Firmen, sie wurde erst 1933 gegründet und begann 1934 mit der Entwicklung und dem Bau von Flugzeugen in einem völlig neuen Werk, welches wohl zurecht als eines der modernsten in Europa bezeichnet werden konnte.

Die Betriebsführung stellte sich von Anfang an die Aufgabe, nicht nur schnell und gut, sondern auch wirtschaftlich zu bauen. Die bei den HFW entwickelten neuartigen Fertigungsverfahren im Metallflugzeugbau sind gekennzeichnet durch die Verwendung von großen, gepressten Konstruktionseinheiten. Vorbedingung dafür war die Entwicklung geeigneter Werkzeugmaschinen, die sich im deutschen Flugzeugbau als richtungweisend erwiesen haben. Aus dem handwerklichen Basteln wurde die maschinelle Serienfertigung. Schließlich aber waren es die Großserien im Lizenzbau, welche die HFW zur Leitfirma im deutschen Flugzeug-Zellenbau werden ließ, dem Unternehmen weltweite Anerkennung verschaffte und natürlich auch zu soliden Betriebsergebnissen führten.

Das Schreiben dieser Chronik ist ursächlich möglich geworden, weil mir die Henschel Flugzeug-Werke in Kassel noch vorhandenes Archivmaterial, Monatsberichte und das Kriegstagebuch der HFW zur Verfügung gestellt haben. Diese Aufzeichnungen gehören zu den Resten der Betriebsunterlagen, die in einem Bergstollen die Nachkriegswirren überlebt haben. Meine 1988 begonnenen Vorarbeiten konnten in den letzten Jahren mit Hilfe engagierter INTERFLUG-Mitarbeiter, ehemaliger Werksangehöriger und Zeitzeugen zu der nun vorliegenden Chronik weiter geführt werden. Dem Autor ist es gelungen, Werksalltag und Zeitgeschehen von 1933 bis 1945 als erlebbare Geschichte aufzuzeichnen. Vor allem technisch und zeitgeschichtlich interessierten Luftfahrtfans dürfte sich eine Informationsquelle erschließen, die es zu diesem Thema noch nicht gibt.

Ich wünsche dem Buch eine wohlwollende Aufnahme durch eine interessierte und möglichst große Leserschar.

Kassel im Mai 2010 *Ernst Götsch*

Georg Christian **Carl Henschel** **1759 – 1835**

Er gilt als Gründer des Henschel-Unternehmens. Nach seinem Umzug von Gießen nach Kassel im Jahre 1777 hat er am 28. Juni 1810 im Freyhaus den Schritt in die Selbstständigkeit gewagt.

Carl Anton Henschel **1780 – 1861**

Der Sohn des Gründers hat das Unternehmen seines Vaters vom bisherigen Metallwarengeschäft in eine Maschinenfabrik umgewandelt. 1836 erbaute er das neue Gießhaus. Er schuf u. a. 1848 für Henschel die erste Lokomotive (Drache).

Georg Alexander **Carl Henschel** **1810 – 1860**

Er trat in seinem 25. Lebensjahr in das väterliche Unternehmen ein und vergrößerte das Kasseler Werk am Möncheberg. Die Zahl der Mitarbeiter stieg in den Jahren 1835 bis 1860 von 50 auf 350. 1858 hat er den ersten Lokomotiv-Exportauftrag nach Amsterdam abgewickelt.

Carl Anton **Oskar Henschel** **1837 – 1894**

Er musste mit 23 Jahren das große Erbe antreten. Trotz Krisen schaffte er es, dass 1873 das Werk Rothenditmold entstand und 1885 die 2000. Lokomotive hergestellt wurde. Die Belegschaft wuchs auf 1600 Mitarbeiter. Er heiratete im Jahr 1862 Sophie Caesar, die nach seinem Tod 1894 das Unternehmen 18 Jahre erfolgreich weiter führte.

Carl Anton Theodor **Henschel** **1873 – 1924**

Er repräsentierte die fünfte Generation. 1899 wurde die 5000. Lokomotive ausgeliefert. 1912 übernahm er die Firma Henschel & Sohn. Am Holländischen Platz entstand 1902 das neue Verwaltungsgebäude, 1918 das Werk Mittelfeld. Er war der Wegbereiter des späteren Kraftwagenbaus.

Oscar Robert **Henschel** **1899 – 1982**

Der älteste Sohn der sechsten Generation musste sehr früh die Firma übernehmen. Er setzte den Plan seines Vaters um und lieferte bereits 1925 die ersten Omnibusse aus. 1933 gründete er die Henschel Flugzeug-Werke. Nach der 80-prozentigen Zerstörung des Werkes im Krieg gab O.R. Henschel 1957 seinen Vorsitz ab.

Sechs Generationen führten 180 Jahre die Henschel-Werke

Geschichte der Firma Henschel bis 1930

Die Henschel-Dynastie

Die Geschichte der Henschel-Dynastie begann schon vor 400 Jahren. 1608 wurde ein Johannes Henschel in Glaz (heute Klodzko) in Schlesien Metallgießer-Lehrling. Er wanderte 1614 nach Mainz aus und verlegte seine Werkstatt 1637 nach Gießen, wo hauptsächlich Glocken und Kanonen hergestellt wurden. 140 Jahre später, man schrieb das Jahr 1777, ging der frisch gebackene Gießereigeselle Georg Christian Carl Henschel nach Kassel und verdingte sich dort in der landgräflich-hessischen Stück- und Rotgießerei, die der Meister Johannes Anton Friedrich Storck leitete. Drei Jahre später heiratete er dessen Tochter Christine Wilhelmine und übernahm nach dem Tod des Meisters 1793 den Betrieb. Seit dieser Zeit ist die Familie Henschel in Kassel ansässig.
1810, Frankreich hatte inzwischen das Land besetzt, überwarf sich Georg Christian Carl Henschel mit der Besatzungsmacht, wurde seines Postens enthoben und verlor über Nacht Haus und Firma. Gemeinsam mit seinem ältesten Sohn Carl Anton Henschel machte er sich am 28. Juni desselben Jahres selbstständig und betrieb eine eigene Gießerei. Daher gilt 1810 allgemein als das Gründungsjahr der Firma Henschel & Sohn.

Nachdem 1813 die Franzosen durch russische Truppen aus Kassel vertrieben worden waren, setzte Kurfürst Wilhelm I. Georg Christian Carl Henschel wieder in alle Rechte ein und die Familie konnte in das alte Gießhaus zurückkehren. Carl Anton hatte inzwischen das Unternehmen seines Vaters vom Metallwarengeschäft in eine Maschinenfabrik umgewandelt und ließ 1836 das neue Gießhaus erbauen. 1848 baute Henschel die erste Lokomotive, die den Namen „Drache" erhielt.

Mit 25 Jahren trat sein Sohn Georg Alexander Carl 1835 in das väterliche Unternehmen ein. Er gilt als der Stammvater des Lokomotivbaus der Firma Henschel & Sohn. Das Kasseler Werk am Möncheberg wurde durch ihn vergrößert, die Zahl der Mitarbeiter wuchs bis 1860 auf 350 an. 1837 wurde das Werk am Holländischen Platz in Betrieb genommen und bereits 1858 konnte der erste Exportauftrag für Lokomotiven ausgeführt werden.

Die folgenden Generationen bauten die Firma immer weiter aus und schufen eines der erfolgreichsten Unternehmen Deutschlands. Neben Werkzeugmaschinen, Feuerspritzen, Saug- und Druckpumpen sowie Dampfmaschinen wurden vor allem Lokomotiven und Automobile bei Henschel & Sohn gebaut. Mit dieser breiten Produktpalette gelang es

Das Wohnhaus und die Maschinenfabrik von Henschel & Sohn 1873

auch in schweren Zeiten und regressiven Wirtschaftsperioden das Unternehmen kontinuierlich weiter zu entwickeln.
Interessant ist auch, dass die Firma Henschel & Sohn 18 Jahre lang von einer Frau erfolgreich geleitet wurde. Als Carl Anton Oskar Henschel 1894 nur 57-jährig starb, führte seine Witwe, Sophie Henschel, das Unternehmen, bis 1912 Carl Anton Theodor Henschel die Geschäftsführung übernahm. Aus ihrer „Regentschaft" stammen viele soziale Einrichtungen und sozialpolitische Entscheidungen, die z. T. heute noch wirksam sind. So wurden eine Pensions-, Witwen- und Waisenkasse für Henschel-Mitarbeiter eingerichtet, eine Fortbildungsschule für Henschel-Lehrlinge gebaut sowie eine Haushaltsschule für Töchter und junge Frauen von Henschel-Arbeitern geschaffen. Musik- und Turnvereine ermöglichten den Henschelanern kulturelle und sportliche Betätigung, Wohnsiedlungen sowie Einkaufsstätten verbesserten die Lebensbedingungen der arbeitenden Menschen.
Durch Zukäufe von Einzelfirmen und kompletten Produktionsabteilungen sowie Kapitalbeteiligungen und dem Bau eigener Betriebserweiterungen wie der Eisen- und Metallgießerei in Mittelfeld wuchs das Unternehmen ständig.

Henschel-Werbung für Schienen- und Straßenfahrzeuge

Eine Zeitungswerbung für Henschel-Erzeugnisse von 1895

1924 übernahm Oscar Robert Henschel, der älteste Sohn von Carl Theodor Henschel, die Unternehmensleitung. Die Lokomotivbestellungen für das Inland waren stark zurück gegangen und es mussten neue Fertigungszweige gefunden werden. Henschel & Sohn beschäftigte zu diesem Zeitpunkt über 2000 Mitarbeiter. Zunächst nutzte man die Erfahrungen aus dem Dampflokomotivenbau und baute Dampferzeuger, Dampfzugmaschinen und auch Dampfstraßenwalzen. Die wachsende Zahl von Kraftfahrzeugen erforderte einen verstärkten Straßenbau und auch dafür lieferte Henschel die notwendigen Baumaschinen. Aber all diese Maßnahmen reichten nicht aus und Oscar R. Henschel dachte über neue Produktlinien nach.

Nachdem sein Vater sich bereits Anfang der 1920er Jahre mit der Ausweitung des Geschäftsfelds auch auf den Straßenverkehr beschäftigt hatte, verwirklichte er diese Idee und 1925 begann die Henschel & Sohn GmbH, Kassel, wie sie seit 1921 firmierte, mit dem Bau von Omnibussen und Lastkraftwagen. Auch auf diesem Betätigungsfeld war das Unternehmen in wenigen Jahren Marktführer.

Als Oscar R. Henschel 1929 Aufsichtsratsvorsitzender der Henschel & Sohn A.G. wurde, hatte er sich bereits intensiv mit einem neuen Wirkungsbereich beschäftigt. Zur Losung „Alles für die Schiene – alles für die Straße“ kam jetzt hinzu „Alles für die Luft“. 1933 wurde die Henschel Flugzeug-Werke A.G. gegründet.

Technik für die Schiene

Carl Anton Henschel, ein technisches Genie, erkannte frühzeitig das Potenzial, welches das Zeitalter der Dampfmaschine besonders für die Entwicklung der Eisenbahn in sich barg. Im Alter von 65 Jahren legte er mit seinem Sohn Georg Alexander Carl den Grundstein für die Fabrikation von Dampflokomotiven.

1848 verkaufte er die erste Lokomotive an die Hessische Friedrich-Wilhelm Nordbahn und bereits zehn Jahre später konnte der erste Exportauftrag für die Nederlandische Rhijn Spoorweg Mij. in Amsterdam abgewickelt werden.

Als sein Sohn Carl Anton Oskar 1860 die Firmenleitung übernahm, wurde gerade die Lokomotive mit der Fabriknummer 50 fertig gestellt. Er erreichte 1872, dass Henschel & Sohn Preußischer Staatsbahnlieferant wurde. Neben umfangreichen Lieferverträgen mit Italien wurden Lokomotiven auch an England und Russland ausgeliefert. 1878 baute man die erste Straßenbahn-Dampflokomotive für Portugal. Auch Schmalspur- und Industriebahnen wurden in größerem Umfang gefertigt und ausgeliefert; ebenso gehörten Feldbahnen für die preußische Armee zum Lieferprogramm.

1885 rollte bereits die 2000. und 1899 die 5000. Lokomotive der Firma Henschel & Sohn aus der Werkhalle. Sowohl die Konstruktionen als auch die Fertigungstechnik wurden ständig dem wachsenden technischen Fortschritt, aber auch den kaufmännischen Anforderungen angepasst.

Zur Jahrhundertwende stieg Carl Anton Theodor Henschel als Teilhaber ein, mit ihm stand die 5. Generation der Henschel-Dynastie in der Firmenleitung. Im gleichen Jahr entstand die erste Heißdampf-Tenderlokomotive der Welt und bereits fünf Jahre danach lieferte Henschel seine erste elektrische Lokomotive mit einer Antriebsleistung von 68 PS (50 kW) aus. 1910 verließ die 10 000. Lokomotive die Werkshallen und die erste Henschel-Lokomotive mit einem 25 PS (18,5 kW)-Vergasermotor wurde gebaut. Die 20 000. Lokomotive von Henschel & Sohn wurde 1923 gebaut und 1931 die ersten diesel-elektrischen Lokomotiven mit 300 bzw. 450 PS (220–330 kW) ausgeliefert.

Von 1928 bis 1931 wurden Lokomotivbauabteilungen bekannter Hersteller in Erfurt, Magdeburg, Breslau und Hannover aufgekauft und damit der Erfahrungsschatz auf diesem Sektor weiter vermehrt. Es zeugt von Weitsicht, dass sich die Firma Henschel bereits ab 1876

Werbung für Henschel-Nutzkraftfahrzeuge

1936 setzte die Deutsche Reichsbahn auf der Strecke Berlin–Dresden eine Stromlinien-Schnellfahrlokomotive von Henschel & Sohn ein, die bei Testfahrten eine Höchstgeschwindigkeit von 175 km/h erreichte

stark für den Auslandsmarkt interessierte. Von 1900 bis 1940 wurde rund ein Drittel aller Lokomotiven in das Ausland verkauft.

Und noch ein anderer Aspekt ist charakteristisch für Henschel, die Entwicklung und der Bau schnell fahrender Lokomotiven. Bereits 1904 wurde die erste von Henschel gebaute Dampflokomotive der Welt mit stromlinienartiger Verkleidung in den USA mit einer Medaille ausgezeichnet. 1935 setzte Henschel & Sohn einen weiteren Meilenstein in der Entwicklungsgeschichte der Dampflokomotive. Mit der Fabriknummer 22500 wurde eine neue Stromlinien-Schnellfahrlokomotive an die Deutsche Reichsbahn übergeben, welche mit einem eigens dafür entwickelten Vierwagenzug eine Geschwindigkeit von 175 km/h erreichte.

Übrigens wurde auf dem Rollprüfstand in München ein Weltrekord für Rad-Schiene-Fahrzeuge von 500 km/h mit einem Henschel-Laufdrehgestell erreicht!

Auch die heutige Entwicklungslinie in Richtung magnetisch gestützter und spurgebundener Schienenfahrzeuge hat seine Wurzeln bei Henschel & Sohn.

Technik für die Straße

Als Oscar Henschel 1924 den Entschluss zum Bau von Straßenfahrzeugen fasste, hatte er zwei Möglichkeiten. Entweder eigene Entwicklungen voran zu treiben oder bewährte Konstruktionen zu übernehmen. Er entschied sich – wie übrigens auch später beim Einstieg in den Flugzeugbau – die Kinderkrankheiten eigener Konstruktionen zu vermeiden und sich damit schneller eine ausbaufähige Position in dieser Geschäftssparte zu sichern. Aus der Fülle der Angebote übernahm Henschel das Konstruktionsprinzip der Schweizer Firma Franz Brozincevik & Co, deren Nutzfahrzeuge bereits damals Kardanantrieb und eine Motorbremse besaßen. Die folgende Entwicklung bestätigte die Richtigkeit dieser Entscheidung. Schon 1925 erfolgte der erste Auftrag für Omnibusse von der Barmer Bergbahn A.G. Diese Fahrzeuge waren schon reine Henschel-Entwicklungen, während die ersten Nutzfahrzeuge, die Henschel auf der Automobilausstellung 1925 in Berlin vorstellte, noch Lizenzbauten waren.

Ein Jahr später wurde ein erweitertes Programm mit eigenen Entwicklungen vorgestellt und 1927 konnten bereits 44 Nutzfahrzeuge pro Monat die Werkshallen verlassen. Die danach einsetzende Flaute im deutschen Nutzfahrzeugmarkt – immerhin wurden z. B. 36 Prozent aller LKW aus den USA eingeführt – überstand Henschel mit einer offensiven Verkaufspolitik und einem daraus resultierenden entsprechend großem Exportanteil. Dabei spielte natürlich die ständige technische Modernisierung der Fahrzeuge eine entscheidende Rolle. Die äußere Gestaltung der LKW wies schon Fahrerhäuser mit festem Dach und Windschutzscheiben auf, die Räder waren bereits zunehmend luftbereift, eine Motorbremse war serienmäßig eingebaut und die Omnibusse mit mechanischen Vierradbremsen ausgestattet.

Die Motoren bis zum Sechs-Zylinder waren eigene Henschel-Entwicklungen. Zur Internationalen Automobilausstellung (IAA) 1928 in Berlin präsentierte die Firma ein breites Programm mit vielen Novitäten, insbesondere in der Fertigungstechnik.

Zur gleichen Ausstellung 1931 wartete man mit einer Sensation auf – ein LKW mit neun Tonnen Nutzlast auf Dreiachsfahrgestell mit einem 252 PS (185 kW) starken Zwölf-Zylindermotor. Zu dieser Zeit setzte sich der Dieselmotor immer stärker durch, auch diese Entwicklung wurde durch Henschel-Konstruktionen vorangetrieben. Gleichzeitig wurde die zu transportierende Nutzlast systematisch erhöht.

1933 stellte Henschel seinen ersten Sattelschlepper vor, der den Vorteil eines verhältnismäßig niedrigen Anschaffungspreises mit einer relativ hohen Nutzlast verband. Das Bauprogramm von 1934 wies bereits 20

Henschel-Autobus im Dienst der Deutschen Reichspost

verschiedene Typen von Nutzfahrzeugen aus, darunter auch ein Omnibus mit einem 252 PS (185 kW)-Motor, der in größerem Umfang von der Deutschen Reichspost eingesetzt wurde. Überhaupt waren die Post und die Bahn, aber auch das Militär, ein großer Abnehmer, die der Firma einen kontinuierlich wachsenden Umsatz bescherten.

Auf der Internationalen Automobilausstellung 1936 in Berlin bot Henschel ein Dreiachsfahrgestell mit einem Unterflurmotor von 300 PS (220 kW) an, welches für Omnibusse mit Geschwindigkeiten bis zu 125 km/h konzipiert war. Erreicht wurde das durch den Einbau von Hochganggetrieben und die Stromlinienform der Aufbauten. Im selben Jahr eröffnete die Deutsche Reichsbahn auf der Autobahn zwischen Frankfurt am Main und Darmstadt die erste Busfernlinie. Ende 1938 besaß die Bahn schon 460 Omnibusse, die z. T. auch im Anhängerbetrieb eingesetzt wurden.

Nachdem bereits 1937 eine Kontingentierung der Rohstoffe und Ausgangsmaterialien durchgesetzt worden war, wurde auch das Typenprogramm radikal gekürzt. Auf der IAA 1939 stellte Henschel zwar noch einmal sein volles Programm vor, jedoch wurde ihm nur noch der Bau eines 4,5-Tonnen-LKW sowie des Geländewagens 33 D2 erlaubt. 1941 war die Firma noch einmal auf einer Ausstellung in Wien vertreten, allerdings nur noch mit diesen beiden Fahrzeugen.

Um Platz für den zunehmenden Panzerbau zu schaffen, wurde die Produktion von Kraftfahrzeugen in Lizenz nach Wien zu den Sauer-Werken verlagert. Bis 1940 hatte Henschel & Sohn mehr als 16 000 Nutzfahrzeuge aus eigener Produktion ausgeliefert.

Einstieg Henschels in den Flugzeugbau

Die wirtschaftliche und politische Lage um 1930

Die deutsche Wirtschaft erholte sich nur langsam von der Niederlage im Ersten Weltkrieg. Die Siegermächte hatten in dem Bestreben Deutschland als Konkurrenten auf dem Weltmarkt auszuschalten, erheblich dazu beigetragen, dass der Handel im Inland und mit dem Ausland sehr geschwächt, die Industrie in eine Krise getrieben wurde und die knebelnden Bestimmungen des Versailler Vertrags Forschung und Entwicklung in nahezu allen Zweigen der Volkswirtschaft behinderten.

Frankreich versuchte durch die Besetzung des Ruhrgebietes mit militärischen Mitteln diese unentbehrliche Industrielandschaft wirtschaftlich und politisch von Deutschland zu trennen. Der Geldumlauf war praktisch zum Erliegen gekommen, durch die Inflation wurde auch das Sparvermögen des Bürgertums aufgebraucht. Die zunehmende Verarmung des Landes und damit auch die Unmöglichkeit der Zahlung der ungeheuren Reparationskosten an die Siegermächte brachten diese schließlich dazu, mit dem Vertrag von Locarno 1925 eine günstigere Entwicklung einzuleiten; Deutschland verzichtete auf Elsaß-Lothringen, anerkannte seine Westgrenze und verzichtete auf gewaltsame Änderung der Ostgrenze. Doch die von den USA ausgehende Weltwirtschaftskrise hatte diesen Aufwärtstrend abrupt unterbrochen. Die Industrieproduktion war auf unter 60 Prozent des Vorkriegsstandes gesunken, mehrere Millionen Menschen in Deutschland waren arbeitslos und die Zahl der bankrotten Firmen nahm in beängstigender Weise zu.

Unter Heinrich Brüning (1885–1970) war eine neue Reichsregierung gebildet worden, die versuchte, mit Notstandsgesetzen das Chaos zu beherrschen. Doch deren destruktive Wirtschaftspolitik führte zu einer Radikalisierung der Bevölkerung. Bei der Reichstagswahl 1930 wurden die Nationalsozialisten zweitstärkste Fraktion und auch die Kommunisten erhielten starken Zulauf. Das Ende der Weimarer Republik zeichnete sich ab.

1932 wurden bei der Internationalen Abrüstungskonferenz in Genf zwei für Deutschland wesentliche Ziele erreicht; es gelang zum einen die Reparationszahlungen abzuschütteln und zum anderen die Gleichberechtigung in der militärischen Rüstung zu erreichen. Damit konnten nun auch die 1928 in der Weimarer Republik ausgearbeiteten Planungen für eine verstärkte Aufrüstung der Reichswehr in die Tat umgesetzt werden.

Da sich zu dieser Zeit die zunehmende Bedeutung der Waffen eines kommenden Krieges, besonders der Panzer und Flugzeuge, bereits abzeichnete, ist es verständlich, dass in diesen Planungen die Entwicklung der Luftfahrtindustrie eine besondere Rolle spielte.

Flugzeugindustrie und Luftrüstung

Die restriktiven Bestimmungen des Versailler Vertrags bezüglich des Flugzeugbaus hatten dazu geführt, dass die Luftfahrtindustrie in Deutschland ein Wirtschaftszweig von geringer Bedeutung wurde. 1932 waren ganze 36 Flugzeuge produziert worden und die Belegschaft aller Flugzeug- und Flugmotorenwerke umfasste im Januar 1933 insgesamt nur 3988 Beschäftigte. Außerdem war dieser Industriezweig zu einem großen Zuschussgeschäft geworden, allein von 1926 bis 1932 waren rund 320 Millionen Reichsmark an Subventionen geflossen. Flugzeugbaufirmen wie Heinkel, Focke-Wulf, Dornier, Arado, Klemm und Fieseler waren überwiegend kleine Privatunternehmen, lediglich Junkers hatte mehr als 1000 Beschäftigte. Die meisten Firmeninhaber waren zugleich Flugzeugkonstrukteure und versuchten eifersüchtig die Unabhängigkeit ihres Unternehmens zu bewahren.
Diese Situation in der deutschen Luftfahrtindustrie ging nicht konform mit den Absichten der Militärführung. Bis 1923 hatten sich die Bemühungen der Reichswehrführung auf dem Gebiet der militärischen Luftfahrttechnik auf das Sammeln und Auswerten von Informationen über ausländische Luftwaffen beschränkt, da eine eigene offene Rüstungsvorbereitung nicht möglich war.
Nachdem Anfang 1927 die alliierten Kontrollen darüber im Wesentlichen beendet waren, kam nun der Entwicklung, Erprobung und Beschaffung von Flugzeugen und deren Bewaffnung eine wesentlich größere Bedeutung zu. Einige Firmen hatten, um ihre Konstruktionsabteilungen weiter betreiben zu können, im Ausland Zweigstellen eingerichtet; so wie Junkers in Schweden, Rohrbach in den Niederlanden und Dornier in der Schweiz. Damit konnte, wenn auch in bescheidenem Maße, der Anschluss an die internationale Entwicklung auf dem Gebiet der Flugzeugkonstruktion gehalten werden. Der Bau und die Erprobung neuer Muster wurden an den Stellen betrieben, wo der Versailler Vertrag nicht galt. Die fliegerische Aus- und Weiterbildung von Piloten des Ersten Weltkriegs für die künftige Luftwaffe sowie die technische Erprobung von neu entwickelten Jagdflugzeugen wurde z. B. im sowjetrussischen Lipezk durchgeführt, der Rapallo-Vertrag von 1922 bot die Möglichkeit dafür. Nun wurden auch in Deutschland die Anstrengungen zur schnelleren luftfahrttechnischen

Aufrüstung stark intensiviert. Erste Entwürfe für den Aufstellungsplan einer Kriegswehrmacht (A-Plan) waren bereits 1927 vorgelegt worden. Anfang 1930 wurde darin die Aufstellung von 13 Aufklärerstaffeln, sechs Jagdstaffeln und drei Nachtbomberstaffeln gefordert.

Am 21. November 1930 hob die Reichsregierung entgegen den Bestimmungen des Versailler Vertrags das Verbot, Flugzeuge einzulagern, auf. Damit bot sich die Möglichkeit einen geheimen Bestand an Militärflugzeugen aufzubauen und einen beschränkten Serienbau zu beginnen. Ende 1930 begann die Aufstellung so genannter Reklamestaffeln, die offiziell den Auftrag hatten, Luftreklame für Privatfirmen zu fliegen. Ihre eigentliche Arbeit bestand aber in der Darstellung der Luftkomponente bei Übungen des Heeres. 1932 wurde in einer erneuten Planstudie die Aufstellung von sechs Fernaufklärer-, 14 Nahaufklärer-, 18 Jagd- und 42 Bomberstaffeln gefordert. Der Bedarf an Flugzeugen wurde dabei mit insgesamt mehr als 1000 angegeben. Durch das Heereswaffenamt wurden Forderungen an zukünftige Flugzeuge nach Einsatzzweck, Eigenschaften und Leistungen formuliert, wonach bis 1929 vier Kategorien unter den folgenden Tarnbezeichnungen vorrangig zu entwickeln waren:

- Heitag – Heimatjagdeinsitzer,
- Erkudista – Erkundungsflugzeug für die Divisionsnahaufklärung,
- Najaku – Nachtjagd- und Erkundungsflugzeug,
- Erkunigros – Erkundungsflugzeug für mittlere Höhen und größte Entfernung, gleichzeitig mittlerer Bomber.

Das waren die ersten Ansätze zu einer planmäßigen Luftrüstung, die von den beteiligten Unternehmen unverzüglich in Angriff genommen wurde. So entwarfen Albatros die L 84 und Arado die SD 1 als Tagjäger, Albatros die L 78 als Aufklärer, die Bayrischen Flugzeugwerke die M 22 als Nachtjäger und Heinkel die HD 41 als Bomber.

Die geplanten Vorhaben waren allerdings nur mit einer wirtschaftlich gesunden, personell stark besetzten und leistungsfähigen Luftfahrtindustrie umzusetzen. Jedoch nur zwei Flugzeugfirmen, nämlich Heinkel und Junkers, waren zu einer beschränkten Serienfertigung in der Lage, die übrigen Firmen bauten ihre Flugzeugmuster noch in aufwändiger Einzelfertigung. Entwürfe und Konstruktionen für militärische Fluggeräte konnten die bestehenden Firmen zwar vorlegen, jedoch an eine industrielle Fertigung war unter den gegebenen Umständen nicht zu denken. Die verantwortlichen Stellen dachten an Fabrikation im großen Stil, an eine Serienproduktion im Taktverfahren in großzügig ausgestatteten Industrieunternehmen. Deshalb wurde verstärkt auf eine Konzentration in der Flugzeugindustrie orientiert und Zusammenschlüsse gefordert.

Die Gunst der Stunde

Oscar R. Henschel erkannte rechtzeitig die Zeichen der Zeit und beschloss, nach dem erfolgreichen Einstieg in die Herstellung von Technik für den Straßenverkehr, das Geschäftsfeld von Henschel & Sohn auch auf den Luftverkehr auszudehnen. Die geringen Mittel, die für die Luftfahrtindustrie im Staatshaushalt zur Verfügung standen, verboten aus der Sicht des Reichsverkehrsministeriums die Zulassung weiterer Unternehmen auf diesem Sektor. Die Möglichkeit des Einstiegs über Beteiligungen an bestehenden Flugzeugwerken wurde aber offen gelassen, erhoffte man sich doch mit der Übernahme von Anteilen durch finanzkräftige Firmen eine stärkere Liquidität ohne staatliche Subventionen.

Zwar war auch Henschel & Sohn durch die Weltwirtschaftskrise so angeschlagen, dass Anfang 1932 die gesamte Fabrikation vorübergehend stillgelegt werden musste. Durch die kurz darauf erfolgte Umwandlung in eine Aktiengesellschaft hatte Henschel die Möglichkeit, nicht nur Investitionen im Lokomotiv- und LKW-Bau vorzunehmen, sondern auch den Einstieg in die Luftfahrtindustrie zu finanzieren.

Als im gleichen Jahr die Junkers-Werke in ein Vergleichsverfahren gehen mussten, bot sich eine günstige Gelegenheit. Am 24. Mai 1932 verhandelte Henschel nach der Besichtigung der Werksanlagen in Dessau mit Professor Hugo Junkers (1859–1933). Über einen Gewährsmann im Reichsverband der deutschen Luftfahrtindustrie (RDLI) hatte er Kenntnis vom Inhalt einer als „geheim“ eingestuften Vertriebsdenkschrift, in der die finanzielle Situation der Junkers-Unternehmen detailliert dargelegt war. Junkers hatte, um die Fortführung des Luftfahrtbetriebs zu ermöglichen, Aktien verpfändet und die IFA-Betriebs GmbH gegründet, mit deren Geschäftsführung Walter Hormel beauftragt war. Hormel sollte in den zukünftigen Henschel Flugzeug-Werken noch eine besondere Rolle spielen.

Da im November 1932 der Verkauf von Junkers & Co an Bosch zustande kam, scheiterten jedoch die Absichten Henschels. Er bemühte sich in der Folgezeit um Anteile an den Firmen Arado, Focke-Wulf und Albatros, als auch bei den Bayrischen Flugzeugwerken. Mit dem Konkursverwalter von Rohrbach kam es zu intensiven Kontakten, die u. a. zur Übernahme einer Vielzahl von Patenten führten. Nachdem alle Bemühungen zur Beteiligung an bestehenden Luftfahrtbetrieben gescheitert waren, wurde Anfang 1933 entschieden: „Henschel marschiert allein!“. Bereits am 1. März fanden Besprechungen mit der Berliner Flughafenverwaltung statt, um entsprechende Räumlichkeiten für die angestrebte Firma an den Flugplätzen Johannisthal und Staaken anzumieten.

Inzwischen war am 30. Januar 1933 Adolf Hitler Reichskanzler geworden und Hermann Göring (1893–1946) sein Reichskommissar für Luftverkehr. Von letzterem wurde Oscar R. Henschel Unterstützung signalisiert und so kam es am 30. März 1933 in Kassel zur Gründung der Henschel Flugzeug-Werke A.G.

Hilfestellung für den Neueinsteiger

Die Gründung des Unternehmens unter den gegebenen Umständen stellte einerseits ein nicht geringes Risiko dar, bot aber andererseits ein enormes Entwicklungspotenzial. Henschel ging dieses Vorhaben allerdings nicht ohne Vorbereitung und Unterstützung an.

Während der Internationalen Automobilausstellung 1933 in Berlin kam es am 11. Februar zu einem ersten direkten Kontakt zwischen Hermann Göring und Henschel. Der Reichskommissar drückte sein Bedauern über das Nichtzustandekommen der geplanten Beteiligung an Junkers aus und versprach tatkräftige Unterstützung beim weiteren Vorgehen. Schon vier Tage später setzten Henschel und Dr. Gebhard, das kaufmännische Vorstandsmitglied der Henschel & Sohn A. G., den Stellvertretenden Reichskommissar für Luftfahrt, Erhard Milch (1892–1972), persönlich von der geplanten Firmengründung in Kenntnis und wurden durch diesen weiter dazu ermuntert. Allerdings wurde indirekt durch Göring für die angekündigte Unterstützung eine erste Bedingung gestellt. Henschel sollte den Düsseldorfer Rechtsanwalt Paul Wenzel in den Aufsichtsrat der neuen Gesellschaft wählen lassen. Der Hintergrund dieser Forderung war offenbar die Absicht, direkten Einfluss auf die Geschäftsführung der Firma nehmen zu können. Wenzel (1887–1964) war ein ehemaliger Kriegskamerad und Angehöriger des Jagdgeschwaders „Richthofen", dessen letzter Kommandeur

Porträtfoto von Oscar Robert Henschel

Oscar Robert Henschel wurde am 1. September 1899 in Kassel als erster Sohn des Geheimen Kommerzienrats Carl Anton Theodor „Karl“ Henschel geboren. Nach dem Besuch der Henkelschen Privatschule lernte er von 1912 bis 1917 an dem Wilhelmgymnasium bis zum Notabitur. Als 17-jähriger Abiturient trat Oscar als Fahnenjunker in das Magdeburgische Dragoner-Regiment Nr. 6 in Mainz ein, an seinem 18. Geburtstag zog er in den Krieg. Nach der Teilnahme am Westfeldzug erhielt er die Auszeichnung mit dem Eisernen Kreuz II. Klasse. 1918 nahm er seinen Abschied als Leutnant.

Nach einem Praktikum in den väterlichen Werkstätten und vier Semestern im Fach Maschinenbau an der TH Darmstadt studierte er anschließend drei Semester Nationalökonomie in München und Frankfurt am Main. Danach war er ein Jahr Volontär an einem Berliner Bankhaus und trat am 1. April 1924 in das väterliche Unternehmen ein. Nach dem Tod seines Vaters am 11. Dezember 1924 übernahm er die Leitung des Unternehmens. Am 1. September 1936 heiratete Henschel Irene von Siemens. Nach 1933 konnte die Firma Henschel die frühere führende Stellung im Lokomotivbau wieder zurück erobern. Im gleichen Jahr wurden die Henschel Flugzeug-Werke in Schönefeld gegründet, die Oscar R. Henschel bis zu deren Ende 1945 leitete. Am 29. März 1945 besuchte er noch einmal das Kasseler Werk, um eine Generalversammlung abzuhalten – er wohnte inzwischen wegen der Ausbombung seines Wohnsitzes am Weinberg auf dem Gut Falkenberg bei Warden, einem kleinen Ort zwischen Aachen und Jülich – und wies gleichzeitig den Vorsitzenden der Geschäftsführung von Henschel & Sohn, Dr. Stieler von Heydekampf, an, sich von Kassel abzusetzen und dem Mitglied der Geschäftsführung Dr. R. A. Fleischer entsprechende Vollmachten zu erteilen.

Im April 1945 wurde Henschel von den Amerikanern verhaftet und zwei Jahre in Ludwigsburg interniert. Die Kasseler Werke hatten zum Ende des Krieges 15 400 Beschäftigte, davon waren 6800 so genannte Zwangsarbeiter. Bereits 1946 bekamen die Henschelwerke die Genehmigung für den Neubau von Industrielokomotiven und Straßenbaumaschinen und am 30. Juli 1948 wurde anlässlich des 100. Jahrestages des Lokomotivbaus bei Henschel die 28 000. Lokomotive ausgeliefert. Erst im März 1949 kehrte Oscar Henschel in seine Firma zurück. 1950 wurde die erste neu konstruierte Dampflok an die Bundesbahn übergeben und drei Jahre später die WUMAG Hamburg als Henschel Maschinenbau GmbH übernommen. Am 18. Dezember 1953 wurde Henschel zum Ehrensenator der TH Braunschweig Carolo-Wilhelmina ernannt und erhielt am 1. September 1955 die Ehrendoktorwürde verliehen. Am 2. Dezember des gleichen Jahres wurde Henschel mit dem Großen Verdienstkreuz des Verdienstordens der Bundesrepublik Deutschland ausgezeichnet. Die Henschelwerke hatten zum Ende des Jahres wieder 10 730 Mitarbeiter, allerdings wurde die Firma im Herbst 1957 zahlungsunfähig und meldete ein Vergleichsverfahren an. Henschel gab die Geschäftsführung ab, der Sanierer setzte Dr. Fritz Aurel Georgen ein, der dann auch zum Vorsitzenden des Aufsichtsrates gewählt wurde. Nach Begleichung der Altschulden wurden die Henschelwerke 1962 in eine Aktiengesellschaft umgewandelt und am 9. Februar 1962 verließ als letzte Dampflok eine Rangierlokomotive die alten Werkhallen, das 90-jährige Verbindungsgleis zu dem Schienennetz der Bahn wurde stillgelegt. 1964 wurde Georgen wegen des Vorwurfs, Panzerersatzteile für die Bundeswehr zu überhöhten Preisen geliefert zu haben, verhaftet. Er verkaufte seine Firmenanteile an die Rheinischen Stahlwerke in Essen und verließ Henschel. Die Firma hieß jetzt Rheinstahl Henschel AG und wurde 1969 nach weiteren Veräußerungen zur Hanomag-Henschel Fahrzeugwerke GmbH. 1976 änderte sich der Firmenname wiederum in Thyssen Henschel und 1989 in ABB Henschel. Am 9. Februar 1982 verstarb Oscar Robert Henschel in der Schweiz. 2001 wurde das Unternehmen von Bombardier Transportation übernommen. Heute gibt es wieder eine Henschel Flugzeug-Werke GmbH am Flughafen Kassel-Calden, die in der Luftfahrtbranche tätig ist. In Kassel wurde 2002 ein Museum und eine Sammlung eröffnet, die das Andenken an die Leistungen der Henschel-Dynastie bewahrt.

Kurzbiographie von Oscar Robert Henschel

Walter Hormel, Betriebsdirektor der HFW bis 1945

Hermann Göring war. Im Juni 1933 wurde darüber hinaus der Industrielle Wilhelm Tengelmann in den Aufsichtsrat der Henschel Flugzeug-Werke A.G. gewählt. Tengelmann gehörte zum „Keppler-Kreis", einem wirtschaftspolitischen Beratungsgremium Görings welches bereits 1932 von Wilhelm Keppler, Staatssekretär im Außenministerium, gegründet worden war.

Auch die Suche nach geeigneten Fachleuten für den Start in die neue und ungewohnte Branche verlief recht erfolgreich. Bereits im Dezember 1932, nach den persönlichen Kontakten mit leitenden Mitarbeitern von Junkers, Focke-Wulf, Rohrbach und anderen, hatte Henschel direkte Gespräche zur Gewinnung von Spezialisten geführt. Als einen der Ersten gewann er Walter Hormel zum Eintritt in die zu gründende Firma. Der spätere Betriebsdirektor der Henschel Flugzeug-Werke AG. in Schönefeld hat eine sehr interessante Vita. Jahrgang 1881, gehörte er als Marineflieger mit dem FAI-Patent Nr. 100 und einem Luftschiffer-Patent zu den „Alten Adlern". Nach seiner führenden Tätigkeit beim Warnemünder Seeflugzeug-Versuchskommando (S.V.K.) der Kaiserlichen Marine war er 1919 als Leiter der Werft Warnemünde des Flugzeugbaus Friedrichshafen eingestellt worden.

1923, nach dem Verkauf des Unternehmens an Hugo Stinnes (1870–1924), regelte Hormel in dessen Auftrag den Ankauf von Flugzeugen für die Reichswehr und vermittelte den ersten Export von Heinkel-Flugzeugen nach Japan. So orderte z. B. die deutsche Marineleitung am 11. Januar 1923 zehn Schwimmerflugzeuge S I (später HE 1) bei Heinkel; der Vertrag wurde von Kapitänleutnant a.D. Walter Hormel unterschrieben!

Nach dem Tod von Stinnes am 10. April 1924 wechselte Hormel zu Arado und gelangte 1926 auf den Posten des kaufmännischen Leiters bei Rohrbach-Metallbau. Nach Tätigkeiten bei Heinkel und Albatros leitete Hormel die 1932 gegründete Junkers-Betriebsgesellschaft, ehe er im

Walter Hormel wurde am 5. Juli 1881 in Kassel geboren, trat als 18-jähriger am 7. April 1900 in der Crew IV/00 u. a. gemeinsam mit Ernst von Weizsäcker, dem Vater von Richard von Weizsäcker, in den Marinedienst ein. Am 27. September 1903 erfolgte seine Ernennung zum Leutnant zur See, zwei Jahre später zum Oberleutnant. 1909 diente Hormel als Navigationsoffizier auf SMS „Panther“; am 14. Juni 1910 nahm er als Kapitänleutnant seinen Abschied, um in die Luftschiff-Studien-Gesellschaft einzutreten. Diese betrieb am Tegeler Schießplatz einen Hangar und beschäftigte sich u. a. mit dem Bau von Parseval-Luftschiffen. Hormel erwarb am 6. Februar 1911 das Patent Nr. 14 als Luftschiff-Führer, später auch das Führerzeugnis Nr. 233 als Freiballon-Führer. Die notwendigen Fahrten mit dem Parseval erfolgten von Bitterfeld aus. Noch im gleichen Jahr schulte er am Flugplatz Johannisthal bei der LVG auch auf Flächenflugzeuge und erwarb am 24. August den deutschen Flugzeugführerschein mit der Nr. 100. Im August 1914 – Hormel weilte gerade in Warnemünde – wurde er reaktiviert und als Kommandant eines Luftschiffes einberufen. Da zu diesem Zeitpunkt keine solche Kommandostelle frei war, wurde er als Leiter der Flugstation Warnemünde eingesetzt und zugleich zum Vorsitzenden der Seeflugzeug-Abnahmekommission ernannt. Im September 1915 wurde er Präses des Seeflugzeug-Versuchskommandos.

1919 übernahm Hormel die Leitung der Werft Warnemünde des Flugzeugbaus Friedrichshafen, die 1920 vom Hugo-Stinnes-Konzern übernommen wurde. 1923 war er als Angestellter von Hugo Stinnes bei Flugzeugverkaufsvermittlungen beteiligt. Nach dem Tod von Stinnes war Hormel ab April 1925 für kurze Zeit Mehrheitsgesellschafter und Geschäftsführer der Arado-Handelsgesellschaft mit Sitz in Hamburg. 1926 wurde er kaufmännischer Leiter des Rohrbach-Metallflugzeugbaus, ehe er 1927 als Direktor zu den Ernst-Heinkel-Flugzeugwerken wechselte. 1931 war Hormel bei Albatros tätig und 1932 als Leiter der Junkers-Betriebsgesellschaft. Ende 1932 trat er bei den Henschel Flugzeug-Werken ein und wurde Betriebsdirektor, diese Aufgabe übte er bis 1945 aus. Im Dezember 1937 gehörte Walter Hormel neben Claude Dornier, Willy Messerschmitt, Gerhard Fieseler, Ernst Heinkel und Kurt Tank zu den ersten Wehrwirtschaftsführern des Dritten Reichs. 1939 folgte seine Ernennung zum NSFK-Standartenführer.

Am 4. Mai 1945 wurde er von den Sowjets festgenommen und in das Internierungslager Weesow bei Werneuchen verschleppt, wo Walter Hormel am 22. Juli 1945 an den Folgen der Haftbedingungen verstarb.

Kurzbiographie von Walter Hormel

Dezember 1932 in die Dienste von Henschel trat. Er verfügte damit über ausgezeichnete Beziehungen, die dem neuen Unternehmen oftmals zum Nutzen gerieten.

Außer Hormel konnte Henschel die Diplom-Ingenieure Karl Frydag und Erich Koch für sein Unternehmen gewinnen. Auch der junge Konstrukteur Otto Oeckl kam im Mai 1933 zur Henschel-Mannschaft, genau wie Wilhelm Heitmann, der kaufmännischer Leiter wurde. Alle vier kamen von der Firma Focke-Wulf. Vom Heereswaffenamt stieß der spätere Chefkonstrukteur Friedrich Nicolaus dazu und von Heinkel der Konstrukteur Hans Regelin. Damit war Oscar R. Henschel auch in dieser Hinsicht gut aufgestellt.

Als nach weiteren Besprechungen beim Staatssekretär im preußischen Innnenministerium, Hauptmann Paul Körner – ebenfalls ein enger Vertrauter Görings –, sowie dem Leiter des Waffenprüfwesens im Heereswaffenamt, Major Wilhelm Wimmer (1889–1973), die staatliche Unterstützung gewiss war, wurde am 17. März 1933 das Mutterhaus in Kassel beauftragt, die Firmengründung allseitig vorzubereiten, wobei Hormel und Koch als erste Vorstandsmitglieder nominiert wurden. Am gleichen Tag wurde auch der Präsident des Reichsverbands der deutschen Luftfahrtindustrie, Konteradmiral a.D. Rudolf Lahs (1880–1954) von dem Vorhaben in Kenntnis gesetzt.

Der Gründungsakt fand dann am 30. März 1933 in Kassel statt. Mit einem Stammkapital von 500 000 Reichsmark wurde durch die Generalversammlung von Henschel & Sohn die seit 1928 bestehende Kasseler Studiengemeinschaft A.G., gegründet „... zum Studium und zur Vorbereitung von Rationalisierungsmaßnahmen in der Lokomotivindustrie und ihr nahe stehenden Wirtschaftszweigen ...“, in HenschelFlugzeug-Werke A.G. umbenannt; ihr Präsident wurde Oscar Robert Henschel.

Aufbau der Henschel Flugzeug-Werke A.G.

Erste Anfänge in Berlin

Henschel verschwendete keine Zeit, auch wenn es noch einige Querelen zu überwinden gab. So erfuhr Walter Hormel am 18. April 1933 im Reichsverkehrsministerium, dass „ ... es schwarz aussieht für die HFW, da die vorhandenen Firmen für den Reichsbedarf ausreichen und noch immer Verstimmung herrscht, wegen des Wegengagierens von Personal anderer Firmen durch die HFW ...“. Das bestärkte die Firmenleitung nur in dem Bestreben, in kürzester Zeit, notfalls auch ohne Reichsaufträge, im Flugzeugbau mitzubestimmen. Zwar versuchten die HFW noch einmal durch die Übernahme von Fieseler, wozu am 18. Juni in Kassel entsprechende Verhandlungen durch Walter Hormel und Erich Koch geführt wurden, ihre Position zu verbessern, jedoch schlug auch dieses Vorhaben fehl. Für Unterstützung sorgte nun Rechtsanwalt Wenzel, indem er persönlich im Stab von Milch vorstellig wurde und sich am 24. April in einem Schreiben direkt an Göring wandte. Im Ergebnis dieser Aktivitäten änderte sich die Einstellung in dem am 5. Mai 1933 eingerichteten Reichsluftfahrtministerium (RLM) gegenüber den HFW.

Oscar R. Henschel in seinem Büro in Kassel, das Bild im Hintergrund zeigt den Stammvater der Henschel-Dynastie Georg Christian Carl mit dessen Frau Christine Wilhelmine Friedericke geb. Storck

Im Büro von H. & S. in der Kurfürstenstraße in Berlin wurde mit den ersten bescheidenen Entwurfsarbeiten begonnen, während Hormel auf der Suche nach geeigneten Produktionsstätten war. Schon am 9. März 1933 hatte er in Berlin-Adlershof Hallen des Luftfahrtmuseums besichtigt und besuchte am 28. März gemeinsam mit Oscar Henschel leer stehende Hallen der Ambi-Budd Werke* in Berlin-Johannisthal. Dieses von Arthur Müller (1871–1935) gegründete Industrieunternehmen verfügte über rund 60 000 Quadratmeter Produktionsfläche und beschäftigte 2000 Arbeiter und Angestellte in drei Großbetrieben an dem traditionsreichen Flugplatz. Nach einem vergeblichen Versuch, die ebenfalls leer stehende Rohrbach-Fabrik zu mieten, wurde am 7. Juli der Mietvertrag für die Ambi-Budd-Hallen 15 und 16 unterzeichnet. Nach der provisorischen Unterbringung der Mitarbeiter aus der Kurfürstenstraße konnten am 16. August 1933 alle Angestellten der HFW ihre Arbeit in Johannisthal beginnen. Bis dahin hatte sich die Führungsriege weiter gefestigt. Bereits am 7. April hatte Dr. Gebhardt vom Stammhaus in Kassel zu den HFW in Berlin gewechselt und am 8. Juni konstituierte sich der Aufsichtsrat anlässlich der Generalversammlung, dem u. a. Dr. Ernst Mangold, Dr. Emil Jacob und Rechtsanwalt Wenzel angehörten.

Im August 1933 wurde es amtlich, dass die HFW auf Empfehlung von Major Wimmer vom Heereswaffenamt in die Reihe der Nachbaufirmen, sprich Lizenznehmer, aufgenommen wurde. Durch das RLM wurde den HFW entsprechend dem neuen Entwicklungsprogramm der Typennummernblock 121 bis 130 zugewiesen. Am 15. August 1933 begannen die Konstruktionsarbeiten für das erste eigene Flugzeug der HFW, die Hs 121, einem kleinen einsitzigen Schulflugzeug. Am 2. September wurden in einer feierlichen Zeremonie unter Teilnahme aller 34 Arbeiter und 35 Angestellten die HFW-Werkstätten eröffnet.

Am 11. September 1933 begutachteten Heinrich Hertel (1901–1982) vom RLM und die Junkers-Vorstandsmitglieder Klaus Junkers und August Mühlen den Stand der Vorarbeiten am Flugplatz Johannisthal. Eine Woche später waren auch die Vertreter des Militärs, Staatssekretär Milch, Hauptmann Paul Jeschonnek und Major Wimmer sowie Professor Dr. Ing. Günther Bock zu Besuch bei den HFW. Im

---

** Die Ambi-Budd-Werke entstanden 1926, als Ambi (Arthur Müller Bauten und Industriewerke) gemeinsam mit dem US-amerikanischen Karosseriehersteller Edward G. Budd auf dem Gelände der ehemaligen Rumpler-Werke am Flugplatz Johannisthal ein modernes Karosserie- und Presswerk errichtete, Ambi hielt 51 Prozent und Budd 49 Prozent der Unternehmensanteile.*

September und Oktober fanden zwischen Henschel und Junkers in Dessau mehrere Besprechungen zur geplanten Lizenzproduktion von Junkersflugzeugen statt, an denen Hormel, Koch und Frydag von den HFW teilnahmen. Die HFW mieteten dafür weitere Hallen in Johannisthal an, denn der Einstieg in die Flugzeugproduktion sollte von Beginn an im Großserienbau erfolgen.
Zum Jahresende, knapp neun Monate nach der Firmengründung, hatte Henschel sein Ziel erreicht. Die neue Firma war im Oktober in den Reichsverband der deutschen Luftfahrtindustrie aufgenommen worden, die ersten eigenen Konstruktionen, Hs 121 und Hs 125, waren im Bau, die Belegschaft bereits auf 255 Mitarbeiter angewachsen und vom RLM lag die Zusicherung zum Lizenzbau von 244 Flugzeugen des Musters Junkers W 33 vor.

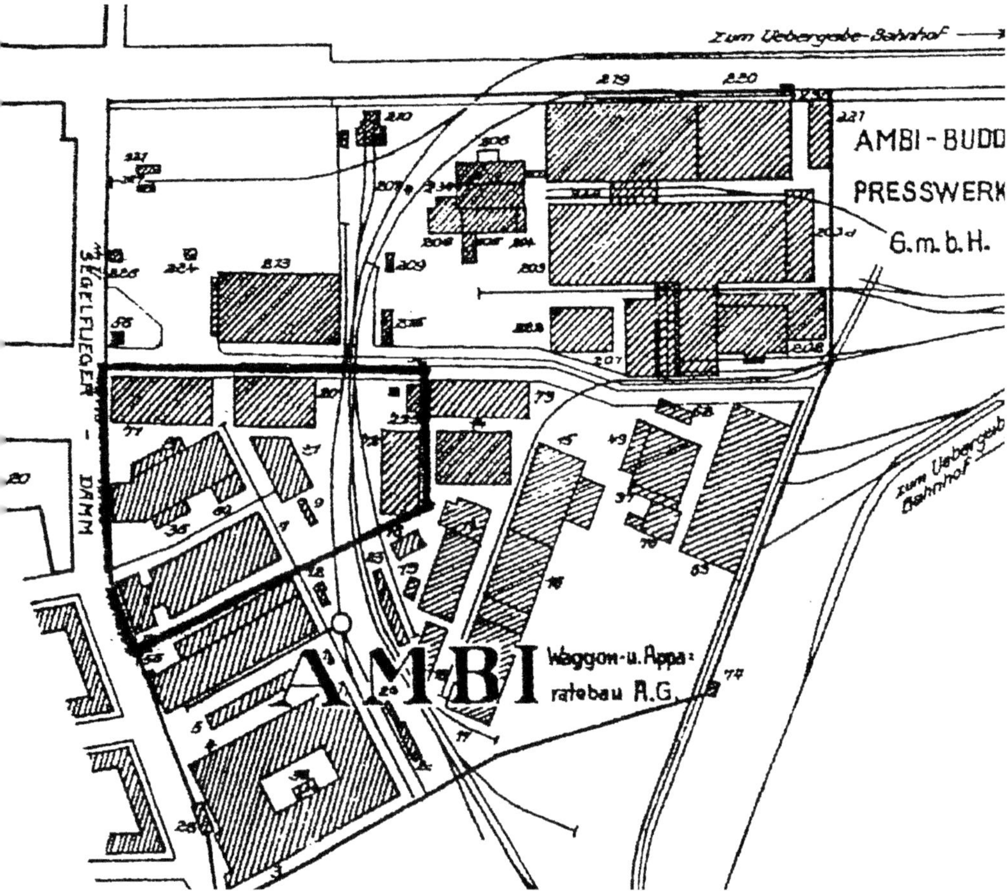

Lageplan der Ambi-Budd-Werke in Johannisthal

Die „Henschel-Philosophie“

Dipl.-Ing. Karl Frydag

Die HFW wurden zwar erst 1933 gegründet, hoben sich aber durch eine Besonderheit von den alteingesessenen Firmen ab. Oscar Henschel erklärte die Rationalisierung der Flugzeugproduktion zur zentralen Unternehmensphilosophie. Diese Strategie hatte Wurzeln, die weit vor der Firmengründung lagen und besonders deutlich bei der Firma Rohrbach betrieben wurde. Bereits 1924 hatte man dem Heereswaffenamt dargelegt, wie man beispielsweise durch Mechanisierung und Maschineneinsatz die Flugzeugherstellung verbilligen könnte; wie man durch Anwendung von Verfahren aus dem Automobilbau und anderen Zweigen der metallverarbeitenden Industrie die Effektivität der Produktion enorm steigern könnte.

Obwohl die Firma aufhörte zu existieren und Adolf Rohrbach (1889–1939) selbst als Konstrukteur zur Bremer Weser-Flugzeugbau GmbH wechselte, landeten die hauptsächlichsten Verfechter dieser Strategie – dazu gehörten u. a. Karl Frydag, Walter Hormel und Herbert Wagner – letzten Endes alle bei Henschel.

Basierend auf diesen Erkenntnissen wurde das „Grundgesetz der HFW“ formuliert, welches in Kurzfassung etwa lautete:

- Der Preis des Flugzeugs muss erheblich gesenkt werden,
- es müssen Fabrikationsmethoden angewandt werden, mit denen schnell und billig, auch bei sich ändernden Bedingungen, produziert werden kann und
- die vorhandenen Maschinen und Werkzeuge genügen diesen Forderungen nicht, wir müssen eigene entwickeln.

Karl Frydag wurde am 16. Januar 1893 im westfälischen Münster geboren. Er studierte an der TH Berlin-Charlottenburg, wo er auch nach der Unterbrechung durch den Ersten Weltkrieg 1921 sein Diplom erwarb. Zunächst arbeitete er bei der AEG Turbinenfabrik in Berlin an thermodynamischen Aufgaben, ehe er als Diplom-Ingenieur bei Rohrbach-Metallflugzeugbau 1923 Leiter einer Konstruktionsabteilung für Triebwerkseinbauten wurde. 1930 wechselte Frydag zu Messerschmitt bei den Bayrischen Flugzeugwerken nach Augsburg, anfangs als Konstrukteur, dann als Betriebsleiter. Zwei Jahre später ging er in der gleichen Funktion zu Focke-Wulf nach Bremen, ehe er bereits am 16. Februar 1933 seinen Anstellungsvertrag bei den Henschel Flugzeug-Werken bekam. Gemeinsam mit Walter Hormel organisierte Frydag den Aufbau des Werkes I in Schönefeld. Als Betriebsdirektor und später als Vorstandsmitglied des Unternehmens erwarb er sich vor allem durch seine ingenieur-technischen Leistungen große Verdienste. 1938 wurde er zum Wehrwirtschaftsführer ernannt und 1941 von Rüstungsminister Speer in dessen Industrierat berufen, wo er die Leitung des Hauptausschusses Flugzeugzellen übernahm. 1943 wurde Frydag als Generaldirektor der Heinkel Flugzeugwerke in Oranienburg eingesetzt. Im gleichen Jahr wurde ihm von Hitler das Ritterkreuz des Kriegsverdienstkreuzes mit Schwertern verliehen.

Nach dem Zweiten Weltkrieg war Karl Frydag von 1949 bis 1957 Vorstandsmitglied bei Henschel & Sohn und technischer Leiter des Kasseler Werks. Von 1957 bis 1959 übte er die Präsidial-Geschäftsführung des Bundesverbands der Deutschen Luft- und Raumfahrtindustrie aus. 1959 erhielt Frydag einen Beratervertrag bei der Firma Messerschmitt und im Juli 1965 wurde er Leiter der Arbeitsgemeinschaft Airbus, an deren erfolgreichen Weg bis zur Deutschen Airbus GmbH er wesentlichen Anteil hatte. Rund viereinhalb Jahrzehnte hatte Karl Frydag der deutschen Luftfahrt gedient, als er sein 75. Lebensjahr vollendete. Neben seiner Vollbeschäftigung war er außerdem Vorsitzender des Verwaltungsausschusses der DVL und Mitglied des Kuratoriums der Deutschen Gesellschaft für Flugwissenschaften.

Karl Frydag verstarb am 21. Mai 1986 in Kassel, wo er auch seine letzte Ruhestätte fand.

Kurzbiographie von Karl Frydag

Die besondere Bedeutung der Rationalisierungsstrategie der HFW bestand darin, dass sie der Flugzeugentwicklung übergeordnet wurde. Alle Flugzeugmuster, die bei Henschel entstanden, wurden in ihrem konstruktiven Aufbau an produktionstechnische Prämissen gebunden. Bis 1938 entstand ein System aus genormten Teilen, aus dem alle für den Flugzeugbau nötigen Großvorrichtungen zusammengebaut werden konnten. Die Zahl der spanlos verformten Teile bei Henschel-Flugzeugen nahm bis zum Kriegsbeginn stetig zu; das Schlachtflugzeug Hs 129 verkörperte schließlich das optimal Erreichbare auf diesem Gebiet.

Otto Oeckl 1980 in Kassel.

Von Otto Oeckl entwickelter Nietautomat, der die maschinelle Fertigung effizienter machte.

Neue Wege wurden bei den HFW auch in der Montage beschritten, in dem man sie zunächst in eine Vor- und Flugmontage teilte. Zur Vormontage trafen die fertigen Rümpfe und Tragflächen in getrennten Transportgestellen ein und es wurde in ihnen alles eingebaut, was zum fertigen Flugzeug gehört. Die Leitungstrennstellen zwischen Rumpf und Flächen wurden mittels Lehren montiert, um absolute Austauschbarkeit zu gewährleisten. Übrigens eine Methode, die heute bei allen Flugzeugbauern Standard ist. Diese Art der Vormontage eignet sich besonders gut zur Fließbandfertigung im Taktverfahren. Vorbedingung für eine gut funktionierende Serienfertigung ist ein leistungsfähiger Vorrichtungsbau und eine durchdachte Arbeitsvorbereitung. Diesem Sektor widmete man sich bei den HFW mit besonderer Aufmerksamkeit. Auch der Entwicklung von Betriebsmitteln – darunter sind alle zum Bau eines Flugzeugs notwendigen Vorrichtungen, Werkzeuge und Spezialeinrichtungen zu verstehen – wurde bei Henschel in großem Umfang Rechnung getragen. So wurden in Eigenregie zahlreiche Maschinen wie Fallpresse, Fallhammer, Streckpresse, Hochdruckpresse, Spantring-Biegemaschine und Nietautomat entwickelt. Beispielgebend für die gesamte Flugzeugindustrie war die Einführung von Normen, der Einsatz von formgebenden Vorrichtungen zur Erreichung der aerodynamischen Genauigkeit und nicht zuletzt die fundamentlose Bauweise mit der schnellsten Montagemöglichkeit.

Otto Oeckl wurde am 15. September 1906 in München geboren. Er absolvierte nach dem Schulbesuch eine Lehre als Motorenschlosser. Anschließend erwarb er am Münchner Abend-Technikum den Abschluss als Techniker und begann seine Karriere in der Luftfahrtindustrie als Konstrukteur bei den Rohrbach-Metallflugzeugwerken.

Nach Zwischenstationen bei Messerschmitt und Focke-Wulf trat er im Mai 1933 als achter Mitarbeiter seinen Dienst bei der neu gegründeten Henschel Flugzeug-Werke A.G. an. Als Betriebsleiter entwickelte Oeckl bahnbrechende Fertigungsmethoden und führte sie in der Flugzeug-Großserienproduktion ein. Er erwarb zahlreiche Patente im In-und Ausland, z. B. für die spanlose Verformung von Werkstoffen und dafür geeignete Werkzeugmaschinen.

Am Mai 1935 erteilte ihm das Luftamt Berlin die Erlaubnis zur Ausbildung als Flugzeugführer, bei den Werkspiloten Kaempf und Fuess absolvierte er die Ausbildung für den Pilotenschein Klasse A 2.

Nach 1945 ging Otto Oeckl in das Stammhaus von Henschel & Sohn nach Kassel und wurde dort Betriebsdirektor für die LKW-Fertigung. Auch in dieser Zeit sind von ihm mehrere Patente nachgewiesen, so 1948/49 allein vier Patente vom „Heb- und senkbaren Behandlungsstuhl" bis zur „Umlegbaren Schulbank". Insgesamt lauten mehr als 240 Patente auf Otto Oeckl. 1958 wechselte er zu MAN nach München und übernahm die Gesamtleitung der LKW- und Omnibusproduktion. Daneben gehörte er dem Vorstand der REFA* in Kassel und München an. Als in Penzberg alle Kohlengruben stillgelegt wurden, sorgte Oeckl für den Aufbau eines Zweigwerks an diesem Standort. 1975 erhielt er die Rudolf-Diesel-Medaille in Gold und 1993 das Bundesverdienstkreuz am Band. Der verdienstvolle Techniker Otto Oeckl verstarb 1996 im Alter von 90 Jahren in München, wo er auch seine letzte Ruhestätte fand.

** REFA wurde 1924 als Reichsausschuss für Arbeitszeitermittlung gegründet, heute Bundesverband für Arbeitsgestaltung, Betriebsorganisation und Unternehmensentwicklung e. V,*

Kurzbiographie von Otto Oeckl

Die Anwendung von Gesenken zur Herstellung komplizierter Bauteile und die maschinelle Blechverformung waren weitere Elemente, die zur führenden Position von Henschel, auch im internationalen Flugzeugbau, beitrugen. Die HFW haben als erste europäische Flugzeugfabrik die Herstellung von Gesenken aus Elektron mit Erfolg betrieben. Im Gießereibetrieb wurden die herkömmlichen teuren Holzmodelle durch Gipsmodelle ersetzt und im Zellenbau die Lochbauweise, die ursprünglich von Dornier stammt, perfektioniert. Die konsequente Umsetzung der „Henschel-Philosophie" sowohl bei den Eigenentwicklungen als auch beim Lizenzbau waren die Grundlage dafür, dass die HFW in kürzester Zeit zu einem der modernsten Flugzeugbaubetriebe wurden.

Produktionsstart in Berlin-Johannisthal

Die ehemalige kleine Landgemeinde Johannisthal, 1753 gegründet, wurde zu einer der Geburtsstätten der Luftfahrt in Deutschland. An einem Wintertag im Jahre 1908 machte Major a. D. Georg von Tschudi (1862–1928) – Direktor der ILA in Frankfurt am Main – eine Erkundungsfahrt in der Nähe Berlins, um ein geeignetes Gelände für die Anlage eines Flugfeldes zu finden. In seiner Begleitung befand sich auch der Holz-Industrielle Arthur Müller, der spätere Besitzer der Ambi-Budd-Werke. Von Tschudi beschloss, in einem Waldstück zwischen Adlershof und Johannisthal den Flugplatz anzulegen. Bis September 1909 war der Flugplatzbau soweit fortgeschritten, dass ein Konkurrenzfliegen der ersten Aviatiker der Welt gestartet werden konnte. In den folgenden Jahren zog es immer wieder bis zu 300 000 Besucher auf das umzäunte Gelände, um die wagemutigen Manöver der Flugpioniere aus nächster Nähe zu verfolgen. Im Anschluss an die Nationale Flugwoche kam es vom 4. bis zum 11. Juni 1911 zum ersten Deutschen Rundflug über 13 Etappen. Am 13. September 1911 erwarb Melli Beese als erste deutsche Fliegerin den Flugzeugführerschein mit der Nummer 115 und am 14. März 1913 erflog Gerhard Sedlmayr mit sechs Stunden den ersten deutschen Rekord im Dauerfliegen.

Eingang zum Henschel-Werk in Johannisthal 1934

Blick auf das Flugplatzgelände von Johannisthal

Die Werksfeuerwehr in Johannisthal 1935

Am 2. September 1933 wurden die HFW-Werkstätten in Johannisthal eröffnet, nahezu alle Mitarbeiter nahmen an der Veranstaltung teil

Um den Flugplatz herum siedelten sich sehr schnell Firmen an, wie die Albatros-Werke, die Flugmaschinen-Wright GmbH, die Luftfahrzeug Gesellschaft mbH (L.F.G.), die Luftfahrtschule Adlershof, Parseval Luftschiff- und Zeppelin Luftschiffe, die Deutsche Versuchsanstalt für Luftfahrt (DVL), Fokker Aeroplane, Harlan-Flugzeugwerke und andere mehr. Arthur Müller begann mit dem Ballonhallenbau in Johannisthal. Um die Mitte 1914 existierten am Flugplatz bereits 57 Konstruktionsbüros sowie neun große und 15 mittelgroße Flugzeugbetriebe.
Im Ersten Weltkrieg entwickelte sich Johannisthal zum bedeutendsten Standort der Flugzeugrüstung, dort wurden die meisten Militärflugzeuge gebaut. Der Versailler Vertrag bedeutete eine tiefe Zäsur in dieser Entwicklung, wurde doch die Herstellung von militärischem Luftfahrtgerät kategorisch verboten. Die L.F.G. wurde von den Ambi-Werken übernommen, Albatros baute Sport- und Verkehrsflugzeuge und Johannisthal mutierte zum ersten deutschen Verkehrsflughafen, der am 5. Februar 1919 von der Deutschen Luftreederei GmbH mit einem Flug nach Weimar eröffnet wurde. 1926 befanden sich auf der Johannisthaler Seite des Flugplatzes drei große Betriebe von Arthur Müller, der Ambi-Maschinenbau, das Ambi-Budd-Preßwerk und der

Ambi-Waggonbau. Außerdem arbeiteten dort solche bedeutenden Ingenieurbetriebe wie Graham-Paige und Chrysler Company sowie die Temmler Arzneimittelwerke und die Johannisthaler Filmanstalt. 1932 übernahm die Focke-Wulf-Flugzeugbau A.G. die Anlagen der Albatros-Flugzeugwerke GmbH und im März 1933 siedelte sich die Henschel Flugzeug-Werke A.G. in Johannisthal an.
Bereits am 2. Mai begannen die ersten Entwurfsarbeiten für die Flugzeuge Hs 121 und Hs 125 und im August konnte der gesamte Bürobetrieb mit 20 Angestellten in den umgebauten Gebäuden der Ambi-Maschinenbau A.G. an der Sturmvogelstraße aufgenommen werden. Übrigens hieß diese Straße bis 1928 Flugplatzstraße, ehe sie den neuen Namen erhielt. Nachdem 1933 der Berliner Arbeiterflugverband „Sturmvogel" von den Nationalsozialisten verboten wurde, erhielt sie den noch heute gültigen Namen Segelfliegerdamm. Parallel zu den Konstruktionsarbeiten lief der Vorrichtungsbau für die geplante Lizenzfertigung der Junkers-Flugzeuge W 33 und W 34, der in der ersten Jahreshälfte allein mehr als 16 000 Mann-Stunden erforderte.
Am 14. August 1933 hatte Hermann Göring eine Verfügung zur Aufstellung von fünf Flieger-Technischen Schulen erlassen, außerdem sollte für junge Diplomingenieure die Laufbahn „Flugzeugbaumeister" an einer Höheren Flieger-Technischen Schule (HFTS) ermöglicht werden. Die Wahl für deren Standort fiel auf Johannisthal. An der Adlershofer Seite des Flugplatzes begannen im Oktober die Bauarbeiten für das so genannte Luftwaffen-Barackenlager und einen großen Gebäudekomplex, der auch drei Flugzeughallen einschloss. Das Gelände wurde eingezäunt und militärisch bewacht. Auch die DVL erhielt neue Aufgabenstellungen, wurde geländemäßig erweitert und entwickelte sich zu einer der bedeutendsten Luftfahrtforschungseinrichtungen Deutschlands. Insgesamt war Johannisthal auf dem besten Weg, wieder einer der größten militärischen und Rüstungsstandorte zu werden.
Am 1. Oktober 1933 begann der Bau der Hs 121 und bereits am 15. Dezember wurde u. a. den Konstrukteuren Friedrich Nicolaus und Hans Regelin das Deutsche Reichspatent (DRP) Nr. 642 548 für ein „Flugzeug mit biegungssteif ausgebildeten, in den Rumpf verlängerten Fahrgestellstreben" erteilt.
Anfang 1934 gelang es Henschel die Patente der Rohrbach-Metallbau zu erwerben. Darauf aufbauend wurden in den Folgejahren Hunderte von technischen Innovationen für die Henschel Flugzeug-Werke A.G. patentiert. Im März 1934 lief der Serienbau der W 33 in den umgebauten Ambi-Budd-Werkhallen voll an, die Belegschaft war inzwischen auf 1143 Mitarbeiter angewachsen und bereits im Juni wurden die ersten

DEUTSCHES REICH

AUSGEGEBEN AM 8. MÄRZ 1937

REICHSPATENTAMT

PATENTSCHRIFT

№ 642548

KLASSE **62b** GRUPPE 41₀₁

H 138376 XI/62b

Tag der Bekanntmachung über die Erteilung des Patents: 18. Februar 1937

Henschel Flugzeug-Werke A. G. in Schönefeld, Kr. Teltow*)

Flugzeug mit biegungssteif ausgebildeten, in den Rumpf verlängerten Fahrgestellstreben

Patentiert im Deutschen Reiche vom 15. Dezember 1933 ab

Im Flugzeugbau werden klare statische Systeme angestrebt; denn sie ermöglichen größte Ausnutzung der Stäbe, also kleinstes Gewicht. Infolgedessen werden Dreiecksysteme bevorzugt. Kleinstes Gewicht verbietet aber auch jede Umleitung von Kräften. Diese sollen möglichst in wenige Punkte zusammengeführt und ausgeglichen werden.

Man hat Bauarten vorgeschlagen, bei denen die Fahrgestellstreben durch den Rumpf geführt werden und oberhalb des Rumpfes zusammenlaufen. Am Schnittpunkt greifen Flügelabstützungen an. Diese Bauarten haben den Nachteil, daß sie im Rumpf keine Dreiecksverbände schaffen, infolgedessen den statischen Aufbau erschweren.

Erfindungsgemäß werden die verlängerten biegungssteifen Fahrgestellstreben bereits in der Rumpfoberseite in einen Punkt zusammengeführt. An diesem werden außer den Stäben der Flügelabstützung noch Rumpfstäbe und Stäbe des Motorträgers angeschlossen. Die Verwendung biegungssteifer Fahrgestelle läßt eine Mindestzahl von Knotenpunkten, also geringste Kraftumleitung, zu. Der Zusammenfassung aller Kräfte und Vermeidung aller nicht unbedingt nötigen Stäbe dient auch die Ausbildung des Flügels als mövenartiger Flügel. Er wird mit einem seiner Holme ohne Zwischenschaltung von besonderen Abstützstreben unmittelbar im Schnittpunkt der Fahrgestellstreben am Rumpf befestigt.

Die Eintrittspunkte der Fahrgestellstreben in den Rumpf werden in weiterer Vervollkommnung der Erfindung in gleicher Weise hergestellt. Auch hier treffen Rumpfstäbe, Stäbe des Motorträgers und der Flügelabstützung auf die Fahrgestellstäbe. Infolgedessen ergeben sich Dreipunktlagerungen des Motorträgers, des Fahrgestells und auch jeder Flügelhälfte, also überall Dreiecksysteme, in denen der Kräfteverlauf einwandfrei festzustellen ist. Sie sind frei von Nebenspannungen, die sich kaum ermitteln lassen. Die Anschlüsse wird man möglichst kardanisch ausbilden, um auch durch sie keine zusätzlichen Kräfte zu erhalten.

Die Abbildung zeigt ein Ausführungsbeispiel der Erfindung. Der größeren Übersichtlichkeit wegen sind die Stäbe nur als Linien gezeichnet. 1 ist das Rumpfgerippe, 2 der Flügelvorderholm, 3 der Flügelhinterholm, 4 die Fahrgestellräder und 5 der Motorträger. Die Fahrgestellräder 4 werden von den biegungssteifen Streben 6 getragen.

*) *Von dem Patentsucher sind als die Erfinder angegeben worden:*

Dipl.-Ing. Friedrich Nicolaus in Berlin-Wilmersdorf und Hans Regelin in Zeuthen, Kr. Teltow.

DRP Nr. 642548 für die Erfinder Friedrich Nicolaus und Hans Regelin vom 15. Dezember 1933

sechs W 33 an das RLM ausgeliefert. Ebenfalls im Juni konnte die Attrappe der dritten Eigenentwicklung von den HFW, das Sturzkampfflugzeug Hs 123, besichtigt werden. Mit den Hallen 3, 4, 17 und der Malerei sowie weiteren Lagerbauten im Oktober 1933 vergrößerte sich die Produktionsstätte in Johannisthal; im Dezember 1934 waren 150 W 33 fertig gestellt. Im November wurde die Anmietung der Halle 203 und sogar der Kauf eines Teils des Ambi-Geländes erwogen, jedoch das RLM war strikt dagegen. Erhard Milch teilte Oscar Henschel mit, dass er gegen diese Erweiterung sei, da „ ...Johannisthal ein vermurkstes Gelände ist ..“. Damit war klar, dass ein anderer Standort gewünscht wurde, was den Expansionsplänen Henschels sehr entgegen kam. Zum Jahresende begannen in Johannisthal die Vorbereitungen für den Lizenzbau des mittleren Bombers von Dornier, der Do 23.
Das Tempo, mit dem die HFW ihre Entwicklung vorantrieben, ist auch an der Fertigstellung und Flugerprobung der Henschel-Flugzeuge zu ersehen. Am 4. Januar 1934 startete die Hs 121, am 30. April die Hs 125 und am 30. Oktober die Hs 122 zu ihrem jeweiligen ersten Flug. Schon nach kurzer Zeit wurde durch die Praxis deutlich, dass der Standort Johannisthal den anvisierten Zielen der HFW nicht gerecht werden konnte. Es gab kaum Erweiterungsmöglichkeiten und die Um- und Ausbauten bestehender Baulichkeiten stellten fast immer Provisorien dar. Eine rationelle und effektive Großserienfertigung erforderte dringend den Neubau von modernen Produktionsanlagen. Die Suche nach einem möglichen und geeigneten Standort dafür begann Mitte des Jahres und führte auch sehr schnell zu einer Entscheidung.

Auf Standortsuche

Anfangs war Kassel, der Stammsitz der Henschel & Sohn A. G., im Gespräch, aber das RLM machte sehr bald deutlich, dass nur eine Ansiedlung in oder an der Peripherie der Reichshauptstadt in Frage käme. In einer Besprechung am 21. Februar 1934 zum Ausbau der HFW wurde die Zweckmäßigkeit eines Neubaus bestätigt. Während einer weiteren Besprechung im RLM wurden Walter Hormel und Erich Koch darüber informiert, dass die Aufstellung des so genannten Berliner Konzerns zum Bau von Kampfflugzeugen unter Einbeziehung der HFW beschlossen worden war. Den Vertretern der Flugzeugindustrie wurde bei der Übergabe der Projektaufgaben im Amt C am 9. Mai mitgeteilt, dass die HFW einen eigenen Flugplatz und neue Fabrikanlagen errichten werden. Nun stand Henschel unter Zugzwang und es begann mit Unterstützung durch das Luftamt eine intensive Geländebeurteilung.

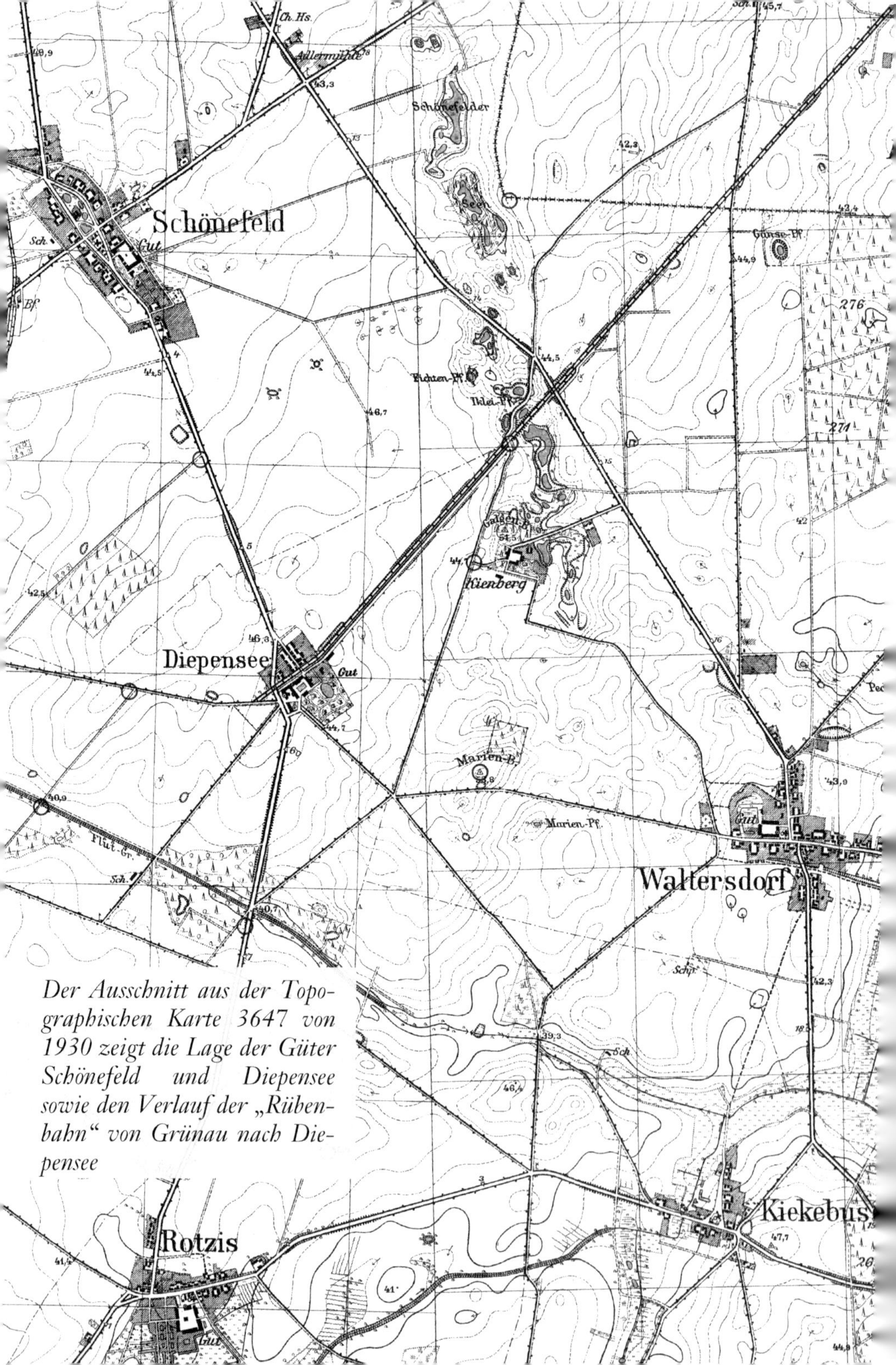

Der Ausschnitt aus der Topographischen Karte 3647 von 1930 zeigt die Lage der Güter Schönefeld und Diepensee sowie den Verlauf der „Rübenbahn“ von Grünau nach Diepensee

Dritte *Ausfertigung*

2.000,-
Zur Urschrift sind Zweitausend Reichsmark Landesstempel verwendet. Zur dritten Ausfertigung sind 3,- (drei) Reichsmark Landesstempel entwertet.
Beglaubigte Abschrift ist dem Kreisausschuss des Kreises Teltow eingereicht.

Berlin, den 25. Juni 1935
Der Notar:

Nr. 30 *Jahr 193*5 *des Notariats-Registers.*

Verhandelt

zu Berlin *, am* 21. Juni *193*5

Vor dem unterzeichneten,

zu **Berlin, Schadowstrasse 4/5**

wohnhaften Notar im Bezirke des **Preussischen**

Kammer *-gerichts*

Rechtsanwalt Dr. Hermann Münch

erschien **en** *heute* **:**

Not. Nr. 110 **Ausfertigung für notarielle Protokolle.**
Fassung Februar 1934. Nachdruck verboten!

Titelblatt des Kaufvertrags über die Güter Schönefeld und Diepensee vom 21. Juni 1935, der Kaufpreis wurde mit 2,3 Millionen Reichsmark vereinbart

In weiser Voraussicht – oder schon in Kenntnis der beabsichtigten Entwicklung hatten Hormel und Koch bereits am 14. Februar 1934 das Fluggelände Golm bei Werder inspiziert. Beginnend am 13. Mai wurden in den folgenden Wochen insgesamt 19 infrage kommende Standorte rund um Berlin besichtigt. So auch im Raum Wildau-Königs Wusterhausen das Gelände des Schütte-Lanz-Luftschiffbau in Zeesen. Überhaupt wurden alle bereits existierenden und einigermaßen erschlossenen Luftfahrtstandorte auf ihre potenzielle Verwendbarkeit geprüft. Der Flugplatz der Lufthansa in Staaken, die Militärstandorte in Döberitz, Werneuchen, Schönwalde, Strausberg, Fürstenwalde und Müncheberg, aber auch das schon seit 1909 genutzte Flugfeld in Bork, der Wirkungsstätte von Hans Grade (1849–1946), sowie der Zeppelinhafen in Potsdam und der Tempelhofer Flughafen wurden von den HFW-Erkundern besucht.
Besonders intensiv gestaltete sich die Suche im nördlichen und östlichen Umfeld der Hauptstadt, entsprach man doch dort am ehesten den Vorgaben des RLM, das Werk möglichst weit weg von den ungeliebten Westmächten in der Mitte des Reichs zu errichten. Doch das Luftamt lenkte durch Ablehnungen, Verbote und mehr oder weniger direkte Hinweise die Standortsuche auf den südlichen Raum von Berlins Umgebung. Begründet wurde dies u. a. mit der Gewinnung von Arbeitskräften aus dem Umfeld, der notwendigen verkehrstechnischen Erschließung, oder auch wie im Fall Wustermark, mit „...der Erhaltung guten Ackerbodens ...“. Später wurde klar, dass die im westlichen Umfeld gelegenen militärischen Führungsstellen bei Potsdam und in Zossen keine besondere Aufmerksamkeit auf sich lenken wollten und im Norden bei Oranienburg das moderne Heinkel-Werk gebaut werden sollte.
Am 9. Juni starteten Oscar Henschel, Walter Hormel und Erich Koch von Tempelhof zu einem Erkundungsflug auf der Route Staaken, Wustermark, Hennigsdorf, Stolpe, Hohenneuendorf, Bernau, Königs Wusterhausen und Teltow, um sich auch aus der Vogelperspektive einen Eindruck von der Eignung der anvisierten Gelände zu verschaffen. Am 25. Juli 1934 fiel die Entscheidung – das neue Montagewerk mit angeschlossenem Werksflugplatz wird auf einem Gelände zwischen Schönefeld und Diepensee im Landkreis Teltow errichtet. Die Genehmigung des Luftamtes erfolgte auch prompt!
Eiligst wurde ein Modell des Reliefs mit den geplanten Hallenbauten angefertigt und bereits am 9. August von der HFW-Führungsriege besichtigt. Schon am nächsten Tag richtete der Architekt Otto Biskaborn aus Kassel ein Baubüro ein, wo in wenigen Wochen die ersten Zeichnungen der Werk- und Hallenplanung fertig gestellt wurden. Am 31. August 1934 wurde der erste Auftrag zur Vermessung des

Werksgeländes vergeben und damit die Vorarbeiten für den eigentlichen Baubeginn eingeleitet. Die Kosten für Erschließung und Ausbau wurden zunächst auf 3,8 Millionen Reichsmark geschätzt; sie erhöhten sich dann schnell auf knappe fünf Millionen.
Doch zuvor musste das Gelände der angrenzenden Rittergüter Schönefeld und Diepensee erworben werden. Diepensee, das bereits 1348 erstmals urkundlich erwähnt wird, gehörte zu jener Zeit dem Rittmeister a. D. Karl Wrede (1885–1965) und verfügte bereits über einen Bahnanschluss. Der Vorbesitzer, Eisenbahnkönig Henry Strousberg (1823–1884), hatte 1869 die Strecke als Abzweig der Görlitzer Eisenbahn vom Bahnhof Grünau aus anlegen lassen, um Getreide, Kartoffeln und Rüben in die Großstadt zu bringen. Daraus resultierte auch die landläufige Bezeichnung „Rübenbahn".
Dass sich auch das Gut Schönefeld und weitere Flurstücke in benachbarten Gemeinden in der Hand eines alleinigen Besitzers befanden, erleichterte Henschel die Kaufverhandlungen. Obwohl am 10. Oktober 1934 eine Zulässigkeitserklärung für die Enteignung zur Errichtung der Flugzeugfabrik vom Reichskanzler und seinem Luftfahrtminister unterzeichnet worden war, setzte Henschel weiter auf käuflichen Erwerb des künftigen Werksgeländes. Schließlich kam es am 21. Juni 1935 vor dem Rechtsanwalt Dr. Hermann Münch, Notar im Bezirk des Preußischen Kammergerichts, zum Kaufvertrag zwischen Karl Wrede und Oscar Henschel. Die Güter Schönefeld und Diepensee mit dem Anschlussgleis bis zur Station Grünau gingen für 2,3 Millionen RM in den Besitz von Henschel & Sohn über. Die Bedenken der Reichsbahn wurden vom RLM mit dem Hinweis auf „im Interesse der Landesverteidigung liegend", zerstreut und nach dem direkten Eingreifen der Heeresverwaltung, die das Bauvorhaben als „militärisch eingestuft" deklarierte, hatte die Bahn ihren Widerstand im November 1934 aufgegeben. Nun stand dem beschleunigten Aufbau des von den HFW als Werk I bezeichneten Montagebetriebs nichts mehr im Wege.

Bauplanung für das Werk I

Nach Klärung der verkehrsrechtlichen und verwaltungstechnischen Fragen wurde unverzüglich mit dem Aufbau des Werks und des Flugplatzes begonnen. Nachdem Henschel als Bauherr den Auftrag zur Errichtung der Flugzeug-Werke gegeben hatte, führten Direktor Walter Hormel und Karl Frydag die Werkplanung durch. Die bauliche und architektonische Verantwortung trug als Bauleiter der Kasseler Architekt Otto Biskaborn. Seine Mitarbeiter waren die Architekten Diplom-Ingenieur Karl Roeder, Georg Leowald und Kurt Staudinger sowie als Bauführer Walter Somrey.

Die letzte Korn- und Rübenernte war gerade eingebracht, als sich das gesamte Gelände in eine riesige Baustelle verwandelte. Zunächst mussten Baustraßen und Versorgungseinrichtungen sowie ein Bahnanschluss errichtet werden. Am 17. September1934 begannen Probebohrungen für die Wasserversorgung und zwei Wochen später entstand

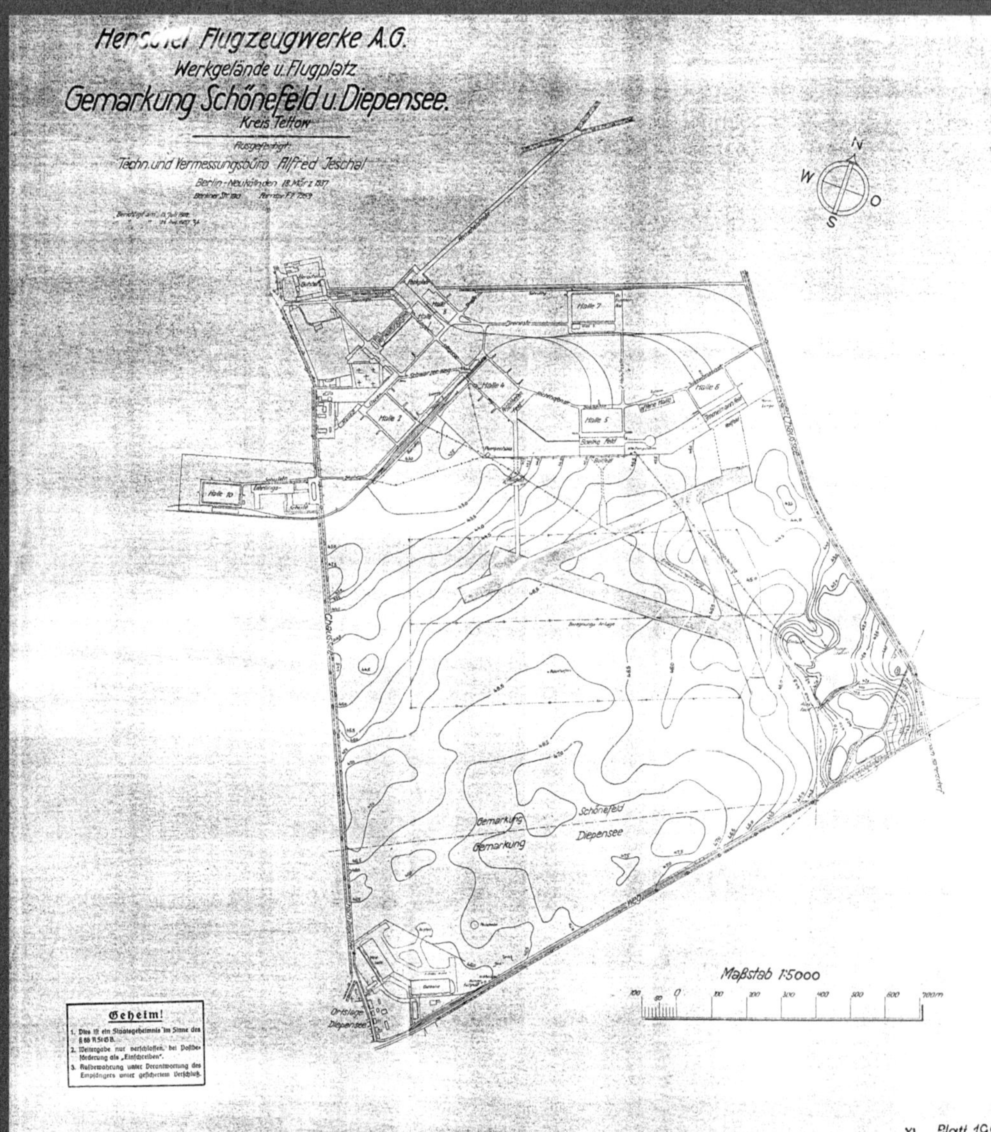

Lageplan des gesamten Werksgeländes in Schönefeld-Diepensee von 1937

der Hauptbrunnen an der zukünftigen Halle 2. Am 18. September wurden durch die Firma Vering & Wächter die Gleisanlagen vermessen, tags darauf mit den Erdarbeiten begonnen und 14 Tage später die ersten Gleise verlegt. Am 5. Oktober rollte bereits der erste Waggon mit Brunnenbaumaterialien über die von Grünau ausgehende neue Strecke. Am 15. Oktober 1934 erfolgte der symbolische erste Spatenstich für das neue Flugzeugwerk.
Obwohl durch das Luftschutzgesetz mit ziemlich drastischen Auflagen in die Bauplanung eingegriffen wurde, sollte die Anlage einen geschlossenen Eindruck machen. Die großen Hallen lagen auf flacher Ebene und mussten dem Gelände angepasst werden. Dabei wurde auf jeden „architektonischen Schmuck" verzichtet, dagegen auf Zweckmäßigkeit und klare Zweckform bis in die kleinsten Einzelheiten größter Wert gelegt. Die Montagehallen wurden als Universalbauwerke in zwei Grundtypen gebaut. Die Hallen für die Teilmontage hatten zwei Schiffe von je 31 Meter Spannweite, während die Endmontagehallen über 64 Meter frei gespannt waren und zwei Seitenschiffe von 18 Meter Spannweite besaßen. Henschel hatte zu Beginn der Bauplanung eine Anweisung erlassen, die besagte, dass

- Halbheiten und Notlösungen zu vermeiden sind,
- Baukörper vorausschauend zu planen und auszuführen sind,
- ohne Luxus, aber gediegen zu bauen ist,
- die auch im Zweckbau mögliche Schönheit zum Ausdruck zu bringen ist.

Auch dem Natur- und Landschaftsschutz wurde Rechnung getragen. Hatte man zunächst an das Umsetzen größerer Baumgruppen gedacht, wurde dann aber aus Kostengründen eine Neuanpflanzung durchgeführt. Die Späthschen Baumschulen in Berlin-Baumschulenweg erhielten dafür den entsprechenden Auftrag. Natürlich diente die recht dichte Begrünung der Gesamtanlage nicht nur der Freude an der Natur. Aus Gründen der Luftsicherheit wurde die Werksanlage in zwei Teilbereiche gegliedert, die mehrere Kilometer voneinander entfernt lagen und durch Gleise und Straßen verbunden wurden.
Die Fertigung der Flugzeuge sollte in der Vormontage bis zur Halle 8 laufen, dann die einzelnen Baugruppen zur Endmontage in den Teilbereich 2 gebracht und schließlich in der letzten, der Einflughalle 6, für die Flugerprobung vorbereitet werden. Das Universalhallensystem hatte neben der Wirtschaftlichkeit beim Bau auch wichtige betriebstechnische Vorzüge. Wenn auch jede Halle mit ihren Kraftanlagen, dem Lüftungs- und Heizungssystem und den angeschlossenen

Betriebs- und Lagerräumen ein in sich geschlossenes Einzelbauwerk darstellte, so erlaubte die Ähnlichkeit der Bauten Arbeitsvorgänge beliebig zu verlegen. Selbst bei längerem Ausfall einer Halle brauchte nicht die gesamte Produktionslinie stillgelegt zu werden. Umstellungen in der Erzeugung von Baugruppen konnten schneller und leichter durchgeführt werden.
Die Bauweise und die Wahl der Baustoffe wurden im Wesentlichen durch zwei Prämissen bestimmt. Einmal von dem Zwang, die Rohbauzeiten erheblich abzukürzen, um die knapp gestellten Termine einhalten zu können und zum anderen von der Forderung, eine möglichst hohe Sicherheit gegen Luftangriffe zu gewährleisten.
Es wurde ein stark verglastes Stahlskelett gewählt, dessen Stützen in bombensichere Fundamente eingespannt wurden. Alle Bauten wurden mit Klinkermauerwerk verblendet. Die Hallenschiffe waren frei von Einbauten. Lager, Laboratorien, Meister- und Ingenieurräume wurden in niedrigen Anbauten entlang der gesamten Halle untergebracht.
Die starke seitliche Verglasung brachte beim Bauvorgang eine hohe Zeitersparnis, da sie im Gegensatz zum Mauerwerk von leichten Leitergerüsten aus angebracht werden konnte. In jeder Halle wurde eine gesonderte Heißwasser-Hochdruckanlage eingebaut und anstelle von Heizkörpern wurden elektrisch betriebene Lufterhitzer angebracht. Durch verglaste Einschnitte in den Hallendächern wurde eine zweckmäßige und effektive Ausleuchtung der Hallenschiffe erreicht. Beide Werkteile wurden von zentralen Heizwerken beheizt, die von der Bekohlung bis zur Rauchgasentstaubung elektrisch betrieben wurden. Durch Naßentaschung und Flugascheabscheider wurde für ein staubfreies Arbeiten gesorgt.
Auch Verwaltungs- und Sozialbauten sowie die später gebaute Lehrwerkstatt wurden nach gleichen Prämissen und als harmonische Ergänzung des Gesamtkomplexes errichtet. Mit dem Bau des neuen Werks änderte sich auch die Bezeichnung der Gebäude mit fortlaufenden Nummern. Dem Werk I wurden die Nummern 1 bis 49, dem Werk II die 50 bis 99 zugewiesen. Die Umbenennung der Hallen in Johannisthal erfolgte schrittweise bzw. nach der Übernahme von Gebäuden anderer Unternehmen am gleichen Standort.
Inzwischen war auch ein Abzweig von der Neukölln-Mittenwalder-Eisenbahn (NME) zum Bahnhof Schönefeld als Privatbahn genehmigt und gebaut worden. Nach Fertigstellung des elektrischen Anschlusses an das Märkische Elektrizitätswerk am 22. Oktober 1934 konnte der Baubetrieb im Zwei-, später sogar im Dreischichtbetrieb aufgenommen werden.

Baugeschehen 1934/35 in Schönefeld

Als erste Bauwerke wurden die Halle 1 und das Verwaltungsgebäude errichtet. Bereits am 15. Juni 1935 erfolgte die Rohbauabnahme durch die Baupolizei und am 14. September zog die Materialprüfung in die Halle 1 ein. Für das Verwaltungsgebäude, das noch heute am Flughafen Berlin-Schönefeld steht und als solches genutzt wird, begannen die Vorbereitungen bereits Ende 1934, als das Landratsamt Teltow die Baugenehmigung erteilte. Am 14. Dezember hatten die Erdarbeiten angefangen und am 17. Januar 1935 wurde der Grundstein gelegt. Die Richtkrone konnte unter der Beteiligung von mehr als 1000 Personen am 25. Mai aufgezogen werden.

Oscar Henschel inspizierte den Fortgang der Bauarbeiten sehr häufig und brachte auch zahlreiche Änderungswünsche ein. So z. B. am 8. August, als er die Forderung erhob, den Turmaufbau auf dem Verwaltungsgebäude so zu verändern, dass von einem erhöhten und verglasten Innenraum das gesamte Werksgelände überblickt werden konnte. Bis zum 19. Dezember 1935 war der Umzug aller wichtigen Verwaltungsorgane einschließlich der Betriebs- und Konstruktionsbüros in das neue Gebäude vollzogen.

Das nächste größere Bauprojekt war die Halle 2, für die am 15. Oktober 1934 die ersten Vermessungs-, Erd- und Betonarbeiten begonnen hatten. Daneben war der Hauptbrunnen zur Wasserversorgung bereits zwei Tage vorher bis auf 23 Meter Tiefe aufgebohrt worden. Ab 23. Oktober wurde durch die Firma Eikomag aus Düsseldorf die Stahlkonstruktion errichtet und am 17. Januar 1935 war die Halle im Rohbau fertig. Nach Einbau der Montagevorrichtungen, der Heizkessel- sowie der Sanitäranlagen und Gasschutzräume wurde am 1. April die Halle in Betrieb genommen. Ab Juli begann dort der Serienbau der Dornier Do 23, von der in einem Jahr 24 Exemplare entstanden. Von der Vormontagehalle führten Gleise zur Halle 5, in der die Endmontage erfolgte. Der Gleiskörper war am 16. Oktober 1934 fertig gestellt worden. Ebenfalls noch 1934 wurden die Erschließungs- und Erdarbeiten für die Hallen 4, 5 und 6 in Angriff genommen. Um die Finanzierung der Halle 6, die zu diesem Zeitpunkt von den HFW noch nicht benötigt wurde, hatte es einen heftigen Schlagabtausch zwischen dem RLM, der Deutschen Bank und den HFW gegeben. Schließlich erklärte sich Henschel bereit, die Halle zu bauen und anschließend an das RLM zu vermieten. Im darauf folgenden Jahr ging die Halle 3 als Holzlager in Betrieb, wurde die Halle 4 am 1. August vom Baubüro übergeben und die Halle 5 nach Einbau der Krananlagen im September von den HFW übernommen.

Bis zu 150 Züge rollten täglich zum Aufbau des Werks in Schönefeld

Haltestelle Schönefeld der Neukölln-Mittenwalder Eisenbahn

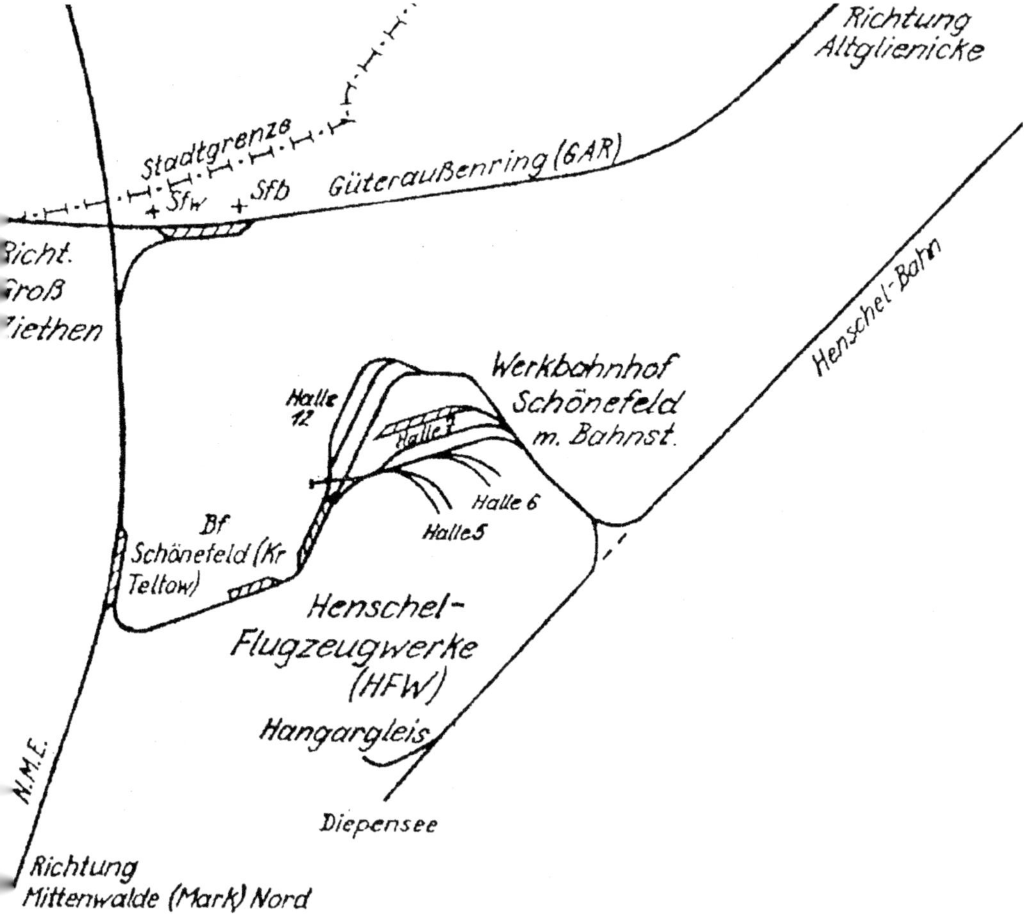

Schienenanbindung des Werk I in Schönefeld

Das Verwaltungsgebäude im Werk I, es dient heute noch Verwaltungszwecken in Schönefeld

Pförtnerhaus der Hauptwache zum Werk I an der Dorfstraße in Schönefeld

In der Halle 6 wurde zum Ende des Jahres im Auftrag des RLM eine Triebwerksausstellung aufgebaut, die u. a. am 31. Januar 1936 von Adolf Hitler besucht wurde. Auch notwendige Nebengebäude und funktionelle Einrichtungen wurden parallel zum Hallenbau geschaffen, so das Pförtnerhaus, das Feuerwehrgebäude und ein Garagenkomplex. Für den Direktor wurde im Betriebsgelände ein Wohnhaus gebaut, welches noch heute fälschlicherweise „Henschel-Villa“ genannt wird. Hormel konnte am 20. August 1935 seinen neuen Wohnsitz beziehen. Auch die Arbeiten am Flugfeld waren weit fortgeschritten; die Einebnung des ehemaligen Rübenackers war sehr aufwändig. Löcher von bis zu 2000 Kubikmeter mussten verfüllt werden. 240 Arbeiter mit zwölf Gespannen schafften die Nivellierung des Flugfeldes von knapp zwei Quadratkilometer in 96 000 Arbeitsstunden. 285 Zentner Grassamen und 14 Waggon Kunstdünger waren notwendig, um diese Fläche mit einer festen Grasnarbe zu versehen. 15 Arbeiter mit zwei Gespannen und 800 Schafe „bewirtschafteten“ den Flugplatz, der mit einer

Das Hauptportal des Verwaltungsgebäudes in Schönefeld

modernen Beregnungsanlage, deren drei Regenkanonen 150 Kubikmeter Abwässer des Werks pro Stunde versprühen konnten, ausgerüstet war. Die Vermessungsarbeiten für die drei Start-und-Landebahnen hatten im Januar begonnen und am 24. April 1935 fanden die ersten Rollversuche und Belastungstests mit einer Junkers W 34 statt.

Am 12. Oktober 1935 wurde von Seiten des RLM die gesamte Werksanlage in Schönefeld rund 150 Pressevertretern, Hochschulprofessoren, Ingenieuren der Luftfahrtindustrie und Studenten vorgestellt. Staatssekretär Milch bestätigte dabei ausdrücklich, dass die Anlagen der HFW das modernste Flugzeugwerk Deutschlands seien und bezeichnete die Planung und Entwicklung sowie den Aufbau und die Organisation als mustergültig. Unter den Besuchern waren auch die Luftfahrtattachés von Großbritannien, Frankreich, Italien, Polen, Japan, Schweden, den USA und der Türkei. Am 22. Dezember 1935 wurde das Werk I offiziell in Betrieb genommen, bis zum Jahresende war die „Gefolgschaft" der HFW auf 4711 Mitarbeiter angewachsen.

Der letzte Dachbinder wird an der Halle 2 gesetzt

Blick auf die Halle 2 von Süden

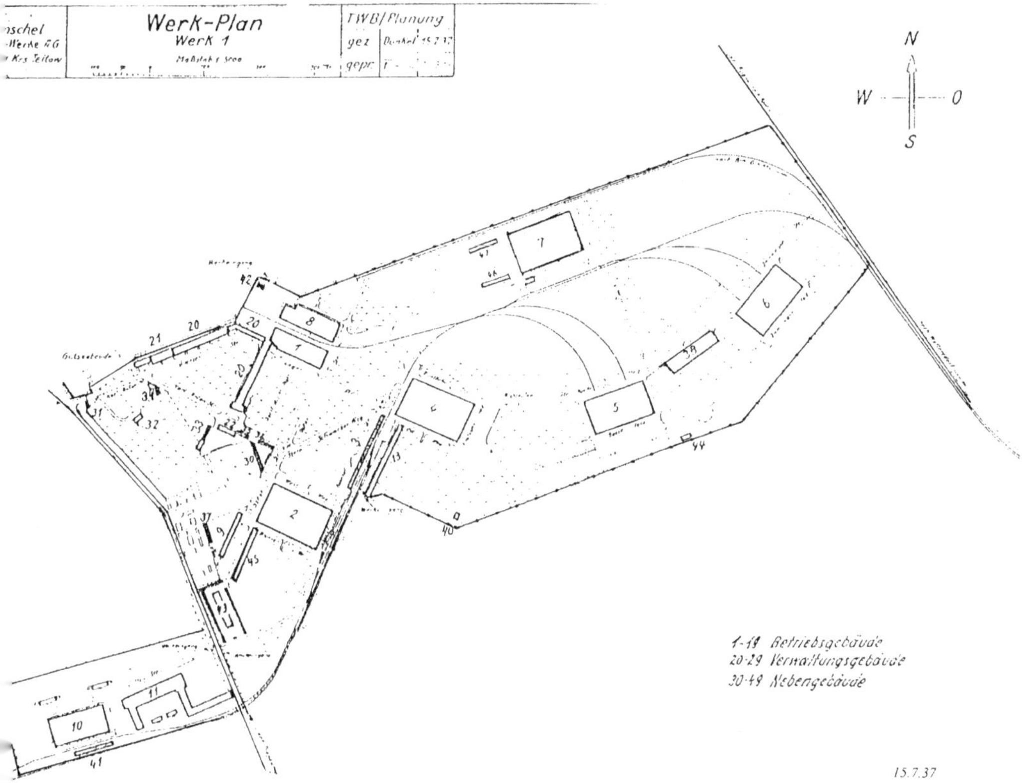

Werk-Plan
Werk 1

TWB/Planung

N
W O
S

1-19 Betriebsgebäude
20-29 Verwaltungsgebäude
30-49 Nebengebäude

15.7.37

Lageplan Werk I von 1937

Endmontagehalle 5 (rechts) und Einflughalle 6 in Schönefeld

1936 – ein Erfolgsjahr auch für Henschel

Die Olympischen Sommerspiele

Nach den Winterspielen in Garmisch-Partenkirchen wurden die Olympischen Sommerspiele 1936 in der Reichshauptstadt Berlin durchgeführt und von den Nationalsozialisten zu einem überwältigenden Propagandafeldzug genutzt. Ihre Großmachtpläne wurden u. a. in einer regen Bautätigkeit sichtbar. War schon das Reichssportfeld mit dem Olympiastadion eine gigantische Bauleistung, so demonstrierte der erste Großbau der geplanten Hauptstadt „Germania", das Reichsluftfahrtministerium mit seinen mehr als 2500 Arbeitsräumen die Gigantomanie Hitlers deutlich. In knapp einem Jahr entstand unter der Federführung von Ernst Sagebiel (1892–1970) in dem Areal um die Wilhelm- und Leipziger Strasse dieser monströse Bau. Auch das Olympische Dorf in Döberitz stellte eine neue Dimension dar. In Rangsdorf bei Berlin wurde der „Reichssportflughafen" am 30. Juli 1936 eröffnet.
Zum Besuch der Sportwettkämpfe reisten u. a. gekrönte Häupter aus Italien, Schweden, Griechenland und Bulgarien an, aber auch Verbündete der Regierung Hitlers wie Benito Mussolini sahen sich die Wettkämpfe der über 4000 Athleten aus 49 Nationen an. Die deutschen Olympioniken holten sich 89 von insgesamt 388 zu vergebenden Medaillen, darunter allein 33 in Gold. Damit belegte Deutschland erstmals in der Geschichte der neuzeitlichen Spiele den ersten Platz vor den USA.

Wesentliche Fortschritte wurden in dieser Zeit auch auf wissenschaftlich-technischem Gebiet erreicht. Am 24. Juni wurde die Deutsche Akademie der Luftfahrtforschung gegründet, zu den ersten Präsidiumsmitgliedern gehörten neben Hermann Göring und Erhard Milch solche Luftfahrtexperten wie Willy Messerschmitt (1898–1978) und die Professoren Walter Georgii (1888–1968) und Ludwig Prandtl (1875–1953). In der Aerodynamischen Versuchsanstalt (AVA) Göttingen wurde ein großer Windkanal errichtet und die Luftfahrtforschungsgesellschaft „Hermann Göring" nahm in Völkenrode bei Braunschweig ihre Forschungstätigkeit auf. Konrad Zuse (1910–1995), der nach Abschluss seines Studiums an der TH Berlin-Charlottenburg als Statiker bei den HFW tätig war, entwickelte den weltersten programmgesteuerten Computer.

Die Lufthansa beförderte im zehnten Jahr ihres Bestehens mehr als 232 000 zahlende Fluggäste im Linienverkehr, zusätzlich 162 000 Passagiere im Rundflug- und Sonderflugdienst und beschäftigte mehr als 3600

Mitarbeiter. Die ersten Heinkel He 111 und Junkers Ju 86 verstärkten die große Flotte der dreimotorigen Junkers Ju 52. Bei der Flugzeug- und Motorenindustrie löste die Lufthansa allein 1936 Bestellungen im Gesamtumfang von 5 334 000 Reichsmark aus.
Die technischen Wartungsbasen der Lufthansa in Staaken und Halle/Leipzig wurden erheblich erweitert und im Herbst begann die Erprobung eines regelmäßigen Luftpostverkehrs über den Nordatlantik mit Dornier Do 18. Auch die im Vorjahr gegründete Deutsche Zeppelin-Reederei GmbH erbrachte 1936 eine Leistung von knapp 600 000 Fahrkilometern und beförderte dabei 3600 Gäste.
Das RLM erteilte Professor Sagebiel einen Generalauftrag für die Planung und den Bau neuer Verkehrsflughäfen in München-Riem, Stuttgart-Echterdingen und Berlin-Tempelhof. Im September beauftragte Hitler Hermann Göring mit der Durchführung des 4-Jahresplans zur Entwicklung der Wirtschaft und Industrie. Trotz aller sportlichen, wissenschaftlichen und wirtschaftlichen Erfolge strebte Deutschland aber unentwegt nach militärischer Überlegenheit. Am 7. März wurde das entmilitarisierte Rheinland von der Wehrmacht besetzt, ohne dass es zu einer Reaktion von Seiten der westlichen Siegermächte kam. Am 18. Juli begann nach einer Revolte der Generale Franco, Sanjurjo, Godéd, Mola und de Elano der Bürgerkrieg in Spanien. Am 26. Juli erging der Befehl zur Aufstellung der Legion Condor und am 30. September 1936 erkannte die deutsche Regierung Franco als rechtmäßigen Regierungschef Spaniens an. Nun bot sich – übrigens für West und Ost – die Möglichkeit, die neuesten Entwicklungen der Waffen- und Kriegstechnik unter realen Kampfbedingungen zu erproben – und Henschel war dabei!

Aufbruchstimmung bei Henschel

Nachdem im September 1936 die ersten drei Serienmaschinen des Sturzkampfflugzeugs Hs 123 ausgeliefert waren, nahmen sie bereits im Oktober am Himmel über Spanien an den kriegerischen Auseinandersetzungen aktiv teil.
Überhaupt war das Jahr 1936 für die HFW in jeder Hinsicht erfolgreich. Schon am 2. Januar war der Nahaufklärer Hs 122A-0 zum Erstflug gestartet und einen Tag später hob die erste im Schönefelder Werk I in Lizenz montierte Dornier Do 23 mit der Werknummer 254 von dort ab. Nach nur 24 gebauten Exemplaren wurde allerdings der Lizenzbau in der Halle 2 auf die Fertigung der Junkers Ju 86 umgestellt und noch im selben Jahr die ersten drei Maschinen dieses Typs ausgeliefert.

Vor einer Reihe Hs 122 in der Mitte Flugkapitän Kaempf

Hermann Göring überzeugte sich am 22. Januar persönlich in Schönefeld von den Werksanlagen und der Flugzeugproduktion für die Luftwaffe.

Inzwischen arbeiteten die Henschel-Konstrukteure entsprechend dem Willen des RLM an neuen Projekten. Mit der Hs P.26 sollte ein viermotoriger Fernbomber, als Hs P.28 ein einmotoriger Aufklärer mit drei Mann Besatzung und als Hs P.24 ein schweres Jagdflugzeug entstehen. Letzteres Projekt wurde jedoch wegen der ungeklärten Motorfrage noch im gleichen Jahr aufgegeben.

Chefpilot der HFW Hans-Wilhelm Kaempf

Einsatz der Hs 123 im spanischen Bürgerkrieg

Farbprofil einer Hs 123 im Spanischen Bürgerkrieg. Farbige Darstellung S.4

Im Johannisthaler Werk II wurde inzwischen das erste Versuchsflugzeug des Nahaufklärers Hs 126, ein Nachfolgemuster der Hs 122, gebaut, der Erstflug fand noch im gleichen Jahr am 13. Dezember statt. Von dem Stuka Hs 123 hatten 1936 nach der V-4 (16. April) auch noch die Versionen A-0 (5. August) und A-1 (26. September) ihre jeweils ersten Werksflüge.

Die Einflughalle 6 im Werk I

Die „Henschel-Villa", Wohnsitz von Walter Hormel

Orchester der Luftwaffe in Schönefeld

Der werkseigene Flugplatz in Schönefeld mit drei befestigten, 800 Meter langen Start-und-Landebahnen in den vorherrschenden Windrichtungen, war zwischenzeitlich ebenfalls einsatzbereit. Am 12. Mai absolvierte der HFW-Chefpilot Hans-Wilhelm Kaempf bereits den 1000. Start; er wurde noch im gleichen Jahr zum Flugkapitän ernannt. Auf ihn war übrigens am 4. August 1935 ein Patent über „Steuerkraftmesser für Flugzeuge“ eingetragen worden.

Für die Frischwasserversorgung der gesamten Werksanlage waren drei Wasserpumpwerke und Tiefbrunnen mit einer Förderleistung von 220 Kubikmeter pro Stunde eingerichtet worden, die Wasserbereitstellung entsprach der Versorgung einer Stadt mit 60 000 Einwohnern. Auch die Entwässerung wurde stufenweise bis auf 7900 Kubikmeter pro Stunde ausgebaut.

Die nächste Eigenentwicklung der HFW, die Hs 124, als Flugzeug für die Nahunterstützung der Angriffstruppen gedacht, flog erstmals am 10. Oktober 1936. Im selben Monat begannen auch die Entwurfsarbeiten an dem vom RLM geforderten Schnellbomber mit der Typenbezeichnung Hs 127.

Mit dem Lieferplan Nr. 2 des RLM vom 23. März 1936 wurden wesentlich höhere Leistungen von den HFW gefordert. Das machte die Erweiterung der Produktionskapazitäten erforderlich. Es wurde die Halle 8 errichtet, welche am 13. Oktober als Gießerei in Betrieb ging. Bereits einen Monat früher hatte in der Halle 7 die Rohrbiegerei sowie die Klempnerei und Schlosserei die Arbeit aufgenommen.

Besuch von der Luftwaffe wird im Werk I von Kaempf, König und v. Heynitz begleitet

Der rumänische Luftfahrtattache besichtigt das Modell der Anlagen Werk I

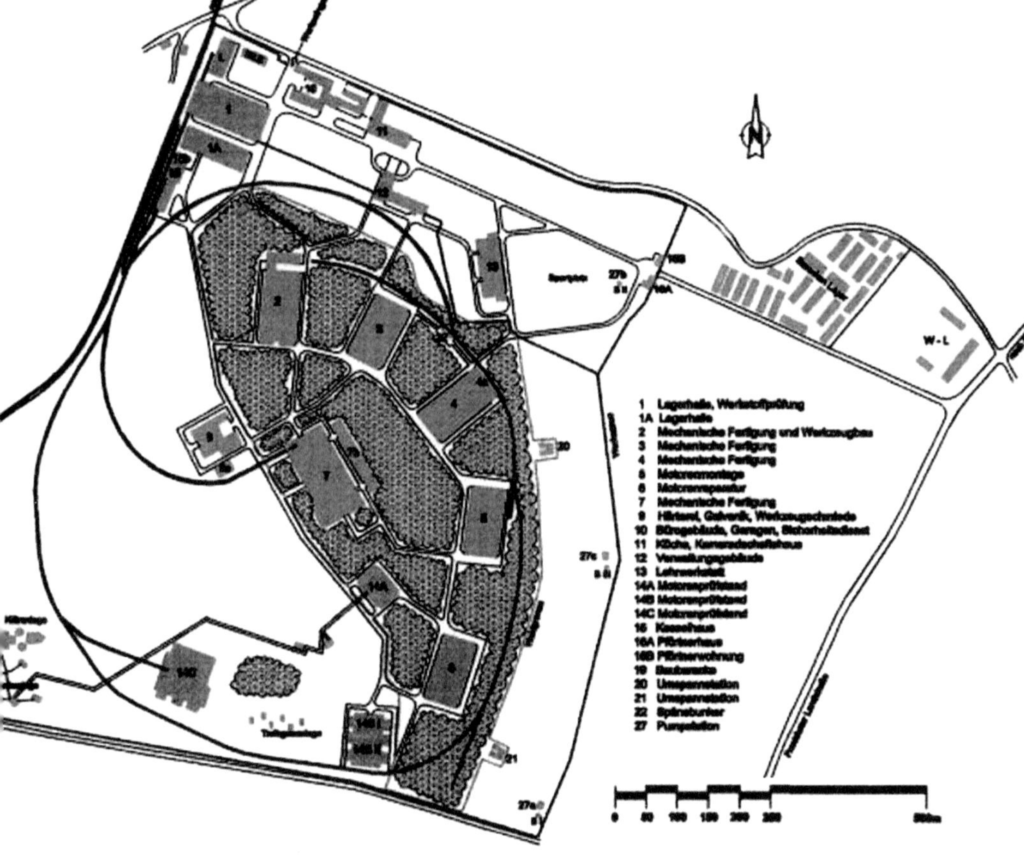

HFW GmbH, Werk Kassel-Altenbauna. Grundriss Stand 30.04.1943

Die Dreherei wurde von Kassel nach Schönefeld verlagert und in Altenbauna bei Kassel wurde ein Motorenwerk neu errichtet, nachdem zuvor am 9. Juli die Henschel Flugmotorenbau GmbH mit einem Stammkapital von 20 000 RM gegründet worden war. Mit der Halle 9 entstand eine moderne Eloxalanlage sowie die galvanische Abteilung und eine Glüherei. Die mechanischen Werkstätten mit der Fräserei fanden in der Halle 10, die am 10. Dezember betriebsbereit war, ihren Platz. Die Belegschaft erreichte zum Jahresende eine Stärke von 8044 Mitarbeitern, der Neubau eines Kantinengebäudes wurde erforderlich. In diese Aufbruchszeit fiel auch der große Schritt zur fundamentlosen Aufstellung von Großbauvorrichtungen, damals als freitragende Konstruktion ein Wagnis, heute eine Selbstverständlichkeit im Flugzeugbau. Auf Wunsch des RLM wurde auf dem Henschel-Gelände in Diepensee die Luftfahrterprobungsstelle (LED) errichtet, in der verschiedene Ausrüstungsfirmen und Gerätehersteller auf und über dem Flugplatz der HFW ihre Erzeugnisse erproben konnten.

Luftfahrt-Erprobungsstelle Diepensee (LED) 1937-1945.

nlage ohne besonderen Sicherheitsaufwand, ansonsten große
es Gelände, Gut Diepensee, zur Eigenversorgung.

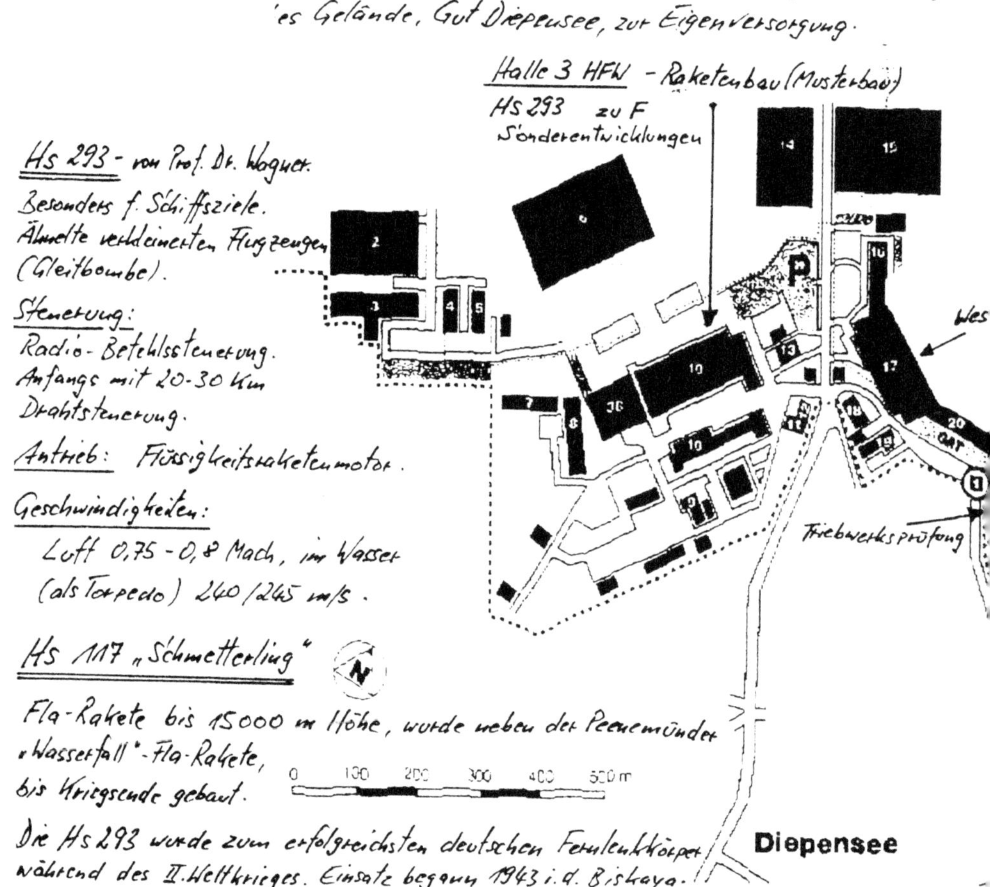

Skizze mit Angaben zur Luftfahrterprobungsstelle Diepensee

Die Firma Vering & Wächter erhielt den Auftrag zum Ausbau der „Rübenbahn" von Grünau nach Diepensee. Am 9. Dezember 1936 konnte dort das Richtfest der LED gefeiert werden.

Am 16. November versammelten sich die Chefkonstrukteure und Betriebsleiter aller namhaften deutschen Flugzeughersteller in Schönefeld, um sowohl die modernen Produktionsanlagen zu besichtigen, als

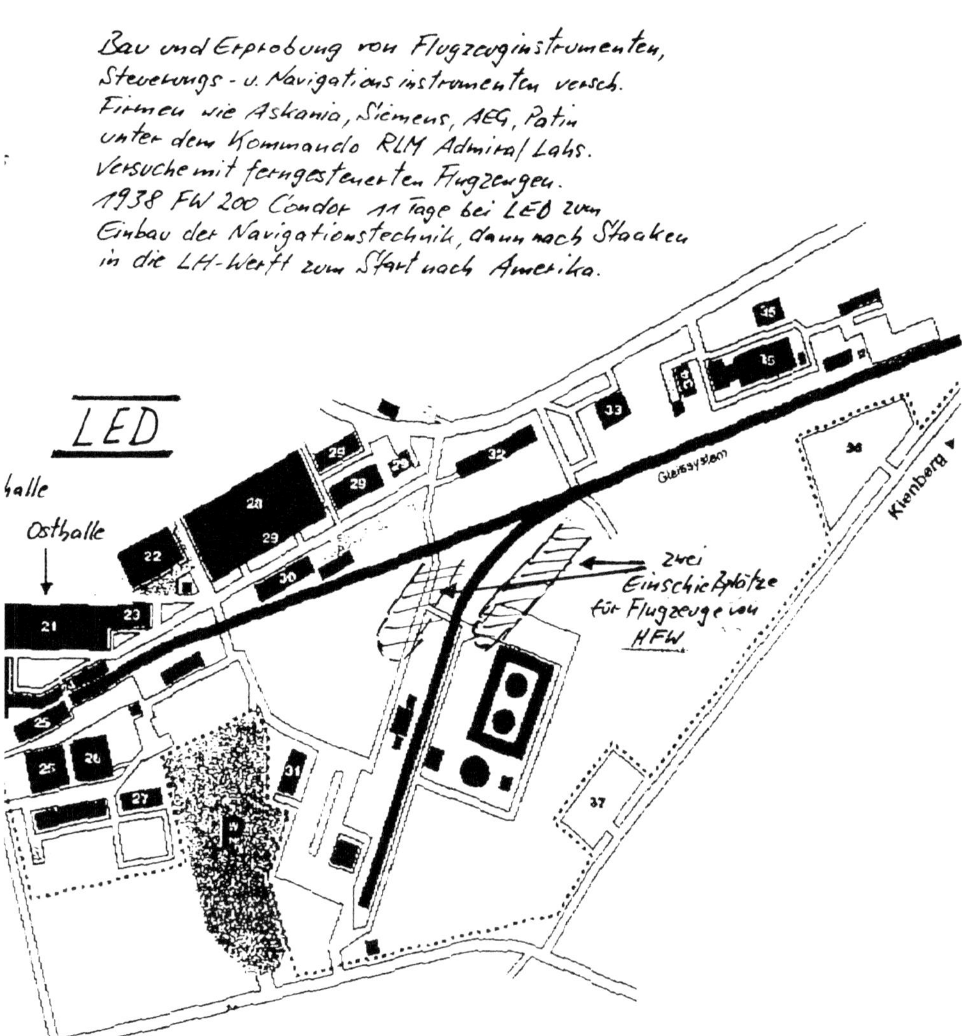

auch die fortschrittlichen Produktionsmethoden und -technologien zu studieren. Überhaupt wurde die neue Fertigungsanlage bald zum Mekka und Vorzeigeobjekt für Luftfahrtexperten aus aller Welt. Neben Spezialisten aus fast allen deutschen Industrieunternehmen und Forschungsstätten kamen kompetente Besucher u. a aus Italien, Großbritannien, Portugal, Finnland, Schweden, Holland, Ungarn und Österreich. Chinesische, mexikanische, brasilianische und irakische Fachleute gaben sich ebenso die Klinke in die Hand wie Vertreter aus Japan, Afghanistan, den USA und sogar aus Australien.

Oscar R. Henschel strebte danach, in der Luftfahrtindustrie eine gewichtige Rolle zu spielen, deshalb wollte er neben dem Flugzeugbau auch in den Flugmotorenbau einsteigen. Durch die Knebelbestimmungen des Versailler Vertrags war die Entwicklung leistungsstarker Flugtriebwerke in Deutschland behindert worden und gegenüber den Siegermächten ein erheblicher Rückstand eingetreten.

Ernst Götsch, Jahrgang 1933, war als Betriebsingenieur und Ausbildungsleiter mehr als 30 Jahre bei den heutigen Henschel Flugzeug-Werken in Kassel tätig und beschäftigt sich seit langem mit der Erforschung der Werksgeschichte. Er schildert hier in einer kurzen Darstellung die Geschichte der Henschel Flugmotorenbau GmbH.

Die Eintragung der Henschel Flugmotorenbau GmbH in das Handelsregister beim Amtsgericht Kassel erfolgte am 9. Juli 1936. Als Gegenstand des Unternehmens wurde der Lizenzbau von Flugmotoren der Firma Daimler Benz AG in Stuttgart-Untertürkheim angeführt. Geschäftsführer des neuen Flugmotorenherstellers wurden die Direktoren Dr. Richard Fichtner, Dr. Leonid Rothe und Fritz Hinz. Alle drei kamen von Henschel & Sohn aus Kassel.

Obwohl die Stammfirma in Kassel zahlenmäßig über ausreichende Werkseinrichtungen verfügte, waren sie aus fertigungstechnischen Gründen völlig ungeeignet. Die ursprünglich für den Bau von Lokomotiven verwendeten Maschinen und Anlagen erwiesen sich als zu ungenau für die Flugmotorenherstellung. Deshalb entstand in Altenbauna, einem Dorf am Südrand von Kassel, ein neues Werk. Das einzige dafür brauchbare Gelände befand sich allerdings größtenteils noch in bäuerlichem Besitz. Erst nach zähen Verhandlungen gelang der käufliche Erwerb zahlreicher Gemarkungen. Der übrige Teil wurde, auch unter Druck des Reichsluftfahrtministeriums, zwangsenteignet. Am 25. Oktober 1936 erfolgte der erste Spatenstich, den Grundstein für den neuen Rüstungsbetrieb legte man am 9. November. Errichtet wurde das Werk unter der Aufsicht von Baudirektor Otto Biskaborn. Bereits im April 1937 konnte mit der Einrichtung der anspruchsvollen Fertigungsanlagen für den Serienbau von Flugmotoren begonnen werden. Zum Jahresbeginn 1938 nahm die Henschel Flugmotorenbau GmbH die Fertigung des DB 601 auf, dem 1941 der DB 603 folgte. Die flüssigkeitsgekühlten 12-Zylinder-Motoren dienten Jagdflugzeugen, Zerstörern und Kampfflugzeugen der Luftwaffe als Antrieb. Die höchste Ausbringung von 675 Motoren im Monat gelang schließlich im August 1944. Insgesamt baute die Henschel Flugmotorenbau GmbH etwa zwölf Prozent aller an die Luftwaffe gelieferten Flugmotoren. Die seit Beginn des Krieges ständig zunehmende Zahl der Einberufungen zur Wehrmacht führte schließlich dazu, dass gegen Kriegsende mehr als die Hälfte der rund 6000 Firmenangehörigen zwangsweise verpflichtete Fremdarbeiter sowie Kriegsgefangene waren. Nur durch sie ließ sich überhaupt die Produktion aufrechterhalten. Untergebracht waren die Zwangsarbeiter unter meist unsäglichen Wohn- und Verpflegungsbedingungen in einem großen, aus 54 Einheiten bestehenden Barackenlager nahe des Werkes am Mattenberg.

Von Bombenangriffen blieb das Werk, von einzelnen Notabwürfen abgesehen, recht lange verschont. Erst ab März 1944 flogen die alliierten Bomber gezielt an. Der schwerste Angriff erfolgte am 14. März, die Produktion kam danach für zwei Wochen zum Erliegen. Schließlich traf auch in Altenbauna die Weisung zur Verlegung der Produktion ein. Die neuen Standorte waren Waldeck, Hersfeld, Ziegenhain, Wildungen und Homberg. Am 1. April 1945 wurde das Stammwerk in Altenbauna von US-amerikanischen Streitkräften besetzt. Ende der fünfziger Jahre übernahm die Volkswagen A. G. das Gelände, die dort ein Werk für die Produktion von Getrieben und Ersatzteilen aufbaute. Von den ursprünglich errichteten Gebäuden der HFM überstanden nur zwei den Krieg.

Kurzbiographie von Ernst Götsch

Das RLM genehmigte eine erhebliche Kostenüberschreitung durch die HFW zur Sicherung des Endausbaus des Werks I. Straßen und Plätze, Entwässerung und Versorgungsnetz sowie die Vergrößerung des Verwaltungsgebäudes waren notwendig, um den Werkskomplex abzurunden.
Bis zum Jahresende konnten die HFW insgesamt 375 Flugzeuge abliefern, darunter 262 W 34 sowie 81 Hs 122 und 123. Mit dem Vorrichtungsbau und den Reparaturen lag der Jahresumsatz bereits bei mehr als 37 Millionen RM.

Erste Ausgabe des Henschelstern mit der 23 000. Lokomotive auf dem Titel September 1936

Luftaufnahme der Luftfahrterprobungsstelle Diepensee

Da die Gewinnung von Fachkräften aus dem Einzugsbereich immer schwieriger wurde, beschloss Henschel, eine eigene Facharbeiterausbildung zu organisieren. In Johannisthal wurde 1935 eine erste provisorische Lehrwerkstatt eingerichtet. Da sich dieses Vorhaben ausgezeichnet mit dem Erlass des Reichsluftfahrtministers zur Schaffung von flieger-technischen Schulen kombinieren ließ, erhielt Henschel die notwendige Unterstützung und entschied sich zum Bau einer großzügigen Lehr- und Ausbildungseinrichtung auf dem Gelände in Schönefeld, der späteren Halle 11. Im September 1936 erschien erstmals die Werkzeitschrift „Der Henschelstern“ mit der 23 000. Henschel-Lokomotive als Titelbild.

Auch privat machte Oscar Robert Henschel einen entscheidenden Schritt, er heiratete am 1. September Irene von Siemens, die Tochter von Carl Friedrich von Siemens (1872–1941). Der dritte Sohn des Firmengründers Werner von Siemens (1816–1892) führte die Telegraphen-Bau-Anstalt von Siemens & Halske zu einem weltumspannenden Firmenkonsortium, von dem in der Folgezeit auch die HFW profitierten. Zudem kann man ihn im weiteren Sinne auch als Geburtshelfer der Henschel Flugzeug-Werke bezeichnen, hatte er doch als Leiter der deutschen Delegation bei der Weltwirtschaftskonferenz 1927 in Genf die Wiederbewaffnung und damit die forcierte Luftrüstung in die Wege geleitet.

Ein riesiger Bedarf an Facharbeitern

Mit dem Aufbau und der Kapazitätserweiterung der deutschen Luftfahrtindustrie stellte sich das Problem der Rekrutierung von Arbeitskräften für die Industrie ebenso wie für die Luftwaffe. Die Möglichkeit, den fliegertechnischen Nachwuchs aus dem Facharbeiterstamm der Luftfahrtbetriebe zu ziehen, schied aus, weil diese ihre Facharbeiter selbst dringend benötigten und letztendlich die Lebensfähigkeit der Luftwaffe von der Leistungsfähigkeit der Industrie abhing. Und der Bedarf an Facharbeitern und Spezialisten war im Großraum Berlin besonders hoch. Das RLM hatte in seinen Planungen 1934/35 allein für den Luftkreis II Berlin insgesamt 18 Luftwaffenstandorte vorgesehen.

In Gatow wurden im November 1935 die Luftkriegsschule 2 und die Luftkriegsakademie eingeweiht, wofür ausgedehnte Flugplatz- und Kasernenanlagen entstanden. In Döberitz, wo sich seit dem 1. Oktober 1933 die Technische Schule der Luftwaffe etabliert hatte, entstanden zwischen 1935 und 1938 weitere Hallen und Werften, Betankungsanlagen, Verwaltungs- und Flugsicherungsgebäude, die alle besetzt werden wollten. In Schönwalde war am 29. September 1935 eine der modernsten Ausbildungs- und Erprobungsstätten der Luftwaffe eingeweiht worden. Bei einem Stammpersonal von etwa 500 Mann erhielten dort bis zu zwölf Schülerkompanien eine zehn- bis zwölfmonatige Ausbildung. Übrigens waren in Schönwalde auch Henschel-Flugzeuge eingesetzt, so als Kampfflugzeug-Trainer die Hs 123 und zur Beobachterausbildung die Hs 122 und 126.

In Strausberg, wo seit 1934 vom Flugzeug-Reparaturbetrieb Alfred Friedrich ca. 40 Schulflugzeuge pro Monat instand gesetzt wurden, entstand 1935 auf Weisung des RLM für die Übungs- und Ausbildungsstelle ein Militärflugplatz. 1938 wurde daraus eine Ergänzungs-Flugzeugführerschule für mehrmotorige Flugzeuge. In Werneuchen wurde bis November 1937 die Jagdfliegerschule 1 mit ihren vielfältigen Anlagen, Kasernen und Wohnsiedlungen fertig gestellt. Die spätere Erweiterung um die Funkmess-Erprobungsstelle schrie geradezu nach technischem Nachwuchs. Auch in Fürstenwalde entstand 1936/37 ein Militärflugplatz mit weitläufigen baulichen Anlagen.

Bei Trebbin, wo seit langer Zeit Segelflugbetrieb stattfand, wurde 1936 ein großzügiger Flugplatz angelegt. Für die Segelflugschule entstanden Schulgebäude, Unterkünfte und eine Flugzeughalle sowie Werkstätten. In Werder wurde mit umfangreichen Bau- und Entwässerungsarbeiten im Sommer 1936 die Luftkriegsschule 3 mit entsprechenden Anlagen errichtet.

Auch die Flughäfen Johannisthal, Tempelhof, Staaken und Rangsdorf, zumeist zivil genutzt, vergrößerten laufend ihre Kapazitäten. Von Tempelhof aus wurden bereits 1930 mehr als 70 Zielorte, davon 25 im Ausland, angeflogen. Der durch Hermann Göring 1936 genehmigte Neubau sah eine Vergrößerung der Betriebsfläche auf 400 Hektar und der Abfertigungsleistung auf sechs Millionen Fluggäste vor.

Der Flugplatz Staaken, wo seit 1915 der Luftschiffbau Zeppelin beheimatet war und der von 1920 bis 1923 als Verkehrsflughafen für Berlin diente, wurde zunehmend Sitz von Flugschulen sowie Wartungs- und Reparaturwerkstätten. Die Lufthansa schuf dort umfangreiche Einrichtungen für die Instandhaltung ihrer großen Flotte. So gab es ein Ersatzteillager für 30 verschiedene Flugzeugtypen. Die Stadt Berlin hatte das Gelände 1929 gekauft und 1935 wurde es vom RLM übernommen. Allein im Sommerhalbjahr 1928 fanden dort 40 900 Starts und Landungen statt, im Vergleich dazu in Tempelhof im gleichen Zeitraum „nur“ 20 800!

Einen noch größeren Bedarf an Fachkräften aber meldete die Luftfahrtindustrie an. Der zu bildende Berliner Bomberkonzern, bestehend aus den HFW und einem Betrieb der AEG in Wildau, mit bereits mehr als 8000 Mitarbeitern Ende 1936, benötigte ständig Nachwuchskräfte. Das neu errichtete Heinkel-Werk bei Oranienburg im Norden Berlins hatte im Oktober bereits 7360 Beschäftigte, was allerdings nur 74 Prozent des geplanten Bestands entsprach. Im Herbst 1935 übersiedelte der Bücker-Flugzeugbau von Johannisthal nach Rangsdorf, wo nach dem Plan vom 10. August 1936 auf 26 000 Quadratmeter Produktionsfläche 2200 Arbeiter Flugzeuge bauen sollten. Am 6. September 1934 begann Arado mit der Ansiedlung von sechs Zweigniederlassungen im Raum Berlin-Brandenburg. Nachdem in Brandenburg ein zentrales Konstruktionsbüro eingerichtet worden war, begannen die Bauarbeiten in Neuendorf, wo ein Werksflughafen für Land- und Wasserflugzeuge angelegt wurde. Es entstanden große Produktionsanlagen u. a. in Anklam, Wittenberg und Rathenow. Die Anzahl der Beschäftigten stieg bis Ende 1938 auf 14 577. 1943 belegten die Arado-Werke mit insgesamt 26 800 Mitarbeitern den dritten Platz hinter dem Heinkel-Konzern. Der Flugplatz Brandenburg-Briest, wo bereits seit 1914 Flugbetrieb herrschte, wurde 1936 zum Schulfliegerhorst ausgebaut.

Die erforderlichen Arbeitskräfte waren aus dem Territorium der weiteren Umgebung einfach nicht zu gewinnen. Obwohl aus dem ganzen Reichsgebiet arbeitswillige Facharbeiter kamen, waren dringend Maßnahmen zur Sicherung des Nachwuchses erforderlich, sollten die gesteckten Ziele erreicht werden.

Die Flieger-Technischen Vorschulen

Die geplante Entwicklung der Luftwaffe, sowohl quantitativ als auch qualitativ, zog einen gewaltigen Bedarf an gut ausgebildeten Spezialisten für die verschiedenen technischen Bereiche nach sich.
Am 1. August 1933 ordnete Hermann Göring die Gründung der „Abteilung für Ingenieurnachwuchs“ bei der DVL an. Da diese Maßnahme den Bedarf natürlich nicht decken konnte, verfügte er schon 14 Tage später die Aufstellung von Flieger-Technischen Schulen (FTS) mit direkter Unterstellung unter das RLM. Am 1. Oktober 1933 wurde die erste FTS in Döberitz eingerichtet und verlegte zum 1. September 1934 nach Niedergörsdorf bei Jüterbog. Zur Tarnung der Luftrüstung firmierte sie zunächst als „Technische Schule der Deutschen Verkehrsfliegerschule GmbH“, bis sie zur Fliegertechnischen Schule der Luftflotte 1 mutierte. Ihr erster nachweisbarer Kommandeur war Major Kurt Student, der am 1. April 1934 zum Chef aller Technischen Schulen avancierte. Am 1. März 1935, als die Luftwaffe offiziell gegründet wurde, gab es bereits fünf solcher Schulen in Jüterbog, München, Uetersen und Wischen, die den Luftflotten 1 bis 5 zugeordnet waren. Im April 1937 wurden die ersten Flieger-Technischen Vorschulen (FTVS) in Berlin, Bremen, Friedrichshafen, Augsburg, München, Oschersleben, Rostock und Stettin eingerichtet.

M-Schüler und Ausbildungspersonal am 25. September 1940 vor der Lehrwerkstatt der HFW.

Diese Schulen wurden in der Regel großen Betrieben der Luftfahrtindustrie, also Flugzeugwerken, Flugmotorenwerken, elektro-mechanischen Betrieben und Waffenfabriken, angegliedert und waren über das gesamte Reichsgebiet verteilt. Ihre Aufgabe war es, den Nachwuchs für das technische Unteroffizierskorps der Luftwaffe auszubilden.
Von 1937 bis 1945 bestanden im Reichsgebiet 33 FTVS, die insgesamt 10 056 M-Schüler ausgebildet hatten. Die Militärschüler (M-Schüler), von den regulären Lehrlingen der Ausbildungsbetriebe als „Blaue Jungs“ bezeichnet, durchliefen ein Stufenprogramm, welches von der Auswahl über die technische Berufsausbildung und soldatische Erziehung bis zum Dienst in der Luftwaffe reichte. Die 14- bis 15-jährigen erhielten in den Lehrwerkstätten innerhalb von anfangs vier, später dreieinhalb Jahren ihre technische Ausbildung als Flugzeugschlosser, Motorenschlosser, Elektro-, Geräte- und Waffenmechaniker. Ab 1937 kam die Ausbildung zum Metallflugzeugbauer hinzu. Die Lehrmittelzentrale befand sich bei den Junkers-Werken in Dessau. Teils wurden auch so genannte Übungsfelder angelegt, in denen die M-Schüler die Wartung und Instandsetzung unter feldmäßigen Bedingungen trainieren konnten.
1934 wurde eine Höhere Flieger-Technische Schule (HFTS) in Adlershof, auf der südlichen Seite des Johannisthaler Flugplatzes in unmittelbarer Nähe der DVL eingerichtet. Sie verfügte über eigene Flugzeughangars, ein Übungsfeld sowie Sport- und Lehreinrichtungen. Untergebracht waren die Kursanten in einem Barackenlager, welches, wie das gesamte Gelände, eingezäunt und militärisch gesichert war. Erster Kommandeur der HFTS war Generalmajor Josef Hilgers. Als 1941 die FTS 1 von Niedergörsdorf nach Warschau verlegt wurde, erfolgte die Umsiedlung der HFTS von Adlershof nach Jüterbog.
Den Junkers-Werken in Dessau und auch den Arado-Werken in Warnemünde wurden Flieger-Technische Vorschulen zugeordnet. In den neu erbauten Heinkel-Flugzeugwerken bei Oranienburg wurde am 1. Juli 1938 auf 14 500 Quadratmeter eine solche FTVS eröffnet, die bis April 1945 ca. 400 M-Schüler ausbildete.

Walter Hormel als NSFK-Standartenführer

Die fachliche Aufsicht sowohl der militärischen als auch der zivilen Ausbildungseinrichtungen der Luftfahrtindustrie oblag dem Bevollmächtigten des RLM für Industriepersonal, Oberst Otto Mooyer (1877-1945). Sein unmittelbarer Vorgesetzter war Oberst Ernst Udet (1896–1941). Oberst Mooyer erfüllte diese Aufgabe bereits seit 1934, damals noch unter der Bezeichnung „Büro für Industriearbeiter", und organisierte in den folgenden drei Jahren die Einrichtung von zehn Unterkunftsobjekten für die Militärschüler.

Der Henschel-Facharbeiter

Das Problem der Gewinnung von Facharbeitern und deren Ausbildung wurde auch bei den HFW rechtzeitig erkannt und beschlossen, die Ausbildung von qualifiziertem Nachwuchs in die eigenen Hände zu nehmen. Henschel & Sohn in Kassel hatten damit langjährige positive Erfahrungen gemacht. Am 23. April 1935 begannen die ersten 100 Lehrlinge ihre Ausbildung in Berlin-Johannisthal, zunächst in einer provisorischen Lehrwerkstatt. In einer der ehemaligen Ambi-Hallen am Segelfliegerdamm fand die praktische Ausbildung statt, die Berufsschule befand sich in Berlin-Moabit. Außerdem existierte in Johannisthal noch eine so genannte Anlern-Werkstatt, in der Facharbeiter aus metallverarbeitenden Berufszweigen mit der Leichtmetallbearbeitung vertraut gemacht wurden. An Werkstoffen wurde Aluminium, Hydronalium und Elektron verwendet. Die „Anlernlinge" wurden auch in der spanlosen Verformung unterwiesen, bevor sie als Flugzeugbauer in die Produktion versetzt wurden.

Fachkundebuch für Metallflugzeugbauer – Ausgabe 1942

Inzwischen hatte man den Bau eines modernen Ausbildungszentrums im Werk I in Schönefeld bereits planerisch vorbereitet. Im Januar 1937 stimmte Henschel dem Schulneubau zu und mit dem Bau der als Halle 11 bezeichneten Einrichtung wurde unverzüglich begonnen.

Gerhard Beland, Jahrgang 1920, durchlief von 1935 bis 1939 bei den HFW eine Ausbildung zum Metallflugzeugbauer. Bis zur Einberufung zur Wehrmacht im November 1944 arbeitete er in der Reparaturabteilung und als Monteur auf den verschiedensten Flugplätzen für die Luftwaffe. Hier schildert er seine Erlebnisse in dieser Zeit.

Schon frühzeitig baute ich Flugzeugmodelle aus Sperrholz und erprobte sie auf der Schönholzer Heide. Als ich 14 Jahre alt war, empfahlen mir meine Eltern den Beruf eines Flugzeugbauers zu erlernen. Bei der Berufsberatung in Berlin-Pankow bewarb ich mich für diesen Beruf und musste verschiedene Eignungsprüfungen absolvieren. Im Ergebnis beurteilte man mich „als Flugzeugbauer nicht geeignet"! Als ich niedergeschmettert mit diesem Urteil nach Hause kam, half mir mein Vater. Über Freunde und Bekannte bekam ich schließlich ein Empfehlungsschreiben für die Henschel Flugzeug-Werke und konnte am 23. April 1935 in der damaligen Lehrwerkstatt in Johannisthal am Segelfliegerdamm meine Ausbildung antreten. Wir waren die ersten 100 Lehrlinge und fuhren, da die Lehrwerkstatt in Schönefeld noch nicht existierte, zur Berufsschule nach Berlin-Moabit. Wir übten die Bearbeitung von Leichtmetallen, bereiteten Dural-Niete im 240 Grad heißen Glühbad auf die Verarbeitung vor, mussten Stauchen, Bördeln, Schweifen, Biegen und Strecken und sowohl spanlose als auch spanabhebende Verformung der Metalle erlernen. Das Schweißen und auch das Schmieden gehörten zur Ausbildung – das Schmieden brachte uns übrigens Herr Kühn, der spätere Kunstschmiedemeister, bei. Am 31. Januar 1939 erhielt ich meinen Facharbeiterbrief als Metallflugzeugbauer.

Im Werk II, in unserer ehemaligen Lehrwerkstatt, reparierte ich danach W 33 und W 34, wobei viele Ersatzteile von Hand angefertigt werden mussten, da diese Typen schon lange nicht mehr bei den HFW gebaut wurden. Im Herbst 1939 wurde ich mit mehreren Henschelanern dienstverpflichtet und nach Heiligenbeil in Marsch gesetzt. Dann begann der Krieg und auf dem Flugplatz Jesau sollte ich beschädigte Flugzeuge reparieren. Im folgenden Jahr war ich zu Montagearbeiten auf verschiedenen Flugplätzen. In Obertraubling z.B. mussten von Krupp gelieferte Panzerplatten zum Schutz der Besatzung in die Hs 126 eingebaut werden, in Braunschweig und Jena waren Schleppvorrichtungen für Lastensegler an der Hs 126 zu montieren und in Illesheim Enteisungsanlagen im Flügel der Ju 88 einzubauen. Zwischendurch erhielt ich in Weimar eine Ausbildung an der 8,8-cm-Flak. Zum Jahreswechsel 1943/44 kam ich im Werk I zur Flächenmontage für die Bf 109, dort arbeitete ich bis zum November 1944. Dann erreichte mich der Einberufungsbefehl nach Stolp in ein Fliegerausbildungsregiment. Allerdings wurden wir dort nur infanteristisch gedrillt. Schließlich landete ich in Holland, wo ich zum Schützen an der Raketen-Panzerbüchse 44, dem „Panzerschreck" ausgebildet wurde. Bei Philipsburg sollte ich ab dem 1. Januar 1945 das Reich verteidigen – mein Einsatz endete bereits nach zehn Tagen in amerikanischer Gefangenschaft.

Gerhard Beland kehrte nach zweijähriger Gefangenschaft in die damalige Sowjetzone zurück und machte schließlich im Industriewerk Ludwigsfelde wieder Bekanntschaft mit der Luftfahrtindustrie. Dort wurden Strahltriebwerke gebaut. Als Technologe war Beland u. a. für den Bau der Brennkammer zuständig.

Kurzbiographie von Gerhard Beland

Sieben Monate nach der Grundsteinlegung, am 25. Oktober 1937, wurden die Lehrwerkstätten eingeweiht. Henschel erklärte dabei, „... dass die Lehrwerkstätten eine Garantie dafür sein sollen, dass die jetzt in Schönefeld geleistete Qualitätsarbeit auf Dauer bestehen bleibt und noch verbessert wird. Nur hierdurch können wir erreichen, dass der Gefolgschaft auf Dauer der sichere Arbeitplatz erhalten bleibt ...".
Die Halle 11 mit ihren Außenanlagen bildete zugleich den vorläufigen Abschluss der gesamten Werksanlage in Schönefeld und wurde mit allen zeitgemäßen Einrichtungen und Maschinen ausgestattet.

HFW-Lehrlinge 1936 vor dem Haupteingang des Verwaltungsgebäudes

Zeugnisumschlag für den Berufsabschluss bei den HFW

Lehrlinge und M-Schüler mit den Lehrmeistern Höfer (links) und Peters

Der Architekt Biskaborn berichtete in der Zeitschrift Bauwelt 1939 euphorisch darüber:

„... die neuen Werkhallen und Schulgebäude schließen sich an das eigentliche Werksgelände an. Die ruhige und sachliche Architektonik inmitten von Flur und Feld gibt dem Gedanken volklicher Bindung zwischen Industrie und Landwirtschaft überzeugenden Raum ... wir betreten die Zentralhalle, an die sich in Längsrichtung die Werkstätten anschließen. Links von der Halle befinden sich der Speise- und Tagungsraum. Eltern- und Kameradschaftsabende sollen hier die Zusammenarbeit zwischen Schule und Haus fördern. Nach links führt uns dann der Weg zu den Schul- und Konferenzzimmern, in denen abseits vom Lärm der Werkstätten der Fachunterricht erteilt wird ... bei der Planung der Lehrwerkstatt wurden die Forderungen des Vierjahresplans weitgehend berücksichtigt. So ist die gesamte Anlage, um Eisen einzusparen, aus Stein und Holz errichtet. Die freitragenden Binder überspannen sowohl die Werkstatt, als auch die Lehr- und Unterrichtsräume. Im Sinne der „Schönheit der Arbeit" wurde besonderer Wert auf klare und zweckmäßige Raumbildung und auf die Gestaltung der An- und Auskleideräume, der Schulräume und des Ess-Saales gelegt ..."

Blick auf die Halle 11 in Schönefeld

Die Lehrwerkstatt der HFW in Halle 11

Die Henschel-Lehrwerkstätten erhielten von der Deutschen Arbeitsfront (DAF) das Leistungsschild für vorbildliche Berufserziehungsstätten. Das Ausbildungszentrum war für jährlich bis zu 250 Lehrlingen dimensioniert, darin eingeschlossen ca. 100 Militärschüler. Neben der Lehrwerkstatt wurde für diese auch ein Übungsfeld angelegt.
Die Halle 11 überlebte als eines der wenigen Gebäude des Werks I in Schönefeld den Zweiten Weltkrieg. Sie diente nach 1945 zunächst den dort stationierten sowjetischen Transportfliegern als Wirtschafsgebäude und wurde 1962 von der damaligen Deutschen Lufthansa der DDR als Interims-Abfertigungshalle für innerdeutsche und internationale Flüge genutzt. Sie steht noch heute in Nutzung am Flughafen Berlin-Schönefeld.

Segelfliegen bei den HFW

Der Versailler Vertrag hatte jahrelang die Entwicklung der Luftfahrttechnik, insbesondere natürlich die militärische Komponente, in Deutschland behindert, aber eine Lücke war geblieben – der Luftsport war nicht verboten. Bereits ab 1920 wurden Segelflugwettbewerbe auf der Rhön ausgetragen, in den Schulen und Vereinen wurde Modellflugsport betrieben und in Kellern, Werkstätten oder Scheunen entstanden oftmals kühne Flugzeugkonstruktionen. Die Militärs nutzten ohne Unterbrechung die allgemeine Begeisterung für die Luftfahrt und auch die Möglichkeiten, die ihnen offiziell blieben, um ihre geheimen Pläne zur schnellen Wiederaufrüstung zu realisieren. Im Reichswehrministerium gab es das Luftschutzreferat unter Hauptmann Helmuth Wilberg (1880–1941), in der Heeresinspektion für Waffen und Geräte wurden Erkenntnisse über flugtechnische Entwicklungen unter Hauptmann Kurt Student (1890–1978) gesammelt und auch bei der Marineleitung existierte ein getarntes Fliegerreferat. Für eine fliegerische Betätigung gab es, außer der in engen Grenzen erlaubten Verkehrsfliegerei, nur das Segelfliegen. Hauptmann Wilberg äußerte sich zu diesem Thema sehr offen. So schätzte er 1921 ein, dass der Segelflug zwar keinen unmittelbaren militärischen Nutzen habe, aber eine Möglichkeit der billigen Ausbildung von Flugzeugführern und der Inübunghaltung ausgebildeter Piloten darstelle. In einer Denkschrift forderte er die militärischen Stellen auf, „... im Interesse der sportlichen Entwicklung unserer deutschen Jugend die Bestrebungen auf dem Gebiet des Segelflugs nach Möglichkeit zu fördern ...“.
Der Modell- und Segelflug erlebte in den 1920er und 1930er Jahren Höhepunkte seiner bisherigen Entwicklung. Die Enthusiasten schlossen sich in Vereinen zusammen und internationalisierten sich. Oscar

Gerhard Braunstein, Jahrgang 1926, beschäftigte sich frühzeitig mit der Fliegerei und baute bereits in der 5. Klasse flugfähige Flugmodelle. Als Lehrling bei den HFW erlebte er die fliegerische Grundausbildung in der Flieger-HJ. In seinen Erinnerungen schildert er anschaulich seine Segelflugausbildung.

Die Direktion unter Leitung von Walter Hormel erkannte frühzeitig, dass nicht nur gut ausgebildete Facharbeiter im Flugzeugbau nötig sind, sondern auch fliegerischer Nachwuchs gebraucht wird. Unter der Führung durch das NSFK wurde 1936 die Segelflugausbildung der Lehrlinge ins Leben gerufen. Segelfluglehrer waren vom NSFK Herr Lorenz und der im Werk I als Konstruktionsingenieur tätige Herr Schulz. Es standen Schulgleiter und später auch andere Segelflugzeuge zur Verfügung. Außerdem wurde für den Transport der Flugschüler und der Flugzeuge ein Henschel-Werksbus eingesetzt. Als 1939 die Lehrwerkstatt in Schönefeld eingerichtet wurde, erhielten die künftigen Segelflieger auch eine eigene Reparaturwerkstatt. Nachdem ich im April 1941 die Lehre als Werkzeugmacher bei den Henschel Flugzeug-Werken begonnen hatte, trat ich der Flieger-HJ bei und bereits zwei Monate später konnte ich mit der Segelflugausbildung beginnen. Wir waren 36 Lehrlinge des 1941er Lehrgangs, die sich der Fliegerei verschrieben hatten. Alle 14 Tage ging es zur Wochenendschulung nach Ahrensdorf, einem Segelfluggelände welches zur Reichssegelflugschule Trebbin gehörte. Dort, und später auch in Alt Gliezen bei Bad Freienwalde, übten wir mittels Gummiseil den Hangstart. Zuvor mussten wir die Schulgleiter SG 38 aus dem Hangar der Trebbiner Schule über einen Waldweg nach Ahrensdorf transportieren. Während unseres Urlaubs im Juli bestanden alle 36 Flugschüler die A-Prüfung. Die Schulung zur B-Prüfung erfolgte 1942 im Windenschlepp an dem werkseigenen Segelfluggelände in Hartmannsdorf bei Erkner. Da der Flugplatz sehr geringe Ausmaße hatte – die Schleppstrecke für den Windenstart betrug nur 800 Meter – mussten Erweiterungsarbeiten gemacht werden. Unser Fluglehrer Lorenz löste das Problem, indem er durch Flugschüler, die einen Fehler im Flugbetrieb gemacht hatten oder durch Undiszipliniertheit aufgefallen waren, als Erziehungsmaßnahme Bäume fällen und Stubben roden ließ. Die Ausbildung zur C-Prüfung erfolgte mittels einer Autoseilwinde, später mit einer stationären Maybach-Winde. 1942 erfolgte die Musterung zum Wehrdienst; ich wurde zur Luftwaffenreserve I eingestuft und im Juni 1943 zur vormilitärischen Ausbildung an die Reichssegelflugschule Trebbin eingezogen. Da ich bereits im Mai den Luftfahrerschein Klasse 1 erworben hatte, kam ich zur Lastenseglerausbildung. In dieser Zeit konnte ich den Luftfahrerschein Klasse 2 und die Flugzeugschleppberechtigung erlangen. Die Schulung erfolgte u. a. auf dem „Stummel-habicht“ mit sechs bzw. acht Meter Spannweite. Nach dem Einsatz beim Reichsarbeitsdienst wurde ich im Januar 1944 als Lastenseglerpilot zur Luftwaffe eingezogen.

Gerhard Braunstein überlebte den Krieg und widmete sich nach 1952 dem aktiven Segelflug.

Kurzbiographie von Gerhard Braunstein

Eine Gruppe Segelflieger der HFW in Hartmannsdorf

Segelfliegen macht offensichtlich Spaß

Schulgleiter der Fliegergefolgschaft Henschel in Ahrensdorf

Ursinius (1877–1952), der „Rhönvater“, rief 1919 die Zeitschrift „Flugsport“ ins Leben und 1930 gründeten die Segelflieger die ISTUS, die Internationale Studienkommission für den Segelflug. 1931 wurde das bis dahin deutsche Segelfliegerabzeichen in drei Stufen weltweit eingeführt. Den hohen Stand der fliegerischen Ausbildung in Deutschland belegen 250 im Jahre 1930 abgelegte C-Prüfungen. Mit dem Antritt der Nationalsozialisten unter Hitler wurde diese Flugbegeisterung instrumentalisiert und in den Dienst der Expansionspolitik gestellt. Mit der Zwangsgründung des Deutschen Luftsportverbands (DLV) und der Schaffung der Flieger-HJ als Gliederung der Hitler-Jugend wurde der Luftsport dem Ausschließlichkeitsanspruch des Staates unterworfen. Das Nationalsozialistische Fliegerkorps (NSFK) hatte ab 1937 den Flugdienst in der vormilitärischen Ausbildung darauf ausgerichtet, der Luftwaffe einen hoch motivierten Nachwuchs zu sichern. Dass dies mit Erfolg geschah, ist hinreichend bewiesen, so auch am Beispiel der Henschel Flugzeug-Werke.

Beim Bau der zentralen Lehrwerkstatt hatte man dem Trend der Zeit Rechnung getragen und eine geräumige Segelflugzeugwerkstatt eingerichtet. Hier wurden Grundfertigkeiten wie Schäften, Hobeln, Leimen, Bespannen mit Leinen, Verarbeiten von Spannlack und auch Seilspleißen trainiert sowie Kenntnisse im Segelflugzeugbau und der -reparatur vermittelt. Auch theoretische Fächer wie Aerodynamik und Flugmechanik wurden gelehrt. Das NSFK hatte unter starker Förderung durch den Betriebdirektor Hormel beizeiten die organisatorischen und materiellen Voraussetzungen für die Segelflugausbildung geschaffen. Fluggeräte in Gestalt der Grunau 9, SG 38, Baby IIb und weiterer Segler – sie trugen meist den Henschelstern – für die Anfangsausbildung waren angeschafft, hauptamtliche Fluglehrer eingestellt bzw. aus dem Personalbestand gewonnen und Transportfahrzeuge zur Verfügung gestellt worden. Die praktische Schulung begann als Hangstart mit dem Gummiseil auf den Segelfluggeländen in Alt Gliezen bei Bad Freienwalde und Ahrensdorf bei Trebbin. Während eines Fliegerlagers zu Pfingsten 1938 wurden 614 Starts durchgeführt. Am 17. April 1939 wurde auch Walter Hormel in das NSFK übernommen und zum Standartenführer ernannt. 1941 erhielt die Schuleinrichtung in Trebbin den Status einer Reichssegelflugschule, sie wurde geleitet vom Flugwissenschaftler Ernst Günter Haase, Träger des Goldenen Segelflugleistungsabzeichens Nr. 17. Nach den erfolgreichen A-Prüfungen wurde die B-Schulung im Windenschlepp an dieser Schule durchgeführt. 1942 begann die Einrichtung eines werkseigenen Segelflugplatzes in Hartmannsdorf bei Erkner, dort wurden auch die C-Schulungen absolviert. Weitere Ausbildungsgänge fanden an der Reichssegelflugschule Rossitten und der Segelflugschule Rhinow statt.

HFW 1937 bis 1939 im Zeitraffer

Meilensteine 1937

Am 4. Januar ging in der vorläufig letzten Halle 10 die Dreherei in Betrieb, es wurden 45 Werkzeugmaschinen aufgestellt. Kurz darauf, am 18. Januar, erfolgte eine Preisprüfung für die zu dieser Zeit hergestellten Flugzeuge, an der Vertreter des RLM, der HFW und von Henschel & Sohn teilnahmen. Im März fand auf dem Werksgelände in Schönefeld eine groß angelegte Luftschutzübung statt, bei der vor allem das Zusammenwirken der werkseigenen Dienste mit den territorialen Organen geprobt wurde. Im Frühjahr wurden die Prototypen der Hs 126V-2 mit der Kennung D-UJER und die V-3 als D-OECY in Johannisthal fertig gestellt. Bis zum Ende des Jahres wurden noch zehn Vorserienflugzeuge gebaut.

Dipl.-Ing. Otmar Schürfeld, Flugleiter Theodor Feige, Flugversuchsingenieur Gerhard Kujas und Meister Pilz aus Halle 5, (v.l.n.r)

Am 3. März fand eine Besprechung zwischen den HFW und dem RDLI statt, bei der es um die Lieferung von Flugzeugen an China und Japan ging. Da sich die beiden Staaten feindlich gegenüber standen, kam es zu einer komplizierten Situation für die HFW – beide Länder wollten das Sturzkampfflugzeug Hs 123 kaufen. Schließlich, nach langwierigen Verhandlungen, kam es am 3. November zum Vertragsabschluss über die Lieferung von zwölf Flugzeugen an China.
Auch die Hs 124 wurde inzwischen durch das RLM für den Export freigegeben. Allerdings stürzte das erste Versuchsflugzeug am 10. April 1937 ab, wobei der Werkspilot Friedrich-Ernst von Heynitz ums Leben kam. Er wurde am 14. April in seinem Heimatort Heynitz im Landkreis Meißen unter großer Anteilnahme beigesetzt. Sein Begleiter Gerhard Kujas konnte sich mit dem Fallschirm retten. Da der RDLI das Muster bereits für 1938 in sein Vertriebsprogramm aufgenommen hatte, wurde das zweite Versuchsflugzeug mit einem Kostenaufwand von 98 000 RM für den Export umgerüstet.
Am 30. März musste die Besatzung Kaempf und König eine Hs 126 während eines Werkflugs nach einem Schwingungsbruch aufgeben, beide konnten sich mit dem Fallschirm retten.

Eine Ausgabe des Henschelstern vom Oktober 1936 mit der Hs 123 auf der Titelseite

Formationsflug einer Hs 123-Staffel

Der 24. Mai war ein Meilenstein in der Geschichte der HFW; das 1000. Flugzeug – eine Hs 123 – verließ die Fertigungshalle. Am 26. Juli 1937 erreichte der Rechliner Pilot Ottmar Schürfeld mit der Hs 123V-5, D-INRA, welche zuvor auf den Motor BMW 132K umgerüstet worden war, beim Internationalen Flugwettkampf in Zürich einen hervorragenden zweiten Platz beim Steig- und Sturzflugwettbewerb. Eine groß angelegte Werbekampagne für die Hs 123 lief an. Im Sommer wurden immerhin vier Maschinen während der national-sozialistischen Propagandaschau „Gebt mir vier Jahre Zeit" ausgestellt und eine Hs 123 war Ausstellungsobjekt auf der Luftfahrtschau im Oktober in Mailand. Auf Ausstellungen in Brüssel und Den Haag warben u. a. Modelle der Hs 123 für die Produkte der HFW. Am 8. Juli startete die erste im Werk I montierte Do 17 in Schönefeld. Unter der Projektbezeichnung P. 30 wurde der Umbau der Hs 124 zum Höhenflugzeug untersucht und am 17. September hob die erste Hs 127 ab.

Am 27. August verlegte eine Staffel der I. Gruppe des Sturzkampfgeschwaders (St.K.) 165 mit Hs 123 auf den Flugplatz in Schönefeld und demonstrierte ihren ausgezeichneten Ausbildungsstand im Gruppen-Formationsflug. Mitte September fand im Großraum Berlin ein kombiniertes Manöver der Teilstreitkräfte Heer und Luftwaffe statt. Dazu traf u. a. die Jagdgruppe I/135 aus Bad Aibling in Schönefeld ein.

Während des Manövers wurden Luftangriffe auf Berlin inszeniert und Schlussfolgerungen für entsprechende Luftschutzmaßnahmen gezogen, die auch bei den HFW einigen Aufwand verursachten. Im Herbst berichtete Architekt Biskaborn über den erfolgreichen Abschluss der ersten Bauabschnitte. Bis Ende September hatten bereits 117 Flugzeuge des Typs Hs 123 die Halle 4 in Schönefeld verlassen.

Am 2. August wurde die Werkbahn von Grünau nach Schönefeld in Betrieb genommen, der Betreiber war wiederum die Firma Vering & Waechter. Die nun als Henschel-Bahn bezeichnete Strecke folgte der Gründerstraße, überquerte die Schulzendorfer Straße und verlief in der Hundsfelderstraße auf dem Mittelstreifen. Von dort führte sie parallel zu der heute nicht mehr vorhandenen Diepenseerstraße zu den Werkhallen.

Japanische Militärdelegation unter Konteradmiral Sakamaki in Schönefeld

Die Betreiber setzten spezielle Werkpersonenzüge ein, zusätzlich zum normalen Personen- und Güterverkehr mussten auch die Baustoff- und Materialtransporte zu den HFW abgewickelt werden.
Der Leiter des Technischen Amts Udet besuchte am 27. Oktober die HFW und beriet mit der Firmenleitung die Entwicklung eines schweren Sturzkampfflugzeugs. Dabei wurde die Hs 124V-4 vorgeflogen, die auf Sturzflugtauglichkeit umgerüstet werden sollte. Im Dezember wurde Walter Hormel durch den Reichsminister der Luftfahrt und Oberbefehlshaber der Luftwaffe, Generaloberst Hermann Göring, gemeinsam mit anderen Persönlichkeiten der Luftfahrtindustrie, zum Wehrwirtschaftsführer ernannt.
Der Jahresumsatz der HFW stieg 1937 auf knapp 64 Millionen RM, allein die Auslieferung von Vorratssätzen steigerte sich auf das Fünffache gegenüber dem Vorjahr. Während der Betriebsruhe zum Jahreswechsel wurde eine Bereinigung der Materialbestände vorgenommen, infolge dessen wurden Halbzeugbestände im Wertumfang von über einer Million RM von der I.G. Farben übernommen. Der Transport der Materialien erforderte allein 19 Eisenbahnwaggons.

Das Jahr 1938

Am 19. Januar wurden zwölf Hs 123 an China ausgeliefert, die HFW erzielten damit eine Einnahme von zwei Millionen RM. Die Flugzeuge waren zunächst im Juli des Vorjahres unter der Bezeichnung „Export Portugal“ in Schönefeld bereit gestellt worden und wurden jetzt mit der Tarnbezeichnung „Auftrag Ost“ durch die Scheinfirma HAPRO

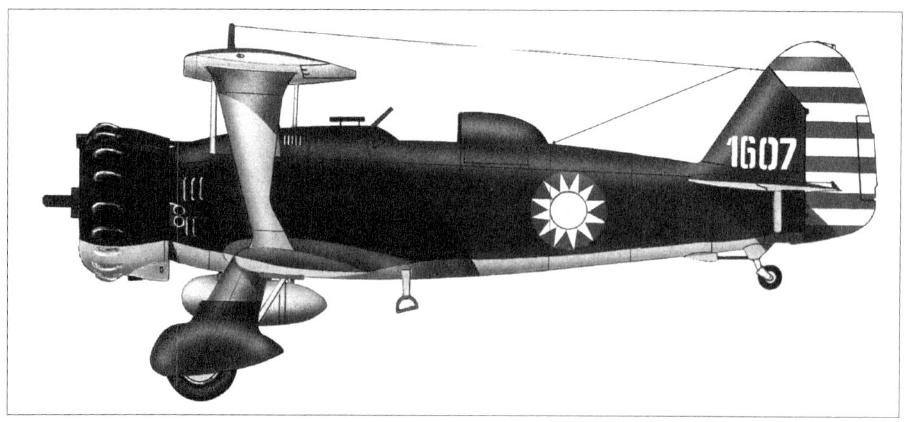

Farbprofil einer Hs 123 in China (Farbige Abbildung auf Seite 8)

Werkspiloten unter sich: Kaempf, v. Heynitz, Voss (v.l.n.r.)

Piloten in der Pause, v. Heynitz, Voss, Kaempf, Winterfeldt und Arens (v.l.n.r.)

nach China verschifft. Unter der Leitung des Henschel-Mitarbeiters Alexander von Winterfeldt (1898–1942) rüsteten Monteure der HFW die Flugzeuge bis April auf und übergaben sie den Chinesen zum Einfliegen.

Oscar Henschel engagierte sich auch in der Lokalpolitik und wurde am 29. März in den Gemeinderat von Schönefeld gewählt.

Die politischen Ereignisse in Deutschland überschlugen sich inzwischen. Adolf Hitler übernahm den Oberbefehl über die Wehrmacht und begann seine Pläne zur Errichtung eines Großdeutschen Reichs umzusetzen. Am 12. März marschierte die Wehrmacht in Österreich ein, für die deutsche Luftfahrtindustrie wurden neue Kapazitäten erschlossen. Im Juli, nach der Anwerbung von fast 500 Fachkräften aus Österreich, wuchs die Belegschaft der HFW erheblich an. Im März begann auch der Serienbau des Nahaufklärers Hs 126 in Johannisthal. Die ersten Staffeln der Luftwaffe erhielten die Maschine, die ebenfalls in Spanien unter Kriegsbedingungen erprobt wurde. Gleichzeitig arbeitete man in Schönefeld an dem Projekt P. 46, einem stark gepanzerten Schlachtflugzeug, welches durch die Luftwaffenführung bereits am 18. März unter der Bezeichnung Hs 129 befürwortet wurde. Am 4. April besichtigten Ernst Udet und Roluf Lucht die Attrappe und die HFW gaben ihr Angebot am 20. Juni beim RLM ab. Die Erzeugnisse und vor allem die Produktionstechnologie der HFW fanden im In-

Ein erster Flugbericht nach der Landung

und Ausland großes Interesse, auf Einladung des RLM besuchten Fachleute aus nicht weniger als 23 Ländern die Werkseinrichtungen in Schönefeld und Johannisthal. Darunter waren Interessenten aus Südamerika, den baltischen Ländern und der Sowjetunion, um die technischen Neuerungen bei der Großserienfertigung von Flugzeugen zu studieren.

Inzwischen hatte der Lizenzbau eines weiteren Kampfflugzeugs bei Henschel begonnen. Am 30. April startete die erste bei den HFW montierte Dornier Do 17P zu ihrem Erstflug, die vorgerüsteten Rümpfe für den Bomber und Fernaufklärer wurden vom AEG-Betrieb in Wildau angeliefert. Am 26. Mai absolvierten 108 Flugzeuge im Rahmen des Deutschlandflugs eine Geschicklichkeitsprüfung am Flugplatz in Schönefeld und am 1. August landete hier die Focke-Wulf Fw 200, um den Flug nonstop nach New York anzutreten. Allerdings wurde dann der Plan geändert und die Maschine flog zunächst nach Staaken. Der Werkflugplatz der HFW war inzwischen erheblich ausgebaut und modern ausgestattet worden. Vor den Endmontagehallen 5 und 6 waren betonierte Vorfeldflächen von je 8125 Quadratmeter und eine Verbindungsrollbahn geschaffen worden. Rund 10 000 Quadratmeter befestigte Abstellflächen für 36 mehr- und 15 einmotorige Flugzeuge standen zur Verfügung, Leitungen für

Werkspilot Wohlfahrt mit Chefkonstrukteur Nicolaus, im Hintergrund die Halle 6

Strom, Pressluft und Flugkraftstoff waren unter die Erde verlegt und eine Kompensierplatte mit 30 Meter Durchmesser eingerichtet worden. Ein ölbetriebener Rauchofen, der die jeweilige Windrichtung anzeigte, wurde ebenso installiert wie je drei mobile grüne, weiße und rote Landebahnlichter für den Nachtflugbetrieb. Elektrowagen mit je 2000 Liter Flugbenzin, zwei Abrüst- und Bergefahrzeuge sowie fahrbare Starthäuschen mit Telefonanschluss und einer Notausrüstung standen zur Verfügung. Zwischen der Flugaufsicht und der Flugplatzfeuerwehr war zur schnellen Alarmierung eine Standverbindung eingerichtet worden.
Dipl.-Ing. Friedrich Nicolaus begann in Zusammenarbeit mit der DVL den Entwurf eines Höhenforschungsflugzeugs, der späteren Hs 128. Im August war die V-1 zu zwei Dritteln fertig gestellt, als das RLM die Forderung nach einem Höhenaufklärungsflugzeug erhob, was die Konstruktionsarbeiten erheblich verzögerte.

Fachsimpelei vor der Hs 122

1938 kam es, nicht zuletzt bedingt auch durch den starken Einflugbetrieb, zu einer Reihe von Flugvorkommnissen, die jedoch meist glimpflich verliefen. Am 25. Februar verließen Kaempf und Kujas die Hs 124V-2 am Fallschirm, nachdem die Maschine in starke Schwingungen geraten war, weil ein Bruch das Höhenruder unwirksam gemacht hatte. Beide kamen mit dem Schrecken davon, das Flugzeug wurde total zerstört. Die Do 17 mit der Werknummer 2129 wurde am 22. April von einem Monteur versehentlich in das Starthaus gerollt und erheblich beschädigt und am 23. Mai machte die Hs 127V-1 eine glatte Bauchlandung an der Chaussee Schönefeld–Diepensee. Auch die Do 17, Werknummer 2532, wurde bei einer Notlandung am 28. Juli nur leicht beschädigt. Mit der Hs 127V-2 wurde infolge einer Fahrwerksstörung am 12. September eine Bauchlandung erforderlich, am 18. November geschah das gleiche mit der Hs 124V-4.
Ab 27. September wurde in Schönefeld die Schwere Flakbatterie 12 zum Schutz der Industrieanlagen vor Luftangriffen stationiert. Die im Werksgelände stehenden fertigen Flugzeuge wurden dezentralisiert und im näheren Umland abgestellt. Bis dahin waren bereits 195 Werksangehörige zur Wehrmacht einberufen worden, die bis zum 10. Oktober das gesamte Sudetenland besetzte.

In Dessau wurde über den Großserienbau der Junkers Ju 88, dem zukünftigen Standardangriffsflugzeug der deutschen Luftwaffe, beraten und die Lizenznehmer, darunter auch die HFW, festgelegt. Um Raum für diese zusätzliche Aufgabe zu schaffen, wurde die Serienproduktion der Hs 126 zu den AGO-Flugzeugwerken in Oschersleben verlagert. Die dort bereits beim Bau der Hs 123 gemachten positiven Erfahrungen waren ausschlaggebend für diesen Entschluss. Dazu wurde die Hs 126, Werknummer 3039, am 15. Juli nach Oschersleben überflogen und Ende August waren Hormel und Frydag dort, um sich von der Qualität der Lizenzproduktion zu überzeugen. Übrigens wurde auch Frydag am 2. September zum Wehrwirtschaftsführer ernannt. Am 24. Oktober startete die Version Dornier Do 17Z in Schönefeld zum Erstflug; bis zum Jahresende hatten die HFW seit der Gründung 1933 bereits knapp 2000 Flugzeuge gebaut. Darunter waren neben den Eigenkonstruktionen 1027 Junkers- und 490 Dornierflugzeuge. Da inzwischen die Ju 87 zum Standard-Stuka gemacht worden war, erhielt die Hs 123 eine andere Zweckbestimmung, es wurden Schlachtfliegergruppen gebildet. Im Herbst 1938 endete die Fertigung

Blick auf die Chaussee Schönefeld – Diepensee mit Halle 5

der Hs 123. Die Forschungs- und Entwicklungstätigkeit der Henschelaner ging indessen ungebrochen weiter. Allein 1938 wurden 30 Patente für Henschel registriert, darunter solche Neuerungen wie die Höhenflugkammer, Schneekufen für Kampfflugzeuge, eine Streckziehpresse, luft- und gasdichte Wanddurchführungen sowie beschussfeste Kabinenverglasungen. Am 15. Dezember wurde die Attrappe der Druckkabine der Hs 130 vorgestellt. Bei einem Jahresumsatz von mehr als 70 Millionen RM wurden 290 Flugzeuge abgeliefert, darunter 174 Do 17.

Erhard Milch wurde im Oktober zum Generaloberst, Ernst Udet zum Generalleutnant befördert. Die forcierte Aufrüstung der Luftwaffe zog eine gewaltige Entwicklung der Luftfahrtindustrie nach sich. So hatten sich z. B. die Produktionsflächen der Flugzeugindustrie, die 1933 noch 30 000 Quadratmeter umfassten, auf mehr als eine Million Quadratmeter vergrößert; im Flugzeugbau, der Flugmotorenproduktion und den Ausrüstungs- und Reparaturbetrieben der Luftfahrtindustrie waren im Oktober 1938 293 000 Menschen tätig und es wurden in diesem Jahr 5235 Flugzeuge aller Typen abgeliefert.

Deutschland steuert auf den Krieg zu

Am 4. Februar 1939 übernahm Ernst Udet die Funktion als Generalluftzeugmeister. Im März verlegte eine Einheit des Regiments „Hermann Göring“ mit leichter Flak auf das Werksgelände in Schönefeld. Die DAF löste auch in den HFW die Gewerkschaften ab, die Flieger-HJ und das NSFK organisierten die fliegerische und vormilitärische Ausbildung der Lehrlinge. Deutschland annektierte den tschechischen Teil der Tschechoslowakei und bildete dort das Protektorat Böhmen und Mähren, am 23. März 1939 wurde im Memelgebiet einmarschiert und der deutsch-polnische Nichtangriffspakt aufgekündigt. Dafür wurde am 23. August ein deutsch-sowjetischer Nichtangriffspakt geschlossen, der in einem geheimen Zusatzprotokoll u. a. die Teilung Polens festlegte. Mit der Besetzung von Böhmen und Mähren geriet auch die tschechische Luftfahrtindustrie in deutsche Hände; an der Vorstellung tschechischer Flugzeugmuster in Rechlin nahmen Nicolaus, Kaempf und Borchert von den HFW teil. Im April weilte eine Abordnung von Fachleuten aus dem Unternehmen AVIA aus Prag bei den HFW, um die Technologie der Reparatur von Hs 123 zu studie-

Zufriedene Gesichter nach einem erfolgreichen Erstflug, (v.l.n.r) Frydag, Kaempf, Regelin und Nicolaus

ren, welche in ihrer Firma durchgeführt werden sollte. Die allgemeine Rüstungsindustrie, vor allem aber die Flugzeugproduktion musste ihre Leistungen wesentlich steigern, denn auch die Verbündeten Deutschlands brauchten Waffen und Ausrüstung. So wollten z. B. die Balkanstaaten die Hs 126 in großer Anzahl importieren, allerdings erfolgte die Exportfreigabe durch das RLM restriktiv. Griechenland erhielt 16 Flugzeuge, die – wie die Geschichte zeigt – später auch gegen deutsche Truppen kämpften. Am 28. März kapitulierten nach Barcelona auch Madrid und Valencia, damit war der Spanische Bürgerkrieg zugunsten Francos entschieden, die Legion Condor kehrte nach Deutschland zurück.

Der erste Prototyp des Höhenforschungsflugzeugs Hs 128 startete am 11. April 1939 und wurde im Juli in Rechlin – neben anderen Neuentwicklungen der Luftfahrtindustrie – Hitler und seinem Stab vorgestellt. Im August erreichte die Maschine, noch ohne die entsprechenden Höhenmotoren, eine Flughöhe von 9500 Meter. Am 26. Mai startete die neueste Konstruktion von Henschel, die Hs 129. Bis zum Ende des Jahres wurden fünf Vorserienflugzeuge abgeliefert.

Auch 1939 ging der Einflugbetrieb nicht ungestört von statten, am 24. Juni machte eine Hs 129 nach dem Bruch des Propellers eine glatte Bauchlandung und am 22. September landete der Pilot Werner Fuess

Werkspilot Werner Fuess

Flugversuchsingenieur Gerhard Kujas

infolge einer Motorstörung seine Hs 126 in der Nähe von Mittenwalde auf der Autobahn. Beim Warmlaufen des Motors geriet die Hs 126, Werknummer 4064, in Brand und wenige Tage später ging die Ju 88, Werknummer 088 3004, nach einem Überschlag zu Bruch, Pilot war der RLM-Nachflieger Schallenberg. Wegen eines Defekts am Fahrwerk musste die Do 17, Werknummer 3479, ohne größere Schäden auf dem Bauch gelandet werden, während die Ju 88, Werknummer 088 3010, am 5. Dezember zu Bruch ging. Die Besatzung, Nachflieger Brückner und Bordmonteur Land, blieben unverletzt. Und schließlich machte die Ju 88, Werknummer 088 3013, am 14. Dezember aufgrund eines Motorschadens eine Notlandung auf dem Flugplatz Fürstenwalde.
Im August wurden angesichts des drohenden Krieges bei den HFW eine Werkluftschutz-Einsatzgruppe gebildet und ein Verteidigungsplan ausgearbeitet. Das Flak-Regiment 12 wurde durch drei Geschütze und einen Scheinwerfer verstärkt. Die Werksanlagen sollten im Kriegsfall durch Landesschützen gesichert werden, auch eine Verlagerung der Flugzeugfertigung in Ausweichquartiere nach Polen, Schlesien sowie nach dem Protektorat Böhmen und Mähren befanden sich in der Vorbereitungsphase. In Schönefeld wurden neben den Hallen 10 und 11 große Luftschutzkeller eingerichtet und gleichzeitig eine Feldartillerie-Einheit aufgestellt.
Das Personal des Werkschutzes wurde ab 26. August 1939 kaserniert untergebracht und rund 700 Mann wurden zur Wehrmacht eingezogen. Bei der Gemeinde Brusendorf wurde ein Scheinflugplatz zur Täuschung etwaiger Feindflugzeuge angelegt. Am 22. August wurden 44 Do 17Z nach Kienberg disloziert und 15 Flugzeuge entlang der Chaussee nach Diepensee getarnt abgestellt. Am 1. September gab es den ersten Fliegeralarm; der Zweite Weltkrieg hatte begonnen.
Ungeachtet aller Kriegsvorbereitungen ging der Arbeitsprozess bei den HFW unverändert weiter. Im Juni wurde neben der Halle 4 ein Segelflugschuppen errichtet. Am 21. August wurde der erste Rumpf einer Ju 88 nach Brandenburg an Arado geliefert und am 26. August startete die erste bei den HFW gebaute Junkers Ju 88 in Schönefeld. Am 10. September trafen die ersten Hs 126 aus Polen zur Reparatur ein. Ende Oktober weilte eine Gruppe von sowjetischen Luftfahrtexperten in Deutschland, die u. a. im Werk II die Serienfertigung der Hs 126 studierten. Die ersten zehn Hs 126 für Griechenland flogen am 12. Dezember ab. Am Ende des Jahres fehlten bei den HFW rund 900 Mitarbeiter, so dass schließlich das Fertigungsprogramm Do 17 reduziert werden musste. Es wurden insgesamt 449 Serienflugzeuge abgeliefert, der Lieferwert betrug 77 Millionen RM.

Die Henschel-Flugzeuge

Hs 121 und Hs 125 – Übungseinsitzer

Beschreibung

Das einsitzige Übungsflugzeug war als Schulterdecker Hs 121 bzw. als Tiefdecker Hs 125 konstruiert. Die geometrischen und Leistungsdaten sind bei beiden Typen nahezu gleich, die nachfolgende Beschreibung bezieht sich auf die Hs 121. Der Leichtmetall-Schalenrumpf war im Vorderteil durch große Klappen leicht zugänglich, das Tragwerk zweigeteilt in Ganzmetall, zweiholmig und durch Stiele zum Rumpf, bei der Hs 125 zu den Federbeinen des Fahrwerks abgestützt. Die Landeklappen wurden durch ein Schneckengetriebe betätigt. Ruder und Teile der Tragflächenunterseite waren stoffbespannt, das Seitenleitwerk freitragend und ebenfalls aus Metall, nur die Ruder stoffbespannt. Die Fahrwerksbeine hatten eine Ringfederung und waren stromlinienförmig verkleidet, ebenso das Spornrad. Der Argus-Motor As 10c erbrachte eine Leistung von 240 PS (177 kW) und hatte eine Handandrehvorrichtung, die Kraftstoff- und Schmierstoffbehälter waren hinter bzw. vor dem Brandschott angeordnet. Die zweiflüglige, rechtsdrehende Luftschraube war aus Holz und wurde direkt angetrieben.

Abmessungen und Massen		Leistungsangaben	
Spannweite	10,00 m	Flugdauer	2 Stunden
Länge	7,30 m	Höchstgeschwindigkeit	278 km/h
Höhe	2,72 m	Landegeschwindigkeit	90 km/h
Tragflächeninhalt	14,00 m²	Dienstgipfelhöhe	6500 m
Flügelstreckung	7,15	Steigzeit auf 4000 m	13 min
Leermasse	675 kg	Flächenbelastung	68,6 kg/m²
Zuladung	280 kg	Leistungsbelastung	4,0 kg/PS
Startmasse	960 kg	Flächenleistung	17,14 PS/m²

Entwicklung

Auf Empfehlung des RLM beteiligten sich die HFW mit ihrem ersten Flugzeugtyp an der Schaffung eines Übungseinsitzers für fortgeschrittene Piloten, den die junge Luftwaffe dringend benötigte. Unter Chefkonstrukteur Dipl.-Ing. Nicolaus entwickelt Ingenieur Regelin zwei Ganzmetall-Einsitzer, und zwar in der Konfiguration als Schulterdecker die Hs 121 und als Tiefdecker die Hs 125. Offensichtlich war der Tiefdecker als Alternative zum Schulterdecker gedacht. Da aber die Typennummern bis 124 schon vergeben waren, kam nur die Bezeichnung 125 infrage.

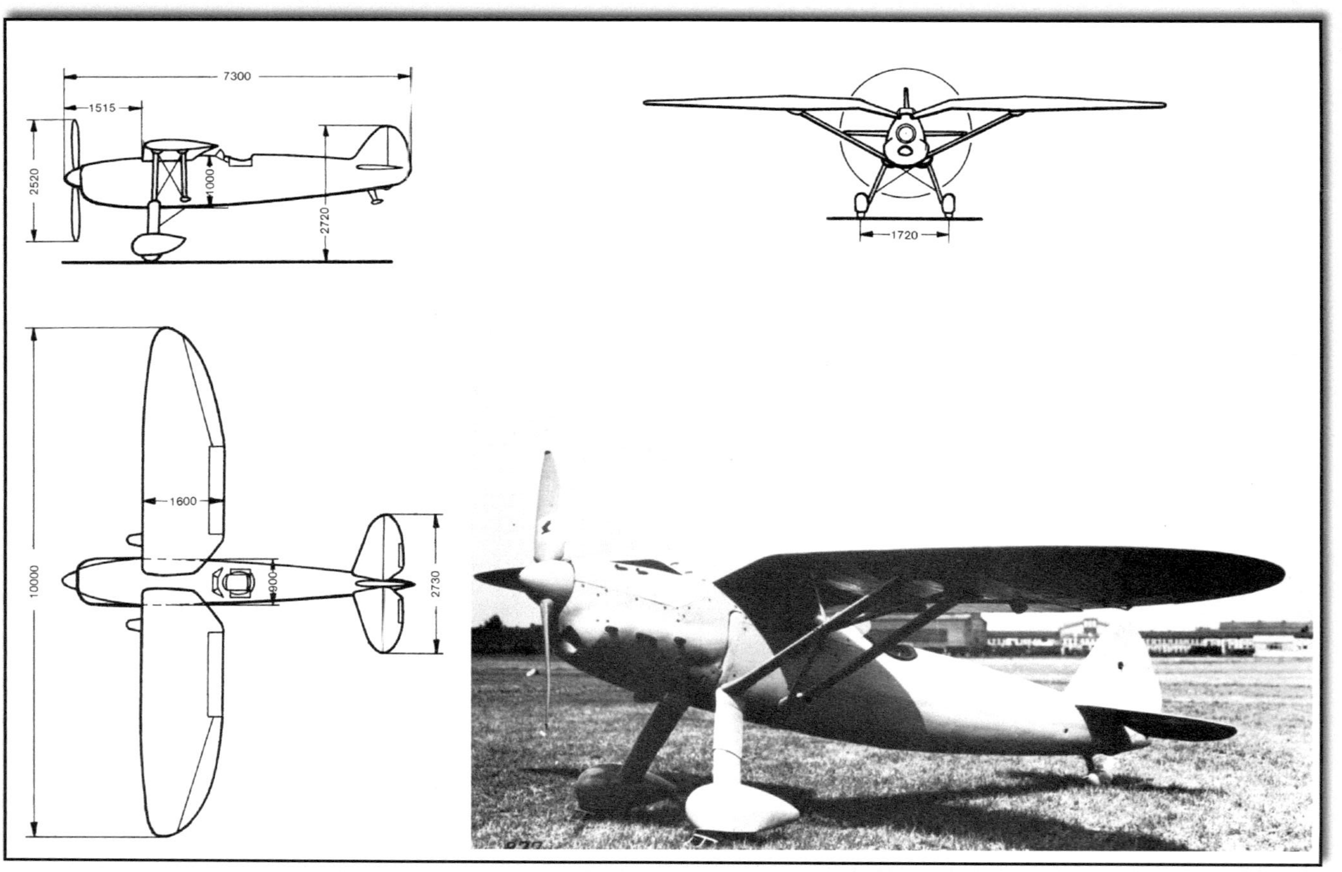

Datenblatt der Hs 121

Hs 121V-1 vor dem Erstflug in Johannisthal

Versuchsflugzeuge	Hs 121V-1	Hs 121V-2	Hs 125V-1	Hs 125V-2
Beginn der Konstruktion	15.08.1933	?	15.09.1933	?
Werk-Nr.	1	7	2	3
Triebwerk	Argus As 10 c			
Baubeginn	01.10.1933	04.02.1934	01.10.1933	?
erster Flug	04.01.1934	24.09.1934	30.04.1934	18.04.1935
Kennzeichen	-	D-EOVA	D-EKAN	D-IEHA

Der Beginn der Entwurfsarbeiten für beide Typen war am 2. Mai 1933, der Attrappenbau begann am 17. Juli des gleichen Jahres. Die Besichtigung der Attrappen fand am 28. Juli und 14. September 1933 statt.

Die Hs 125 besaß den gleichen Zellenaufbau wie ihre Schwestermaschine, erhielt aber als Tiefdecker ein Tragflächenmittelteil mit Anschlüssen für die identischen Außenflügel, die Startmasse betrug 975 Kilogramm und mit 2,83 Meter war sie geringfügig höher als die Hs 121.

Anfang Juni 1933 wurde Walter Kneeser, Fluglehrer im geheimen deutschen Ausbildungszentrum Lipezk in Sowjetrussland, zur DVL nach Deutschland zurückbeordert. Es war vorgesehen, ihn als Werkspilot bei Henschel einzusetzen. Leider stürzte Kneeser am 5. Dezember in Rechlin bei einem Puppenabwurf zur Fallschirmerprobung auf Albatros L 76 tödlich ab.

Die werkstattfertige Hs 121V-1, die erste Eigenentwicklung der HFW, wurde am 16. Dezember 1933 vom Aufsichtsrat der Firma Henschel besichtigt. Professor Nikolaus Scheubel wurde für die Erprobung gewonnen und führte am 4. Januar 1934 den ersten Flug

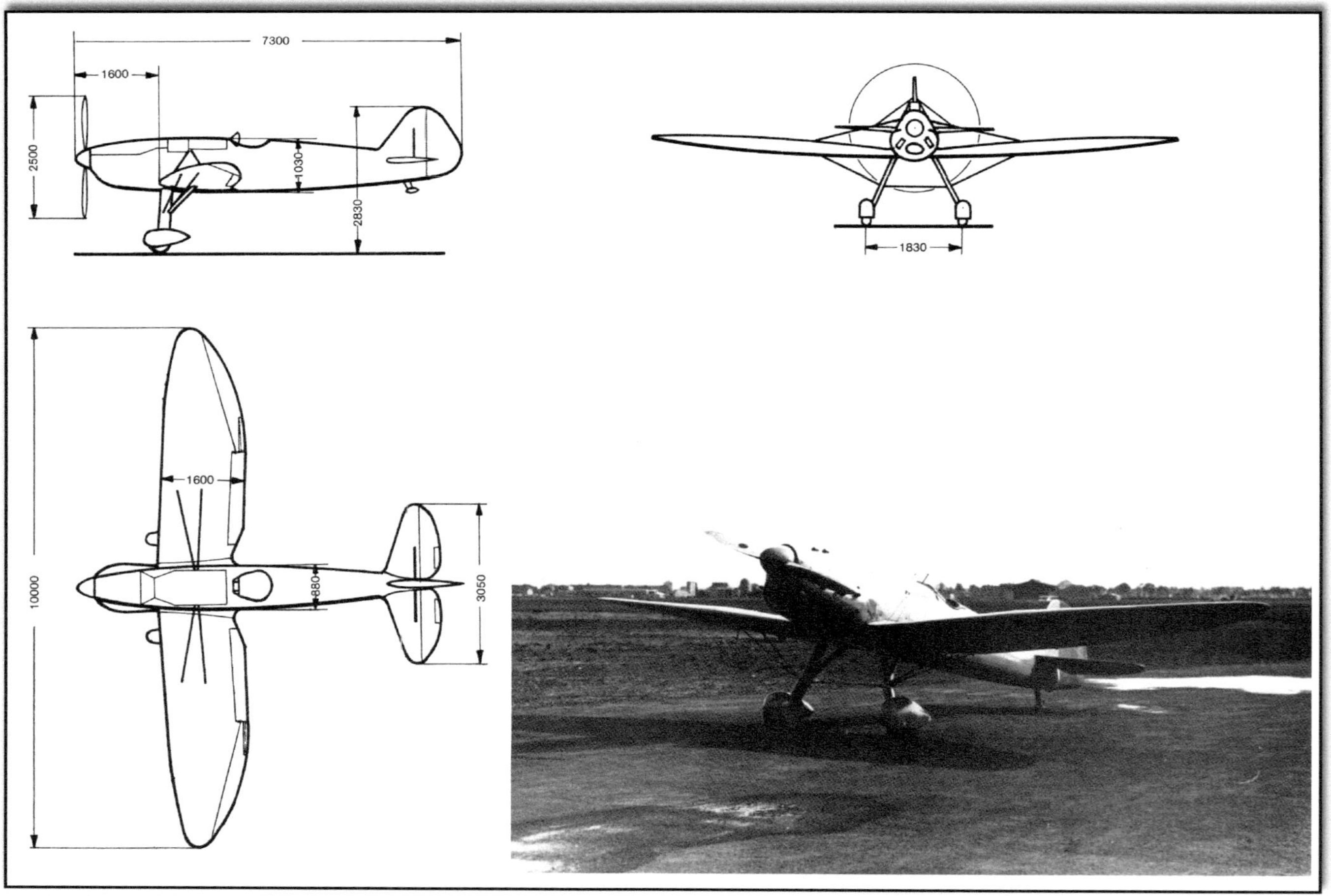

Datenblatt der Hs 125

Ansicht der Hs 125V-2

durch. Im Verlauf der weiteren Erprobung ging das Flugzeug am 30. Januar bei der Landung zu Bruch, Professor Scheubel wurde leicht verletzt. Das Flugzeug allerdings war so stark beschädigt, dass sich ein Wiederaufbau nicht lohnte, deshalb wurde die Hs 121V-2 gebaut. Inzwischen fand am 30. April 1934 der erste Flug der Hs 125V-1 statt, ein Jahr später folgte die Hs 125 V-2.
Am 6. Juni 1935 flogen anlässlich ihres Besuches in Johannisthal Major Robert Ritter von Greim (1892–1945) und sein Adjutant Hauptmann Oskar Dinort (1901–1965) neben dem leichten Stuka Hs 123 auch die beiden Schuleinsitzer Hs 121 und Hs 125. Nach einer Besprechung im RLM bei LC II* erfolgte am 21. Oktober 1935 in Schönefeld durch Flugbaumeister Albert Blumensaat eine vereinfachte Musterprüfung der Hs 121 und 125. Alle drei Maschinen wurden dann weiter in Schönefeld erprobt.
Die Hs 125V-2 ging bei einem Höhenflug wegen Motorstörung zu Bruch, ab April konnte weiter geflogen werden. Sowohl die Hs 121V-2 als auch die Hs 125V-2 wurden von der DVL erworben und am 10. Dezember 1936 von Schönefeld abgeholt. Die Hs 125V-1 verblieb in Schönefeld und wurde schließlich ausgeschlachtet.

**LC II ist das Kürzel für die Abteilung Entwicklung im Technischen Amt des RLM. Sie zeichnete mit den Unterabteilungen*

1 – Flugzeuge	*2 – Motoren*	*3 – Bordausrüstung*
4 – Funktechnik	*5 – Bomben/Waffen*	*6 – Fertigung*

verantwortlich für deren Entwicklungen, Leiter war bis 1936 Wolfram Freiherr von Richthofen (1895–1945).

Hs 122 – Nahaufklärer

Beschreibung

Der zweisitzige Hochdecker war ein Übungs- und Mehrzweckflugzeug, angetrieben von einem luftgekühlten Sternmotor SAM 22 mit 660 PS (485 kW) unter einer NACA-Haube. Der ovale Leichtmetall-Schalenrumpf war durch große abnehmbare Verkleidungsbleche für die Wartung gut zugänglich. Die zweiteilige Tragfläche hatte zwei Holme aus Leichtmetall und war mit Blech beplankt, die Querruder und Landeklappen dagegen stoffbespannt. Das Höhenleitwerk war abgestrebt, das Seitenleitwerk freitragend. Beide waren aus Leichtmetall mit Blechbeplankung mit Ausnahme der Ruder, die Stoffbespannung hatten. Die Ruder waren aerodynamisch und statisch ausgeglichen, für beide gab es einstellbare Trimmruder. Das Fahrwerk bestand aus zwei Federbeinen mit im Rumpf liegender Federung, das Spornrad war drehbar gelagert.
An militärischer Ausrüstung waren ein starres MG für den Flugzeugführer und ein schwenkbares für den Beobachter vorgesehen. Als Nahaufklärer konnte ein Reihenbildgerät sowie eine Handkamera eingesetzt werden, ein FT-Gerät vervollständigte die Ausstattung. Für einen Kampfeinsatz war ein Magazin für zehn 10-kg-Bomben vorhanden.

Abmessungen, Maße und Leistungsdaten beziehen sich auf die Hs 122V-1.

Abmessungen und Massen		Leistungsangaben	
Spannweite	14,50 m	Flugdauer	2,6 Stunden
Länge	10,25 m	Höchstgeschwindigkeit	270 km/h
Höhe	3,80 m	Marschgeschwindigkeit	235 km/h
Tragflächeninhalt	34,70 m²	Landegeschwindigkeit	88 km/h
Flügelstreckung	6,05	Dienstgipfelhöhe	5600 m
Leermasse	1670 kg	Steigzeit auf 4000 m	18 min
Zuladung	860 kg	Flächenbelastung	92,90 kg/m²
Startmasse	2530 kg	Leistungsbelastung	4,22 kg/PS

Die Versuchsflugzeuge

Die Projektierungsarbeiten für die Hs 122 begannen bei den HFW am 9. August 1933.
Am 6. Januar 1934 begann der Bau der V-1, am 15. März wurde mit der V-2 und V-3 angefangen. Eine Attrappe konnte bereits am 20. Februar 1934 besichtigt werden. Als Triebwerk war für die V-1 der luftgekühlte SAM 22 vorgesehen, die V-2 sollte im Hinblick auf mögliche Verkaufserfolge im Ausland den importierten Rolls-Royce Kestrel als Antriebsaggregat erhalten. Mit der V-1 wurde der vorgegebene Erstflug termingerecht durchgeführt, die V-2 und V-3 folgten im ersten Quartal 1935.

Datenblatt der Hs 122

Ansicht der Hs 122 V-2

Ansicht der Hs 122 V-3

Henschel-Werbung mit Hs 122

Im April 1935 wurde die Hs 122 für den Bau der Nullserie freigegeben. Die V-1 blieb in Rechlin stationiert, während die beiden anderen Flugzeuge bis zu ihrer Ablieferung bei den HFW verblieben. Die D-UBYN wurde am 25. November 1936 in zerlegtem Zustand zum Zeugamt* Jüterbog verbracht, die D-UDIZ am 5. Oktober 1937 ebenfalls nach dort abgeliefert.

***Zeugamt** *(ZA), entstanden im 16. Jahrhundert als Zeughaus zur Lagerung von Waffen, Munition und Kriegsgerät. Bei der Luftwaffe unterstanden die Zeugämter dem Generalluftzeugmeister. Er war verantwortlich für die Forschung und Entwicklung, für die Erprobung und Beschaffung des gesamten Luftwaffengeräts einschließlich der Betriebsstoffe sowie für die Geräteausstattung und Bevorratung aller Dienststellen der Luftwaffe. Ihm waren das Technische Amt, das Nachschubamt und die Amtsgruppe Technische Wirtschaft und Haushalt unterstellt.*

In der folgenden Tabelle sind einige Angaben zu den V-Mustern zusammen gefasst:

Versuchsflugzeuge	V-1	V-2	V-3
Beginn der Projektarbeiten	09.08.1933		
Besichtigung der Attrappe	20.02.1934		
Beginn der Konstruktion	06.01.1934	15.03.1934	
Werk-Nr.	4	5	6
Triebwerk	SAM 22 B	Rolls-Royce Kestrel	SAM 22 B
Baubeginn	15.05.1934	21.05.1934	
erster Flug	30.10.1934	11.01.1935	26.03.1935
Kennzeichen	D-UQEV	D-UBYN	D-UDIZ

Serienbau

Der Auftrag für die Null-Serie, deren Bau am 5. Mai 1935 begonnen hatte, belief sich auf 46 Stück, die sämtlich bis August 1936 auszuliefern waren. Obwohl noch vor Ablauf des Jahres 1935 die erste Maschine übernommen werden sollte, verschob sich das bis zum März 1936. Witterungsverhältnisse und Änderungen an der Sonderausrüstung waren die Gründe. Im März wurde dann entschieden, dass nach dem Bauabschluss der 19 Maschinen der Serie A-0 die restlichen 27, die als A-1-Maschinen vorgesehenen Flugzeuge, zunächst nur in Baugruppen weiter zu bauen sind. Den HFW wurde gleichzeitig deutlich gemacht, dass ein Auftrag für ein Folgemuster als direkte Weiterentwicklung der Hs 122 in Kürze zu erwarten sei. Das wurde schließlich die Hs 126. Für die Bauvorrichtungen schlug die Firma die Verschrottung vor, soweit nicht Teile in den Vorrichtungsbau der Hs 126 übernommen werden konnten. Die HFW stellten einen Satz für Reparaturen sicher. Die Hs 122 kam an Schulen und zur Truppenerprobung nur vereinzelt zum Einsatz.

Hs 123 – Sturzkampfflugzeug

Beschreibung

Der einmotorige Anderthalbdecker wurde als leichtes Sturzkampfflugzeug entwickelt. Angetrieben von einem Sternmotor BMW 132A mit 660 PS (485 kW) und einer Metallluftschraube, war es die erste Eigenentwicklung von HFW, die in einer größeren Stückzahl produziert wurde. Neben dem Serienbau in Schönefeld liefen auch in Oschersleben bei AGO Hs 123 vom Band.

Der Schalenrumpf aus Leichtmetall hatte einen ovalen Querschnitt, der Pilotensitz war offen und nur mit einer Windschutzscheibe versehen. Der Oberflügel war geteilt, zweiholmig und in Ganzmetall ausgeführt, lediglich die Unterseite war z. T. mit Stoff bespannt. Der Unter-flügel war einholmig durchgehend und im Material wie der Oberflügel. Robuste I-Stiele verbanden die Tragflächen, im Oberflügel waren Querruder mit Gewichtsausgleich, im Unterflügel Spreizklappen angebracht. Das Leitwerk war ebenfalls aus Metall, die Flossen mit Blech beplankt, die Ruder mit Stoff bespannt. Die Höhenflossen waren mit Stielen zum Rumpf hin abgestrebt, alle Ruder hatten sowohl aerodynamischen als auch Gewichtsausgleich und am Höhenruder gab es eine verstellbare Trimmklappe. Das Fahrwerk bestand aus zwei verkleideten Haupträdern mit Ringfederung und dem drehbar gelagerten Spornrad.

Die militärische Ausrüstung umfasste zwei starre durch den Propellerkreis feuernde 7,9-mm-MG 17 auf dem Rumpfbug und eine 250-kg-Bombe unter dem Rumpf.

Abmessungen, Maße und Leistungsdaten beziehen sich auf die Hs 123V-1.

Abmessungen und Massen			Leistungsangaben	
Spannweite	oben	10,50 m	Höchstgeschwindigkeit	309 km/h
	unten	8,00 m	Geschwindigkeit in Bodennähe	292 km/h
Länge		8,60 m	Landegeschwindigkeit	98 km/h
Höhe		3,80 m	Steigzeit auf 4000 m	9,2 min
Tragflächeninhalt		24,85 m²	Dienstgipfelhöhe	6800 m
Leermasse		1400 kg	Reichweite	750 km
Zuladung		710 kg	Flächenbelastung	84,80 kg/m²
Startmasse		2110 kg	Leistungsbelastung	3,20 kg/PS

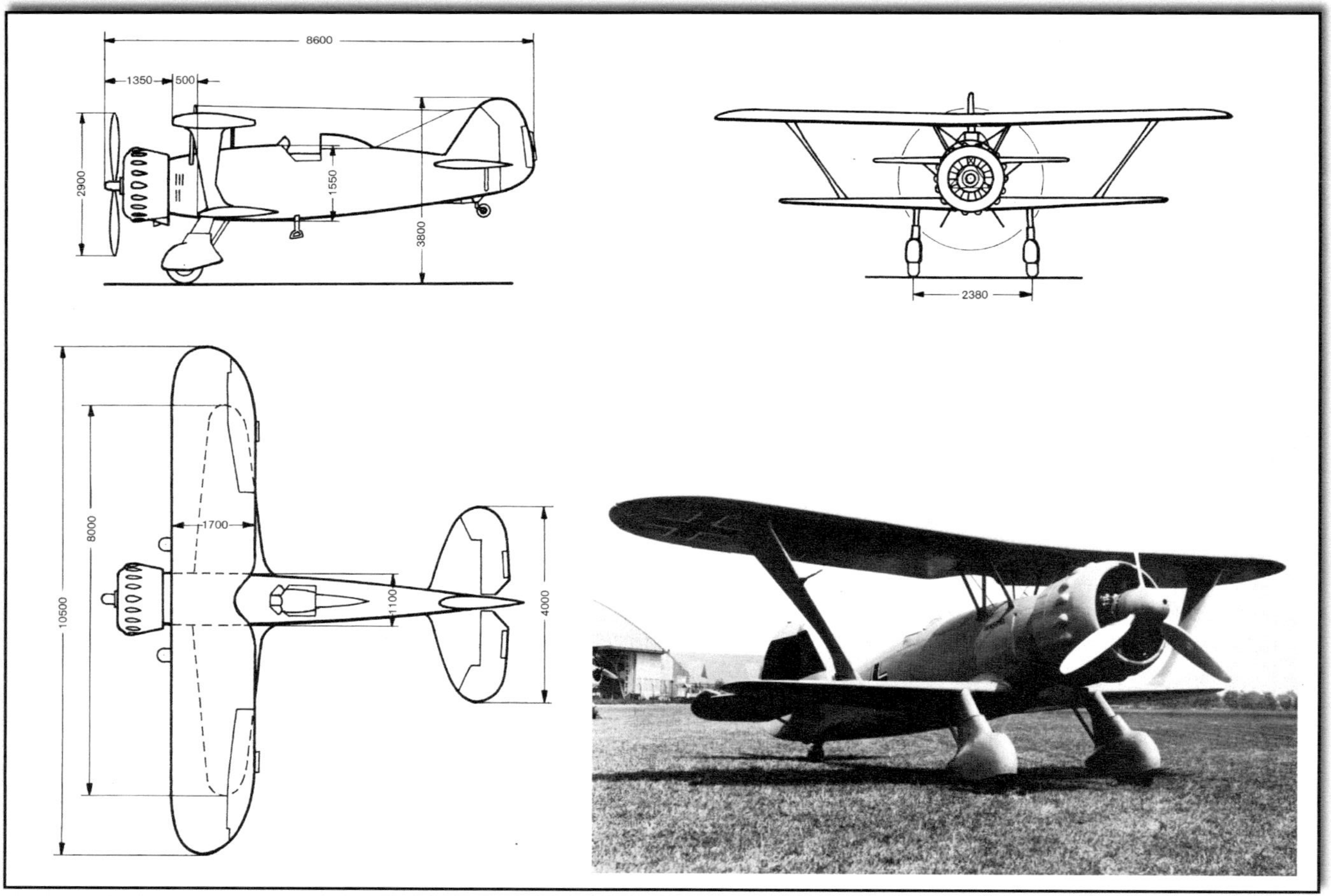

Datenblatt der Hs 123

Serienbau der Hs 123 in Schönefeld

Hs 123V-1 beim Werkflug, noch ohne Kennzeichen.

Eine Hs 123 vor der Werkhalle in Johannisthal

Einbau des BMW 132 in die Hs 123

Hs 123V-3 D-IKOU

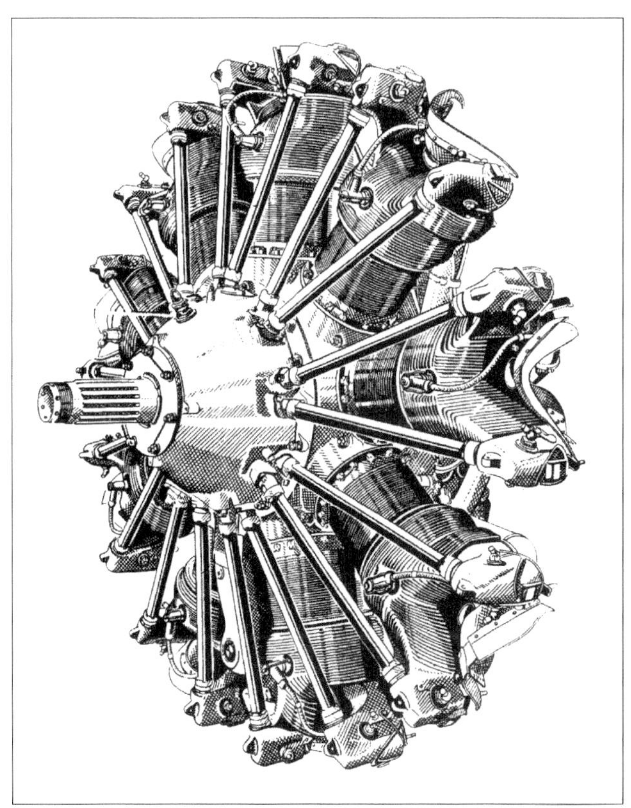

Sternmotor BMW 132A mit 660 PS (486 kW) Startleistung

Eine Staffel Hs 123 vor dem Einsatz

Entwicklung und Versuchsbau

Das RLM nahm nach seiner Gründung unverzüglich die Entwicklung von speziellen Sturzkampfkampfflugzeugen in sein Rüstungsprogramm auf. Zwei Arten von Stukas, wie die Bezeichnung offiziell lautete, wurden 1934 gleichzeitig an drei verschiedene Firmen in Auftrag gegeben. Die Hamburger Flugzeugbau GmbH entwarf daraufhin die Ha 137 als leichtes einsitziges Sturzkampfflugzeug, bei der Gerhard Fieseler Werke GmbH war es die Fi 98. Als schweres zweisitziges Stuka entwickelte die Junkers Flugzeug- und Motorenwerke A. G. die Ju 87, die Arado Flugzeugwerke GmbH die Ar 81 und die Ernst Heinkel A. G. die He 118.
Bei der Henschel Flugzeug-Werke A.G. wurde die Hs 123 basierend auf diesem Auftrag entworfen. Zur Herstellung und Erprobung der Versuchsflugzeuge wurde der Einbau verschiedener Motoren, auch ausländischer Fabrikate, angeordnet um den durch die Beschränkungen des Versailler Vertrages eingetretenen Rückstand im Flugmotorenbau gegenüber dem Ausland möglichst rasch wieder wettzumachen. Bei der Hs 123 entschied man sich zunächst als Antrieb für den SAM Sh 22 F und für eine Nullserie von sieben Flugzeugen. Zum Einbau bei der V-1 kam dann aber der BMW 132A. Die HFW entwarfen ihren zweiten Ganzmetalleinsitzer als Doppeldecker. Die Projektarbeiten für die Hs 123 begannen am 8. Februar 1934, die Attrappe konnte am 2. Juni besichtigt werden, Konstruktionsarbeiten begannen am 20. Juni. Die V-2 wurde mit dem aus den USA importierten Motor Wright Cyclone ausgerüstet. Schon am 2. April des nächsten Jahres startete die V-1 zu ihrem ersten Werksflug. Die folgende Tabelle nennt Daten zu den Versuchsflugzeugen.

Versuchsflugzeuge	V-1	V-2	V-3	V-4
Werk-Nr.	265	266	267	670
Triebwerk	BMW 132 A	Wright Cyclone GR 1820	BMW 132 A	
Baubeginn	15.10.1934			24.03.1935
erster Flug	02.04.1935	09.05.1935	08.07.1935	16.04.1936
Kennzeichen	D-ILUA	?	D-IKOU	D-IZXY

Flugerprobung

Die Flugerprobungen im Werk und in der E-Stelle begannen noch 1935 und wurden 1936 fortgesetzt mit Messflügen, Flügen in größeren Höhen und Vergleichsflügen untereinander. Noch während der Fertigstellung der V-4 wurden die HFW aufgefordert, zwei neue Versuchsflugzeuge zu bauen, wozu zwei Serienflugzeuge umgerüstet werden sollten. Die V-5 und V-6 wurden mit neuen Triebwerken BMW 132 J für eine Sonderaufgabe vorbereitet. Wie sich 1937 herausstellte, nahm die V-5 bei dem IV. Internationalen Flugmeeting in Zürich-Dübendorf mit Erfolg am Steig- und Sturzflug-Wettbewerb teil.

Am 8. Mai 1935 wurde in Berlin-Johannisthal im Beisein von Chefkonstrukteur Nicolaus die Hs 123V-1 dem Amtschef Major Wolfram von Richthofen und Dipl.-Ing. Roluf Lucht vorgeflogen. Ernst Udet war ebenfalls anwesend.

Das ganze Jahr 1936 behielten die HFW die V-2 in Schönefeld für Querruderversuche, für Messflüge und Versuche zur Verbesserung der Flugeigenschaften. Dann verfügte das RLM, dass der Einbau eines BMW 132 unter gleichzeitiger Umbenennung in V-8 durchgeführt werden sollte. Außerdem wurde im November vereinbart, die V-7 als ein weiteres Versuchsflugzeug zu bauen. Die Erprobung mit dem BMW 132 wurde im Oktober abgeschlossen und der Firma mitgeteilt, die Serienfertigung der Hs 123 nun vordringlich zu beginnen.

Die V-4 sollte bis Februar 1936 fertig gestellt sein, flog aber erst im April. Die V-5 begann ihre Erprobung im März 1937, die V-6 im Mai. Zusammen mit dem Begleitpersonal in einer Junkers W 34 wurde die V-5 nach Dübendorf überführt und für das internationale Flugmeeting vorbereitet. Geflogen von dem Piloten Dipl.-Ing. Otmar Schürfeld erreichte sie im Steig- und Sturzflugwettbewerb schließlich einen ausgezeichneten zweiten Platz hinter der ebenfalls teilnehmenden Messerschmitt Bf 109V-13 mit dem Rechliner Piloten Dipl.-Ing. Carl Francke.

Die neuen Versuchsflugzeuge und ihr Verbleib sind aus der Tabelle zu ersehen.

Versuchsflugzeuge	V-5	V-6	V-7	V-8
Herkunft	16. Flugzeug A-0	17. Flugzeug A-0	Neubau	Zelle V2
Werk-Nr.	796	797	985	266
Baubeginn	09.08.1936	04.10.1936	1936/37	-
erster Flug	März 1937	Juni 1937	Dez. (?) 1937	Sept. (?) 1937
Kennzeichen	D-IHBO	D-INRA	D-IHDI	?
Triebwerk	BMW 132 J		BMW 132 K	BMW 132 A-3
Ablieferung	12.01.1939	06.08.1937	17.06.1938	06.12.1937
abgeliefert an	E-Stelle Rechlin	BMW München	E-Stelle Rechlin	ZA Kölleda

Serienbau

Zunächst sah die Planung den Bau von 67 Serienflugzeugen vor, dann erfolgte eine Erhöhung um weitere 50 Maschinen mit Lieferterminen ab Juni 1936 bis März 1937. Doch erst Ende September konnten die ersten vier Nullserienflugzeuge abgeliefert werden. Im Oktober 1936 präzisierte das Amt seinen Ablieferungsplan auf 15 Exemplare der A-0- und 100 Stück der A-1-Serie. Tatsächlich wurden bis zum Jahresende 14 A-0 und 21 A-1 ausgeliefert, die 15 Flugzeuge der A-0-Serie trugen die Werknummern 628 bis 634 und 788 bis 795. Die Serienfertigung der Hs 123 erfolgte in der Halle 4 im Werk I.

Am 1. April 1937 stürzte in Rechlin Werkpilot Heinz Wulf von der Firma Fieseler mit einer Hs 123 nach Trudeln ab. Untersuchungen ergaben, dass dieser und einige andere Abstürze auf die Verformung der Nase des Oberflügels beim Abfangen aus dem Sturzflug zurückzuführen waren. Als Konsequenz aus diesen Vorfällen gab das RLM eine Änderungsanweisung heraus. Die abgenommenen Flugzeuge mussten zur Verstärkung der Oberflügelnase ins Werk zurückgebracht werden.

Insgesamt wurden außer den Versuchsflugzeugen 251 Hs 123 ausgeliefert, davon 140 durch den Lizenznehmer AGO in seinem Flugzeugwerk in Oschersleben.

Hs 123 in der deutschen Luftwaffe

Im Spanischen Bürgerkrieg beteiligen sich die ersten Hs 123 ab Anfang 1937 in der Legion Condor an den Kämpfen gegen die republikanischen Truppen. Allerdings wurde ihre Wirksamkeit in der Rolle als Stuka eher als gering eingeschätzt.

Das Sturzkampfgeschwader 165 erhielt 1937 als erste Einheit der Luftwaffe acht Henschel-Stukas. Nach und nach folgten weitere Staffeln des gleichen Geschwaders und solche des Lehrgeschwader 1. Eine Staffel aus Kitzingen unter Führung von Hauptmann Walter Rubensdörffer besuchte am 24. August 1937 die Henschel Flugzeug-Werke. Am 8. Januar 1938 wurden acht Flugzeuge von der Fliegergruppe der Sturzkampffliegerschule 1 aus Schönefeld abgeholt.

Während der „Sudetenkrise“ von August bis Oktober 1938 wurden Alarmeinheiten gebildet und bezogen als Schlachtgruppen ab 1. August auf verschiedenen Plätzen ihren Standort. Zu diesen Sondereinheiten gehörten auch die Stukas Hs 123. Die darin eingebundene III./St.G. 165 verfügte über 34 einsatzfähige Hs 123. Ein Jahr später begann der Zweite Weltkrieg, die Hs 123 gehörten zu den Angriffsspitzen.

Trotz einiger Erfolge waren aber die Tage der Hs 123 als Flugzeuge der ersten Linie gezählt. Befanden sich im Ist-Bestand der Luftangriffsverbände am 4. Mai 1940, kurz vor Beginn der Besetzung Frankreichs, noch 49 Hs 123, so waren es im Dezember nur noch 24! Die Henschel-Stukas wurden allmählich aus den Fronteinheiten abgezogen und 1941 im Balkankrieg im Kampf gegen jugoslawische und griechische Truppen eingesetzt. Nach dem Beginn des Angriffs auf die Sowjetunion unterstützten Hs 123 noch einmal die Bodentruppen bei ihrem Vormarsch. Dann folgten Einsätze im Norden vor Leningrad. Dabei stiegen die Verluste ständig an.

Hs 124 - Zerstörer

Beschreibung

Die Hs 124 war ein zweimotoriges Mehrzweck-Kampfflugzeug, welches jedoch nicht über das Versuchsstadium hinaus kam. Der freitragende Mitteldecker besaß einen dreiteiligen Ganzmetallflügel, dessen Mittelstück dreiholmig ausgeführt war. Die Außenflügel waren in Schalenbauweise gefertigt, über die gesamte Länge der Hinterkante befanden sich außen die Querruder und innen die Landeklappen, welche hydraulisch betätigt wurden. Der Leichtmetall-Schalenrumpf hatte einen ovalen Querschnitt, die Bugsektion war aufgrund der unterschiedlichen Forderungen zum Einsatzzweck auswechselbar. Das freitragende Höhenleitwerk mit doppeltem Seitenleitwerk aus Ganzmetall hatte stoffbespannte Ruder und im Flug einstellbare Trimmklappen.

Hs 124 während der Werkserprobung in Schönefeld

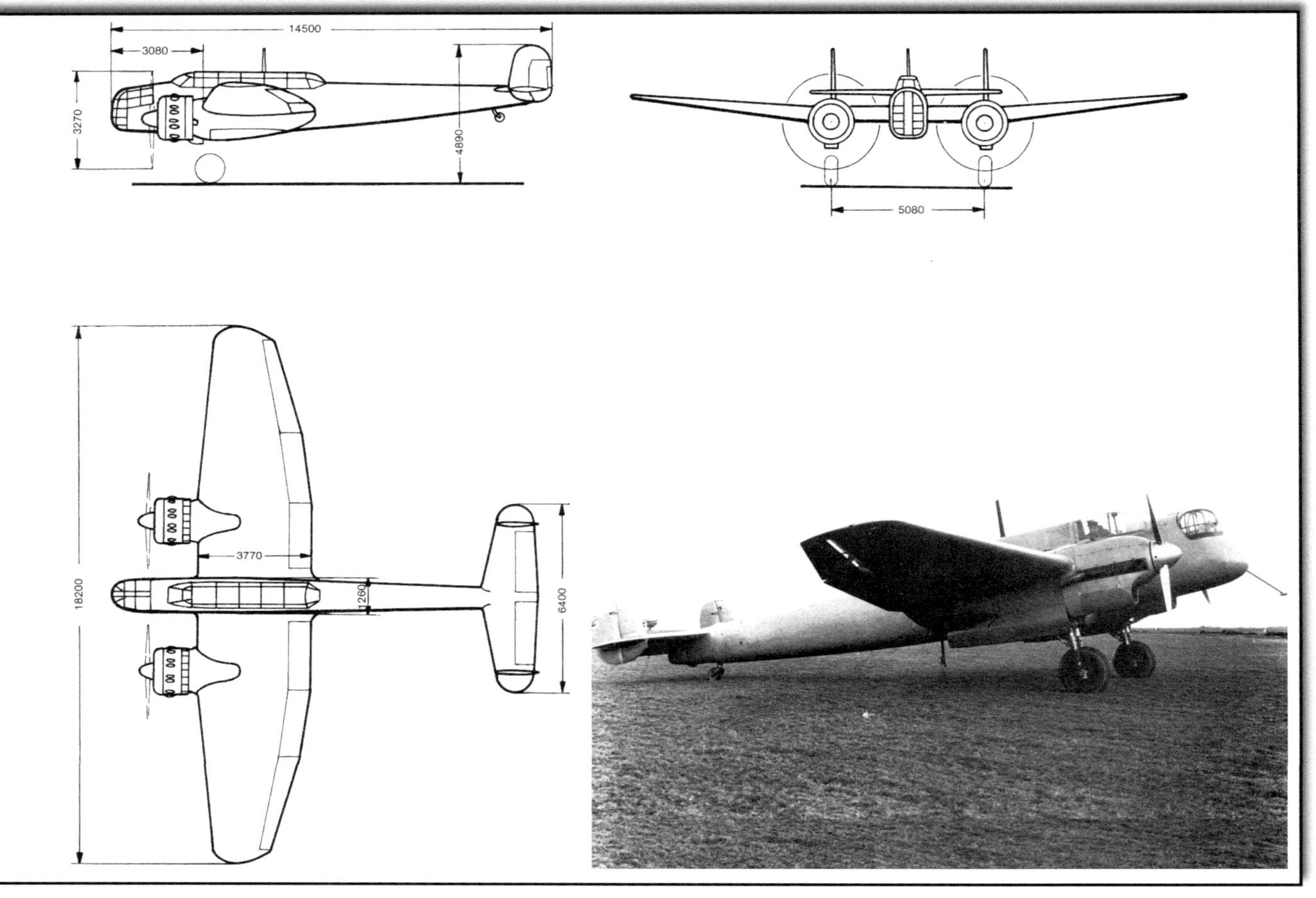

Datenblatt der Hs 124

Hs 124 mit umgebautem Bug

Das Hauptfahrwerk wurde nach hinten in die Motorgondeln eingezogen, das drehbare Spornrad konnte zur Landung fixiert werden, die Bremsen wurden hydraulisch betätigt.
Angetrieben wurde die Hs 124 von zwei wassergekühlten Motoren Jumo 10C, dem späteren Jumo 210, mit einer Startleistung von je 640 PS (471 kW). Zur Regelung der Kühlluft hatte die NACA-Haube Spreizklappen, die Dreiblatt-Luftschraube war verstellbar.
Als militärische Ausrüstung waren Rohrwaffen verschiedener Kaliber in unterschiedlicher Anzahl – je nach Einsatzzweck als Bomber, Tiefangriffsflugzeug oder Fernaufklärer – vorgesehen, außerdem konnten bis zu 600 kg Bomben als Außenlast mitgeführt werden. Die Besatzung bestand aus drei Mann.
Die in der folgenden Tabelle genanten Daten beziehen sich auf die Hs 124V-1.

Abmessungen und Massen		Leistungsangaben	
Spannweite	18,20 m	Höchstgeschwindigkeit	435 km/h
Länge	14,50 m	Reisegeschwindigkeit	320 km/h
Höhe	4,89 m	Landegeschwindigkeit	110 km/h
Tragflächeninhalt	54,60 m²	Steigzeit auf 4000 m	11,7 min
Leermasse	4145 kg	Dienstgipfelhöhe	6500 m
Zuladung	3085 kg	Reichweite	4200 km
Startmasse	7230 kg	Flächenbelastung	132,42 kg/m²

Die Vorgeschichte

Die Pläne des RLM zur schnellen Aufrüstung und Modernisierung der Luftwaffe sahen auch einen Flugzeugtyp mit der Bezeichnung Zerstörer vor. Es gibt keine gesicherte Quelle über das Zustandekommen dieser bis dahin in der Luftfahrt unüblichen Benennung. Allerdings wird in einer Dienstvorschrift von 1940 eine Definition geliefert. Darin heißt es u. a.:

> „... Die Hauptaufgabe der Zerstörer ist der Kampf gegen die feindliche Luftwaffe. Je nach Lage und Kräfteverhältnis ergibt sich folgende Zielsetzung: Der Schutz der eigenen Angriffsluftwaffe durch Kampf gegen die feindliche Abwehr, selbstständiger Angriff auf die feindliche Luftwaffe im Feindgebiet, Einsatz in der Luftverteidigung gegen die feindliche Angriffsluftwaffe unter Ausnutzung der besonderen Eigenschaften der Zerstörer (große Reichweite und Blindflugfähigkeit). Die Aufgabe erstreckt sich auf den Schutz von Kampf- und Sturzkampfverbänden, Aufklärern, Luftlande- und Fallschirmtruppen. Der Hauptgegner der Zerstörer ist hierbei der feindliche Jäger, der den eigenen Verband angreift. Bei der Lösung der Schutzaufgabe kommt es weniger auf eine große Anzahl Abschüsse feindlicher Jäger, sondern darauf an, dass der eigene Verband unbehelligt seinen Auftrag durchführen kann ...“

Da die Zerstörer-Flugzeuge tief ins Feindgebiet eindringen müssen, sollten sie zweimotorig sein und mit mindestens einem zusätzlichen Besatzungsmitglied zur Bedienung des FT-Gerätes und der Abwehrbewaffnung besetzt werden. Das RLM stellte entsprechende Forderungen zur Entwicklung eines solchen Flugzeuges an die Firmen BFW, Focke-Wulf und Henschel. Für die Entwicklung der Hs 124 bei den HFW waren drei Versuchsflugzeuge, eine Bruchzelle und eine Nullserie von fünf Flugzeugen mit beweglichen Bugwaffen in einer drehbaren Lafette geplant.

Entwicklung und Versuchsbau

Bei den HFW begannen am 6. Juli 1934 die Projektarbeiten durch Chefkonstrukteur Nicolaus und seine Mitarbeiter an dem zweimotorigen Flugzeug. Die Besichtigung der Attrappe fand am 9. November 1934 in Johannisthal statt. Im Flugzeugentwicklungsprogramm vom 1. Februar 1935 wurden die Termine für die Fertigstellung der Hs 124 festgelegt. Danach sollte das erste Flugzeug der Nullserie am 1. August 1936 flugklar sein, doch durch Änderungsarbeiten konnte der Termin

Friedrich-Ernst von Heynitz, geboren am 20. Mai 1905 in Döbeln in Sachsen als Sohn des Majors Ernst von Heynitz und seiner Mutter Therese, geborene Funcke. Der Vater verstarb bereits 1913. Friedrich besuchte das Humanistische Gymnasium in Meißen und Dresden, das er mit der Reifeprüfung erfolgreich abschloss. Ostern 1928 ging er an die Verkehrsfliegerschule in Schleißheim und trat nach dortiger eineinhalbjähriger Tätigkeit in das (Preuß.) Artillerieregiment 6 ein.

1932 zum Leutnant befördert, wechselte er im März 1933 zur Luftwaffe. Ein Jahr später wurde er zum Oberleutnant befördert und als Fluglehrer in Schleißheim eingesetzt. Am 1. Januar 1936 trat von Heynitz als Werkspilot seinen Dienst bei den HFW an. Am 10. April 1937 stürzte Friedrich-Ernst von Heynitz mit der Hs 124V-1 bei einem Erprobungsflug tödlich ab. Er wurde in seinem Heimatort Heynitz in Sachsen unter großer Anteilnahme beigesetzt.

Kurzbiographie von Friedrich-Ernst v. Heynitz

nicht gehalten werden und erst am 10. Oktober 1936 fand der Erstflug der Hs 124V-1 statt. Im November entschied das RLM, dass die V-3 als Höhenaufklärer entwickelt werden sollte. Wenig später erfolgte eine erneute Veränderung, die V-3 sollte nur Attrappe bleiben und eine V-4 in der Konfiguration wie die V-1 gebaut werden. Nach diversen Änderungen im Flugzeugentwicklungsplan teilte das RLM im November plötzlich mit, dass die Hs 124 vollständig gestrichen sei. Am 20. Januar 1937 wurde dagegen vorgeschlagen, die Arbeiten an den drei Musterflugzeugen fortzusetzen, um sie als Waffenversuchsträger einsetzen zu können; alle weiteren Arbeiten waren einzustellen. Die Flugerprobung der V-1 wurde im Februar wieder aufgenommen und gleichzeitig mitgeteilt, dass ein Umbau des Flugzcugs für den Export beabsichtigt sei. Das RLM stimmte im März dem Freigabeantrag zu.

Ein schweres Unglück traf die Henschel-Werke am 10. April 1937 mit dem Absturz der Hs 124V-1. Am 9. August 1937, nachdem der Entwicklungs- und Bauauftrag für die V-4 abgeschlossen war, verfügte das RLM den Umbau zum Sturzkampfflugzeug. Es wurden Teile der Tragflächen verstärkt und am 23. Mai 1938 startete die Maschine in der veränderten Ausführung. Am 25. Februar 1938 stürzte die V-2 ab und wurde total zerstört.

Am 18. November erfolgte dann ein zweiter Werkflug der V-4, der jedoch mit einer Notlandung und leichten Beschädigungen endete. Am 23. Februar 1939 wurde die V-4 bis zur endgültigen Entscheidung über ihre Verwendung stillgelegt. Schließlich erfolgte am 2. Juni die Ablieferung an die E-Stelle Travemünde. Das war das endgültige „Aus“ für den Zerstörer aus dem Konstruktionsbüro der HFW.

Einige Angaben zu den Versuchsflugzeugen sind der folgenden Tabelle zu entnehmen.

Die Versuchsflugzeuge	V-1	V-2	V-4	V-2 Export
Werk-Nr.	268	269	270	269
Triebwerke	Jumo 10 C	Jumo 10 C	Jumo 10 D	BMW 132 Dc
Baubeginn	01.02.1935	09.02.1936	29.03.1936	Juni 1937
erster Flug	10.10.1936	-	September 1937	Januar 1938
Verbleib	zerstört am 10.04.1937	Umbau 1937	am 02.06.1939 an E-Stelle Travemünde	zerstört am 25.02.1938

Hs 126 – Nahaufklärer

Beschreibung

Der in der Folgezeit in verschiedenen Rollen eingesetzte Nahaufklärer entstand auf der Basis der Hs 122. Aerodynamisch verbessert und vor allem im Tragwerk umkonstruiert, war der Hochdecker für den Piloten und einen Beobachter ausgelegt, wobei der Führersitz mit einer nach hinten offenen abwerfbaren Glashaube geschützt war. Der im Querschnitt ovale Leichtmetall-Schalenrumpf hatte im Vorderteil große Klappen, welche die Wartung unter feldmäßigen Bedingungen erleichterten. Der zweiteilige Ganzmetallflügel war zweiholmig aufgebaut, nahezu durchgehend blechbeplankt und durch V-Stiele zum Rumpf hin abgestrebt. Die Querruder und die hydraulisch betätigten Landeklappen waren stoffbespannt. Die Höhenflosse war hoch an der Seitenflosse angesetzt und beidseitig zum Rumpf verstrebt. Alle Ruder waren stoffbespannt, aerodynamisch und statisch ausgeglichen und hatten im Flug verstellbare Trimmklappen. Das starre Fahrwerk bestand aus zwei freitragenden Fahrwerksbeinen, deren Federung im Rumpf lag, die stromlinienförmig verkleideten Räder wurden hydraulisch gebremst. Das ebenfalls verkleidete Spornrad war voll drehbar und konnte für die Landung in Flugrichtung arretiert werden. Für den Antrieb sorgte ein wassergekühlter Motor DB 600C mit 880 PS (647 kW) Startleistung, der auf eine Dreiblatt-Verstell-Luftschraube von VDM mit 3,60 Meter Durchmesser wirkte. Die Serienflugzeuge flogen später mit dem BMW Bramo Fafnir 323, einem Neun-Zylinder Sternmotor mit 900 PS (662 kW).

Der Flugzeugführer konnte ein starr nach vorn schießendes MG 17 vom Kaliber 7,9 mm bedienen, während der Beobachter mit einem drehbar gelagerten MG 15 die hintere Halbsphäre abdecken konnte. Im Aufklärereinsatz gehörte ein Reihenbildgerät sowie eine Handkamera zur Ausrüstung. Auch Bomben bis zu 100 kg oder ein Nebelgerät konnten als Außenlast montiert werden. Die Hs 126 war serienmäßig mit einer FT-Anlage ausgestattet.

Bis 1944 waren Flugzeuge dieses Typs noch als Schleppmaschinen für Lastensegler, als Verbindungsflugzeuge und zur Partisanenbekämpfung eingesetzt. Produziert wurde die Hs 126 bei den HFW im Werk II in Johannisthal und in Lizenz bei den AGO-Flugzeugwerken in Oschersleben.
Die Daten in der folgenden Tabelle beziehen sich auf die Hs 126 B, die als Standardversion am meisten gebaut wurde.

Abmessungen und Massen		Leistungsangaben	
Spannweite	14,50 m	Flugdauer	3,25 Stunden
Länge	10,85 m	Höchstgeschwindigkeit	355 km/h
Höhe	4,38 m	Landegeschwindigkeit	96 km/h
Tragflächeninhalt	31,60 m²	Reichweite	1000 km
Flügelstreckung	6,64	Dienstgipfelhöhe	8900 m
Leermasse	2090 kg	Steigzeit auf 6000 m	15,5 min
Zuladung	1180 kg	Flächenbelastung	104 kg/m²
Startmasse	3270 kg	Leistungsbelastung	3,63 kg/PS

Entwicklung und Versuchsbau

Im November 1935 erhielten die Flugzeugbauer Heinkel und Henschel den Auftrag zur Entwicklung eines Nahaufklärers zur Unterstützung der Heeresverbände. Unter Verwendung des flüssigkeitsgekühlten Daimler-Benz-Motors DB 600 sollten neben je zwei Versuchsflugzeugen eine Nullserie von sieben Stück gebaut werden. Das RLM legte als spätesten Flugklartermin den Dezember 1936 fest. Als die Hs 122V-3 gerade ihren Erstflug absolvierte, begannen die Henschel-Konstrukteure bereits mit den Arbeiten für das Nachfolgemuster Hs 126.
Am Jahresende 1936 wurden die ersten beiden A-0 zur bevorzugten Erprobung und zur Überprüfung durch die E-Stelle bestimmt und erhielten die Bezeichnungen V-3 bzw. V-4. Hier zusammengefasst die Daten für die V-1 bis V-4:

Versuchsflugzeuge	V-1	V-2	V-3	V-4
Beginn der Projektarbeiten	28.03.1935			
Besichtigung der Attrappe	06.03.1936, unter Verwendung der Hs 122 V-2			
Beginn der Konstruktion	15.01.1936			
Werk-Nr.	867	868	126 3001	126 3002
Triebwerk	DB 600 C		Bramo 323 A	
Baubeginn	16.02.1936	14.06.1936	1936	1936
erster Flug	13.12.1936	April 1937	November 1937	April 1938
Kennzeichen	-	D-UJER	D-OECY	D-OAAF*

**Das Kennzeichen der V-4 wurde später in D-IVHB geändert.*

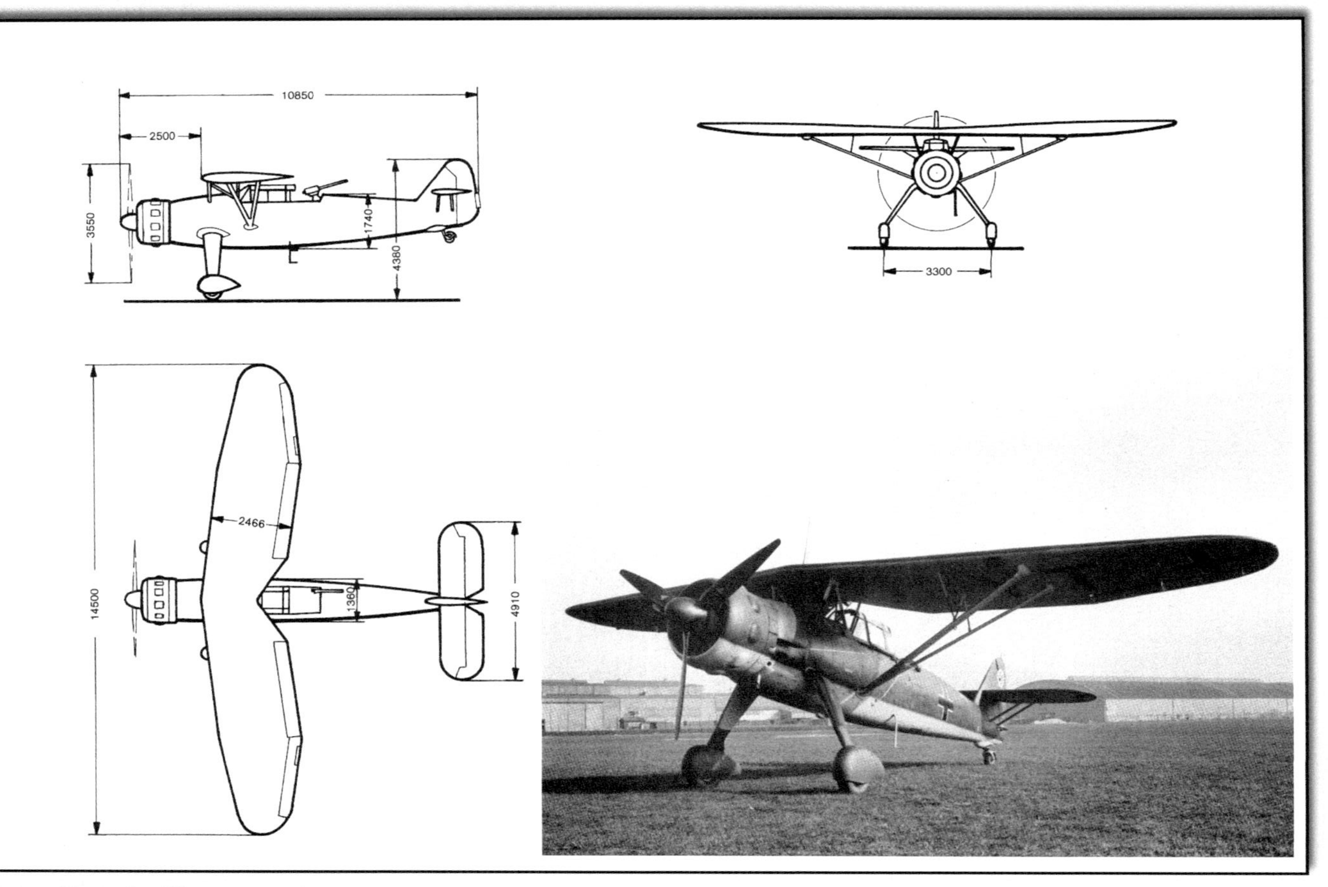

Datenblatt der Hs 126

Ansicht der Hs 126V-2 D-UJER

Einflieger posieren vor einer Hs 126

Hs 126V-3 D-OECY mit Bramo 323

Zwei 50-kg-Bomben unter der rechten Tragfläche einer Hs 126

Rumpfbau Hs 126 in Johannisthal

Flächenbau Hs 126 in Johannisthal

Eine Hs 126 wird in Johannisthal zum Flug vorbereitet

Hs 126 vor der Halle in Johannisthal

Hs 126 im Flug

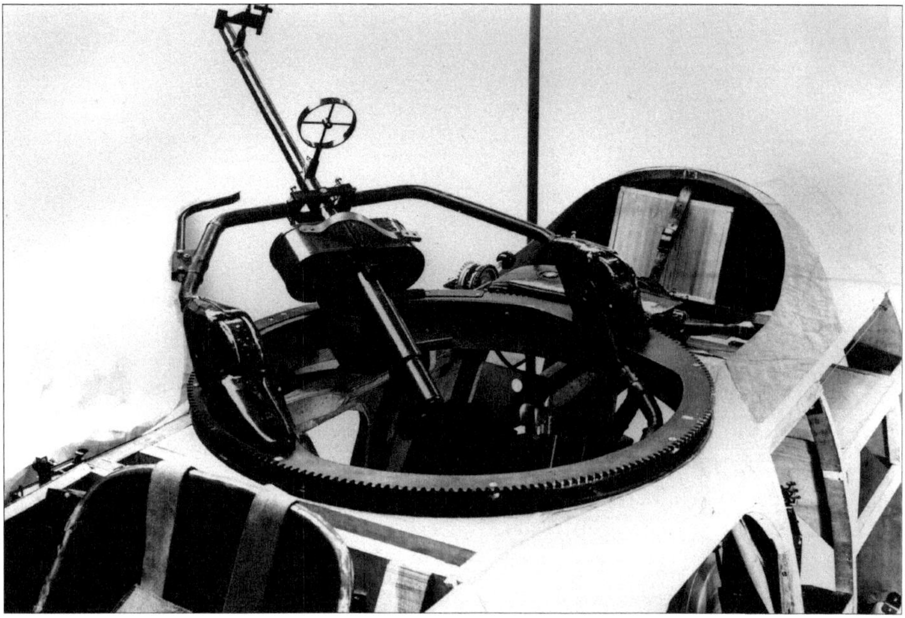

Das im Drehkranz gelagerte MG des Beobachters in der Hs 126

Ablieferbereite Hs 126 1938

Startende Hs 126

Am 30. März 1937 kam es mit der Hs 126 V-1 in 2400 Meter Höhe zum Absturz, die Werkpiloten Kaempf und König konnten sich durch Absprung retten. Im April begann mit der V-2 die Flugerprobung, die V-3 kam im November zur Triebwerkserprobung nach Rechlin. Motorschwierigkeiten verzögerten die ersten Werkflüge der V-4. Die V-3 wurde am 24. September an das ZA Schwerin abgeliefert, die V-2 schließlich 1941 verschrottet.

Serienbau

Im März 1937 erfolgte ein Vorbescheid durch das RLM, im Lieferplan Nr. 4 wurde der Reihenbau von 40 Maschinen gefordert. Die ersten zwei Flugzeuge sollten im November geliefert werden. In den Lieferplänen vom April und Juni erfolgte die Erhöhung auf 95 und dann auf 188 Stück. Allerdings wurden die Termine nicht eingehalten, da die Fertigstellung der Vorrichtungen für den erhöhten Auftragsumfang und die dadurch notwendigen Umstellungen im Werk das ganze Jahr über andauerten. Im März 1938 wurden endlich drei Maschinen abgeliefert, im Mai waren die gesamte Nullserie und auch schon die ersten fünf A-1abgegeben worden. Der Lieferplan Nr. 8 vom 1. Juli forderte mit 418 Stück wieder eine enorme Steigerung, der die Zulieferer nicht sofort folgen konnten. Es kam zu Verzögerungen bei der Anlieferung von Motoren, Geräten und Armaturen sowie der Luftschrauben, begleitet von einem Umbau der FT-Anlage. Die mit einer neuen Luftschraube ausgestatteten Flugzeuge erhielten die Serienbezeichnung B-1.

In den AGO-Flugzeugwerken in Oschersleben wurde die Lizenzproduktion der Hs 126 vorbereitet, dabei gaben HFW-Techniker die notwendige Unterstützung. Hormel und Frydag besichtigten die Fertigungslinie in Oschersleben und bereits Anfang November erfolgten Austausche zwischen den HFW und AGO, um die Übereinstimmung der produzierten Hs 126 in den wichtigsten Parametern zu gewährleisten. Die Fertigung der Hs 126B endete dort im Mai 1941 mit der Auslieferung der letzten von insgesamt 380 Maschinen.
Am 13. März 1939 musste der Rechliner Pilot Stielau die Hs 126 mit der Werknummer 3260 bei Bohnsdorf notlanden.
Schlagartig setzte im September 1939 bei Kriegsbeginn eine gewaltige Erhöhung aller Planzahlen in der Luftfahrtindustrie ein, betroffen waren auch die HFW bei der 126-Fertigung. Im Lieferplan Nr. 15 vom 19. September 1939 wurden 1280 Flugzeuge gefordert, mit dem folgenden Plan wurde die Forderung allerdings wieder auf 741 Stück reduziert. Nach weiteren Korrekturen, meist diktiert durch den Kriegsverlauf und die dabei gemachten Erfahrungen, wurden bis zum Ende des Serienbaus 502 Hs 126 ausgeliefert. Die letzte Maschine verließ am 28. November 1940 die Taktstraße in Johannisthal.

Hs 126 in der Luftwaffe

Am 18. März 1938 statteten Angehörige der Aufklärungsgruppe 52 aus Cottbus zusammen mit Oberstleutnant Heintz von LC III/4 Schönefeld einen Besuch ab. Die dritte Staffel der Gruppe, später in Aufkl.Gr.(H)41 umbenannt und nach Reichenberg/Sudetenland verlegt, wurde ab November auf den neuen Henscheltyp umgerüstet. Bereits am 24. Februar war die Werk-Nr. 3007 zu Unterrichtszwecken zur Lehrgruppe der Aufklärungsfliegerschule Jüterbog geflogen worden. Dort zeigte Henschel-Chefpilot Kaempf in einer Flugdemonstration die fliegerischen Qualitäten des neuen Musters.
Aus den Beständen der Luftwaffe wurden noch 1938 sechs Hs 126 an die Aufklärungsgruppe A/88 der Legion Condor überstellt, um in der letzten Bürgerkriegsphase die alten He 45 zu ersetzen. Ihr Aufgabenbereich umfasste Gefechtsfeldaufklärung, Anfertigung von Bildskizzen und das Artillerieeinschießen. Im Rumpfschacht war Platz für zehn 10-kg-Bomben, eine 50-kg-Bombe oder ein Nebelgerät ließen sich an der linken Fahrwerksstrebe anbringen. Es war die erste Berührung der Hs 126 mit einem bewaffneten Gegner.
Am 1. Juni 1939 betrug die Anzahl der ausgelieferten Hs 126 bereits 242 Stück. Bei Kriegsbeginn befanden sich die Henschel-Nahaufklärer in den meisten Staffeln der Aufklärungsgruppen. Da die Luftwaffe in

kürzester Zeit die Luftherrschaft über Polen errungen hatte, wurden die Hs 126 praktisch nur noch zur Unterstützung der Heeresoperationen eingesetzt. Allerdings waren die Verluste der Aufklärer dabei recht hoch. Am 10. September 1939 kam die erste Hs 126 aus Polen zur Reparatur ins Werk. Um den Schutz der Besatzung gegen Bodenfeuer zu verbessern, wurden Panzerplatten in die Henschel eingebaut.

Vor dem Angriff auf Dänemark und Norwegen befanden sich im April 1940 neun einsatzbereite Hs 126B unter Hauptmann Jäger in der Staffel 2./(H)10 in Flensburg. Nach der Einnahme des Flugplatzes Fornebu bei Oslo wurden die Nahaufklärer dort stationiert. Mit der Besetzung Hollands, Belgiens und Frankreichs durch die deutsche Wehrmacht gab es eine rege Aufklärungstätigkeit auf beiden Seiten der Front, also auch viele Einsätze der Hs 126. Vor Beginn des Norwegenunternehmens gingen bereits 67 Nahaufklärer aller Typen verloren und von diesem Zeitpunkt bis zur Kapitulation Frankreichs am 22. Juni 1940 stieg die Zahl auf 329, das waren 8,6 Prozent der Gesamtverluste.

Am 28. Oktober 1940 begannen italienische Truppen mit ihren Kampfhandlungen auf dem Balkan. Schon am ersten Kriegstag wurde eine griechische Hs 126 durch italienische Fiat CR 42 bei Darda abgeschossen, zwei weitere Hs 126 kurze Zeit danach. Am 6. Januar 1941 fiel die Hs 126 „Sigma 33“ dem Boden-Abwehrfeuer zum Opfer, doch nach italienischen Anfangserfolgen traten die Griechen zum Gegenangriff an. Um eine Niederlage des Verbündeten abzuwenden, ordnete Hitler in seiner Weisung Nr. 18 vom 20. November 1940 die deutsche Hilfe für Italien an. Ab 6. April 1941 kämpften deutsche Truppen auf dem Balkan gegen Griechenland und Jugoslawien. Im Gegenzug landete England 58 000 Mann in Griechenland. Doch die Zeit der Hs 126 in der ersten Linie war abgelaufen. Da die Nahaufklärung in zunehmendem Maße von der Focke-Wulf Fw 189 übernommen wurde, suchte man ein neues Einsatzgebiet für die Hs 126. Ab Mai 1940 erhielten verschiedene Flugzeuge Verstärkungen und Einrichtungen für den Flugzeugschlepp. Mit einer solchen Vorrichtung wurde die Hs 126 zu einer Schleppmaschine für den Zehn-Mann-Lastensegler DFS 230. Ab Frühjahr 1942 gehörte sie in wechselnder Folge zu Staffeln der LLG 1 und 2 bzw. der besonderen LS-Kommandos. Die Schleppzüge Hs 126 / DFS 230 waren an Einsätzen auf den verschiedensten Kriegsschauplätzen auf dem Balkan, in Nordafrika, an der Ostfront und in Italien beteiligt.

Ab Januar 1941 wurden 50 Hs 126 für den Einsatz in Nordafrika tropenfest umgebaut, d. h. mit größeren Kühlern, Luftfiltern und Abdeckplanen für die Motoren gegen das Eindringen von Sand und mit einer Tropenausrüstung ausgestattet.

Am Angriff auf die Sowjetunion waren schließlich auch die Aufklärer Hs 126 beteiligt. Eingesetzt wurden acht Staffeln der Aufklärungsgruppen der Luftflotte 1 mit 60 Flugzeugen, siebzehn Staffeln der Luftflotte 2 mit 122 Flugzeugen und eine Staffel (9./LG 2) mit acht Flugzeugen, 16 Staffeln der Luftflotte 4 mit 145 Flugzeugen sowie die 1./Aufkl.Gr.32 der Luftflotte 5 mit sieben Flugzeugen. Im April 1944 verfügte das RLM, dass ab sofort das Baumuster Hs 126 nicht mehr repariert, die in Arbeit befindlichen Maschinen aber fertig gestellt werden sollten. Im Winter 1941/42 wurden Schleppflüge mit DFS-Lastenseglern an der Ostfront, z. B. im Gelände von Borowsk durchgeführt, wobei mehrere Flugzeuge in sowjetische Hände fielen. Die Hs 126B-1, Werknummer 3156, Kennzeichen 6A + NL, landete von der Ostfront kommend, in Herrvik (Gotland) und erhielt dort das schwedische Kennzeichen SE-AOG.

Hs 127 – Schnellbomber

Beschreibung

Der leichte Schnellbomber war aus Leichtmetall und als freitragender Tiefdecker in Schalenbauweise konstruiert. Die Querruder wurden über Gestänge, die Landeklappen elektrisch betätigt. Angetrieben wurde die Maschine von zwei DB 600C mit je 880 PS (647 kW), zum Vortrieb dienten Dreiblatt-Verstell-Luftschrauben von VDM. In zwei internen Schächten konnte die Hs 127 maximal 1500 kg Bomben mit sich führen. Bei der Entwicklung griffen die Konstrukteure auf die Erfahrungen mit der Hs 124 zurück, dem ersten zweimotorigen glücklosen Entwurf aus dem Konstruktionsbüro der HFW. Drei Versuchsflugzeuge wurden gebaut, die V-2 wurde in Travemünde bei Bruchversuchen zerstört. Die Hs 127 ging jedoch wie ihre Konkurrentin Messerschmitt Bf 162 nicht in die Serienfertigung, das Rennen machte die Junkers Ju 88.

Die in der folgenden Tabelle enthaltenen Angaben beziehen sich auf die Hs 127V-2.

Abmessungen und Massen		Leistungsangaben	
Spannweite	18,00 m	Höchstgeschwindigkeit	570 km/h
Länge	11,23 m	Marschgeschwindigkeit	478 km/h
Höhe	4,38 m	praktische Reichweite	1400 km
Tragflächeninhalt	39,00 m²	Dienstgipfelhöhe	9200 m
Leermasse	6700 kg	Leistungsbelastung	4,60 kg/PS
Startmasse	8000 kg	Flächenbelastung	205 kg/m²

Die Vorgeschichte

Ausgehend von der Konzeption der Luftwaffenführung zur Schaffung einer Bomberflotte wurde ein leichtbewaffnetes zweimotoriges Kampfflugzeug gefordert, dessen Stärke vor allem in der Schnelligkeit liegen sollte. Im Jahre 1935 nahm der Gedanke greifbare Formen an, mit diesem Flugzeug die Aufgaben eines Bombers im künftigen Luftkrieg neben den herkömmlichen Typen relativ leicht bewältigen zu können.
Im Flugzeugentwicklungsprogramm vom 1. April 1936 wurden an vier Hersteller die folgenden Aufgabenstellungen für zu entwickelnde Schnellbomber vorgegeben, wobei von jedem Typ mindestens zwei Versuchsflugzeuge gebaut werden sollten:

- Messerschmitt Bf 162
- Junkers Ju 88
- **Henschel Hs 127**
- Dornier Do 17

Die Termine für die Einsatzerprobung lagen für alle Muster zwischen Oktober 1936 und Oktober 1937. Alle Versuchsflugzeuge sollten von dem Motor DB 600 C angetrieben werden.
In der Folgezeit wurden mehrfach die Motorisierung und auch die Stückzahlen sowohl bei den V-Mustern als auch bei der Null-Serie geändert.

Hs 127 bei der Werkserprobung in Schönefeld

Datenblatt der Hs 127

Die Versuchsflugzeuge

Bei den HFW wurden insgesamt drei Versuchsmuster der Hs 127 gebaut. Einige Daten und Angaben zu den Versuchsflugzeugen sind der folgenden Tabelle zu entnehmen.

Versuchsflugzeuge	V-1	V-2	V-3
Werk-Nr.	744	745	746
Triebwerk	DB 600C		
Baubeginn	04.10.1936	22.11.1936	22.11.1936
vom RLM geforderte Flugklartermine	01.05.1937	15.06.1937	01.08.1937
erster Flug	17.09.1937	Juli 1938	07.09.1939

Obwohl im Lieferprogramm Nr. 4 des RLM vom 1. November 1936 eine Stückzahl von 17 Flugzeugen Hs 127 vorgesehen war, rechnete HFW bereits mit einer Absetzung des Serienbaus. Während die Bf 162V-1 bereits seit dem 26. Februar 1937 flog und die Ju 88V-1 mit DB 600 sogar schon seit dem 21. Dezember 1936, verzögerten sich fortwährend die Flugklartermine bei Henschel. Enttäuschend für die HFW war dann doch die Mitteilung des RLM, dass die Serienfertigung der Hs 127 offiziell gestrichen wurde und nur noch Musterprüfungen stattfinden würden. Das Konzept des Schnellbombers wurde von der eines Horizontal- und Sturzkampfflugzeugs abgelöst; die Junkers Ju 88 wurde in Großserie aufgelegt – dann auch bei den HFW in Schönefeld in Lizenz gefertigt.

Die Hs 127V-1 musste im Winter 1937/38 den Flugbetrieb unterbrechen, weil ihre Zelle einer Verstärkung bedurfte. Erst ab Juni konnte wieder geflogen werden. Die V-2 hatte im Juli 1938 ihre Erprobung aufgenommen, wozu auch Kühlerversuche gehörten. Am 12. September kam es zu einer Notlandung, die Wiederinstandsetzung sollte mit einer verbesserten Kühlerkonstruktion verbunden werden. Die erforderlichen Änderungen wurden dann an allen drei Flugzeugen vorgenommen. Am 23. Februar 1939 wurden diese auf Weisung des RLM stillgelegt. Im August erging die Anordnung, die V-1 und V-3 zur Übergabe an Rechlin vorzubereiten, am 7. September 1939 erfolgte der Überflug. Die V-2 hingegen machte man für den Bahntransport fertig und sandte ihre Zelle am 20. September nach Unterlüß zur Firma Rheinmetall-Borsig. Ihre vorher ausgebaute Ausrüstung wurde am 29. September an das ZA Kölleda geliefert. Das war das Ende eines Flugzeugtyps, von dem sich die Henschel-Konstrukteure doch einiges versprochen hatten.

Hs 128 – Höhenforschungsflugzeug

Beschreibung

Die HFW entwarfen ihre dritte zweimotorige Konstruktion als Ganzmetall-Tiefdecker mit festem Fahrwerk, wobei die Hauptfahrwerke aerodynamisch verkleidet waren. Der Rumpfquerschnitt war kreisförmig, ansonsten lehnte sich die Auslegung an die Hs 124 bzw. Hs 127 an. Die Tragflächen hatten eine geringe V-Stellung und waren an der Vorderkante leicht gepfeilt, die Tragflächenenden abgerundet und das Leitwerk konventionell ausgebildet. Die Besonderheit der Hs 128 bestand in einer so genannten Höhenkammer, die es ermöglichte, bis zu 17 000 Meter ohne Druckanzug oder Atemhilfe aufzusteigen. Es wurden nur zwei Exemplare gebaut, die sich hauptsächlich in der Motorisierung unterschieden. Die V-1 wurde von zwei Daimler Benz-Motoren DB 601, die eine Startleistung von je 950 PS (699 kW) abgaben, in Verbindung mit einem Abgasturbolader TK 9 angetrieben. Für die V-2 waren dagegen zwei Jumo 210G mit dem Turbolader TK 16 als Antrieb vorgesehen. Beide Flugzeuge hatten Vierblatt-Verstell-Luftschrauben.

Die in der folgenden Tabelle enthaltenen Angaben beziehen sich auf die Hs 128V-1 und wurden aus verschiedenen Quellen zusammen gestellt.

Abmessungen und Massen		**Leistungsangaben**	
Spannweite	**26,02 m**	**Höchstgeschwindigkeit**	**450 km/h**
Länge	**14,77 m**	**theoretische Gipfelhöhe**	**16 800 m**
Höhe	**5,51 m**	**praktische Reichweite**	**2500 km**
Tragflächeninhalt	**72,83 m²**	**Flächenleistung**	**26,1 PS/m²**
Leermasse	**6680 kg**	**Leistungsbelastung**	**5,39 kg/PS**
Startmasse	**10 250 kg**	**Flächenbelastung**	**140 kg/m²**

Die Vorgeschichte

Bereits seit Ende der 1920er Jahre befasste man sich in Deutschland mit der Entwicklung eines steuerbaren Fluggeräts, welches in großen Höhen operieren sollte. Im Auftrag der DVL wurde in den Junkers-Flugzeugwerken in Dessau dazu die Ju 49 entwickelt und ausgiebig erprobt. Ein Pionier dieser Forschungsarbeit war Professor Dr.-Ing. Asmus Hansen, der sich als technischer Leiter der Flugstelle des Preußischen Aeronautischen Observatoriums in Lindenberg besonders mit meteorologischen Höhenaufstiegen beschäftigte. Ab 1928 Mitarbeiter

Datenblatt der Hs 128

der DVL, war er u. a. an der Erprobung der Ju 49 federführend beteiligt. Obwohl mit diesem Flugzeug Höhen bis zu 12 500 Meter erflogen wurden und deren Überdruck-Höhenkammer sich dabei bewährte, entsprachen die Erprobungsergebnisse doch nicht den Erwartungen. In einem Vortrag vor den Mitgliedern der Deutschen Akademie der Luftfahrtforschung im Oktober 1937 unterbreitete Hansen das Projekt eines zweimotorigen Höhenversuchsflugzeugs und regte den Bau von zwei Erprobungsexemplaren an.
Bereits 1936 hatte das RLM in einem Vorbescheid an die HFW den Auftrag zur Konzipierung eines viermotorigen Fernbombers mit der voraussichtlichen Typennummer 128 – das Projekt Hs P.26 – erteilt. Die Arbeiten daran wurden im Januar 1937 eingestellt und das Projekt gestrichen. Dafür wurde das Projekt Hs P.30, ein Flugzeug als Versuchsträger für Höhenmotoren, in Angriff genommen. Vermittler zwischen dem RLM und den HFW war die DVL, die später auch die beiden Versuchsflugzeuge Hs 128 übernahm.

Konstruktion und Bau

Im Juli 1937, als die Aussicht auf eine Auftragserteilung durch das RLM erkennbar wurde, begannen Chefkonstrukteur Nicolaus und sein Team in enger Zusammenarbeit mit der DVL die Detailkonstruktion des nun offiziell Hs 128 genannten Flugzeugs. Während die Auslegung der Zelle und des Flugwerks in erster Linie Aufgabe der HFW war, leistete die DVL ihren Beitrag u. a. bei der Gestaltung der Höhenkammer, der Instrumentierung, sowie der Druckregelanlage, der Beheizung und der Verglasung der Besatzungskabine. Im Februar 1938 wurde durch Vertreter des RLM, der DVL und der DLH die erste Attrappe besichtigt. Dabei wurde bekannt, dass sich auch die Hansa-Luftbild für ein höhentaugliches Flugzeug interessierte. Erst im April 1938 kam vom RLM die offizielle Bestellung für die Hs 128 zu einem Gesamtpreis von rund 1,2 Millionen RM.
Obwohl bei den technischen Forderungen in erster Linie die Höhenleistung und nicht die Geschwindigkeit eine Rolle spielte, legten die Konstrukteure großen Wert auf die äußere Gestaltung des Flugzeugs. Die zweimotorige Auslegung zog gegenüber der einmotorigen eine Vielzahl zusätzlicher Einbauten sowie die Unterbringung von Leitungen, Kühlern u. a. Zubehör nach sich, die ausgeführt werden mussten ohne den statischen Aufbau zu stören oder die optimale aerodynamische Formgebung negativ zu beeinflussen. Dafür sorgte u. a. der Einbau der Motoren vor dem Tragflügel, der Ladelufteintritt im Staupunkt der Flügelnase, die Unterbringung des Abgasturboladers im hinteren Teil des Flügels und der Abgasaustritt in Höhe der Flügelhinterkante.

Die Ölkühler wurden als Bauchkühler unmittelbar an den Motoren angebracht und die Wasser- sowie die Ladeluftleitungen sorgfältig auf geringste Strömungsverluste ausgebildet.
Am 11. April 1939 startete die Hs 128V-1 zum ersten Mal. Werkspilot Hans-Wilhelm Kaempf flog Ende Juni die Maschine nach Rechlin, wo sie am 3. Juli Hitler mit seinem Gefolge aus Vertretern des Militärs und der Industrie vorgestellt wurde. Bereits während des Baus der ersten Hs 128 mahnte das RLM eine Weiterentwicklung der Maschine zu einem Höhenaufklärer für eine Drei-Mann-Besatzung an. Im Oktober 1938 begannen darüber die Verhandlungen mit den HFW, die schließlich zum Bau der Hs 130 führten.
Die Konstruktionsarbeiten an der Hs 128V-2 waren zeitweilig ins Stocken geraten, da das Projekt Hs P.40, das Schlachtflugzeug Hs 129, am Vorabend des Krieges höchste Dringlichkeit erhalten hatte. Im August 1939 war die V-2 endlich fertig gestellt, erhielt aber ebenso wie die V-1 als Antrieb zwei DB 601, da die Entwicklung des Höhenladers TK 16 inzwischen gestrichen worden war. Dadurch verzögert sich der Flugklartermin weiter und erst am 20. März 1940 startete die Maschine mit der Kennung D-APXN und der Werknummer 128 3002 zu ihrem ersten Flug. Nach Abschluss der Werkserprobung wurde die V-1 am 8. März an die DVL übergeben, die V-2 folgt am 7. Mai. Die Gesamtkosten für die Entwicklung und den Bau der beiden Versuchsflugzeuge hatten mehr als vier Millionen Reichsmark betragen.

Die Höhenkammer

Der Höhenflug mit Atmungsgeräten wurde zu jener Zeit bereits gut beherrscht, aber es lag auch die Erkenntnis vor, dass in Höhen über 12 000 Meter die Sauerstoffatmung allein den Piloten nicht mehr vor den Höhenwirkungen schützen konnte. Druckanzüge ermöglichten zwar das Überleben in diesen Höhen, behinderten jedoch die Steuerung des Flugzeugs und die Kampfmanöver des Piloten erheblich. Deshalb kam es zur Forderung nach einer Druckkabine. Die DVL hatte zur Erforschung und Bearbeitung aller Fragen des Höhenflugs schon 1926 eine „Höhenflugstelle" eingerichtet.
Bereits in der Ju 49, die ab Oktober 1931 Höhen-Versuchsflüge durchführte, war die Besatzung in einer doppelwandigen Druckkammer untergebracht. Diesem Prinzip folgend entwickelte die DVL die Höhenkammer für die Hs 128. Sie war als so genannte Doppelhautkammer ausgeführt, d. h. um die Druckkammer wurde in geringem Abstand eine zweite „Haut" gelegt. Im Zwischenraum zirkulierte von den Motoren abgezapfte Warmluft, die ein Beschlagen der Scheiben

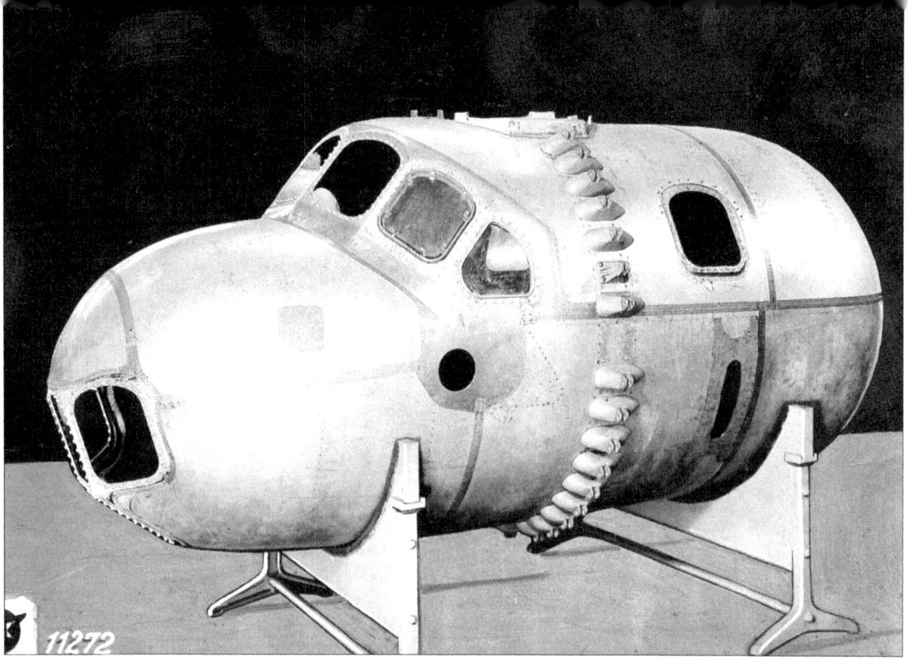

Die Höhenkammer der Hs 128 und der Blick aus der Kanzel der Hs 128

Hitler bei der Besichtigung der Höhenkammer der Hs 128 am 3. Juli 1939 in Rechlin

verhindern sollte. In der Kabine selbst wurde ein Druck, der der Flughöhe von 2500 Meter entsprach, bis etwa 17 000 Meter konstant gehalten. Die Gestaltung der Höhenkammer war rechnerisch sowie in Modell- und Belastungsversuchen ermittelt und weitgehend festgelegt worden. Dabei waren Fragen der Festigkeit der Kammer und deren Verglasung, der Belüftung und Beheizung, der Isolation und druckdichten Durchführung der Versorgungsleitungen und Steuergestänge zu klären gewesen. Bereits am 8. April 1938 konnte die Attrappe den Auftraggebern vorgestellt werden. Ende des Jahres waren die nötigen Versuche damit erfolgreich abgeschlossen. Im August 1939 erreichte die Hs 128V-1, noch ohne Höhenmotoren, bereits eine Flughöhe von 9500 Meter. Die Erkenntnisse aus der Erprobung der Höhenkammer flossen später in solche Entwicklungen wie Henschel Hs 130, Junkers Ju 86P und Arado Ar 240 ein.

Hs 129 – Schlachtflugzeug

Beschreibung

Die Hs 129 wurde im Auftrag des RLM als Spezialflugzeug zur Erdkampfunterstützung entwickelt. Die Forderungen nach kleinen Abmessungen, starker Panzerung, schwerer Bewaffnung und zugunsten der Beschussunempfindlichkeit zweimotorig, wurden nahezu ideal mit dem Entwurf erfüllt. Der freitragende Tiefdecker besaß einen dreiteiligen, zweiholmigen Ganzmetallflügel, das Mittelteil mit den Motorträgern war fest mit dem Rumpf verbunden. Die Außenteile der Flügelhinterkante wirkten als Querruder und die Innenteile als hydraulisch betätigte Landeklappen. Der Ganzmetallrumpf hatte einen

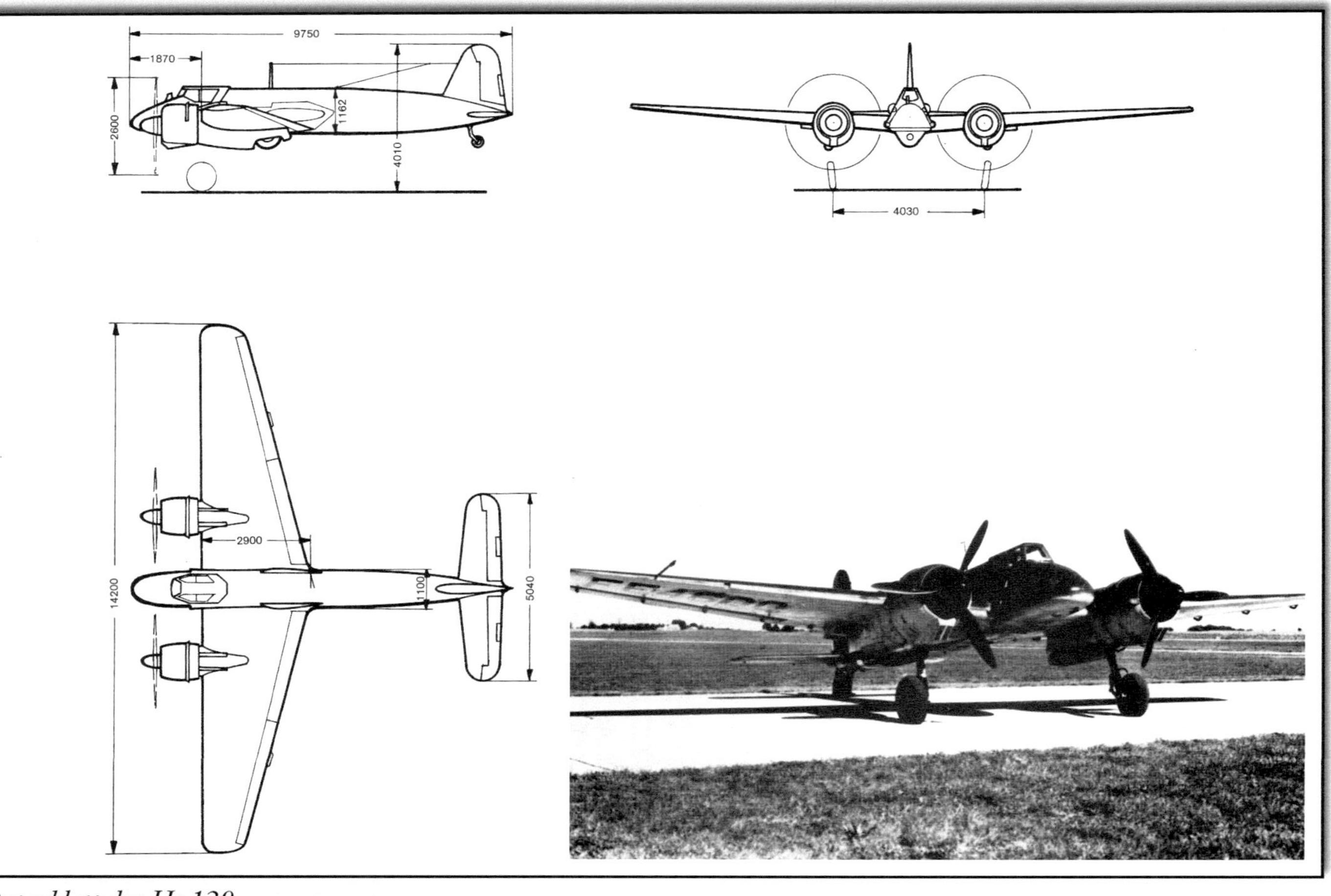

Datenblatt der Hs 129

trapezförmigen Querschnitt, das Vorderteil war komplett als gepanzerte Kabine ausgebildet. Das Mittelteil des Rumpfes war durch Fachwerkverbände versteift und das hintere Teil eine Leichtmetallschale. Das freitragende Leitwerk war einschließlich der Ruder aus Ganzmetall, von den aerodynamisch und statisch ausgeglichenen Rudern besaß das Seitenruder eine elektrisch verstellbare Trimmklappe, während die Höhenflosse am Boden einstellbar war. Die ölgedämpften Einzel-Hauptfahrwerksbeine wurden hydraulisch nach hinten und teilweise in die Motorgondeln eingezogen. Die Räder wurden hydraulisch gebremst, das Spornrad war nach allen Seiten drehbar und wurde

Betankung einer Hs 129

Hs 129 bereit zum Flug

durch Federwirkung in der Mittelstellung gehalten. Waren in den Versuchsflugzeugen noch zwei Argus As 410A, luftgekühlte Zwölf-Zylinder-Motoren mit je 465 PS (342 kW) Startleistung, eingebaut, erhielten die Serienflugzeuge Hs 129B die leistungsstärkeren Motoren Gnôme-Rhône 14M, die elektrisch betätigte Dreiblatt-Verstell-Luftschrauben antrieben und 700 PS (515 kW) Startleistung abgaben. Das einsitzige Flugzeug hatte eine umfangreiche und variable militärische Ausrüstung. Alle Rohrwaffen – vom 7,9-mm-MG bis zur 75-mm-Bordkanone – feuerten starr nach vorn, die beiden Bombenschlösser konnten bis 100 kg Außenlasten tragen. Eine Robot-Kamera mit 60 Aufnahmen sowie eine FT-Anlage vervollständigten die Ausstattung.

Die folgenden Angaben beziehen sich auf die Version Hs 129B.

Abmessungen und Massen		**Leistungsangaben**	
Spannweite	**26,02 m**	**Höchstgeschwindigkeit**	**450 km/h**
Länge	**14,77 m**	**theoretische Gipfelhöhe**	**16 800 m**
Höhe	**5,51 m**	**praktische Reichweite**	**2500 km**
Tragflächeninhalt	**72,83 m²**	**Flächenleistung**	**26,1 PS/m²**
Leermasse	**6680 kg**	**Leistungsbelastung**	**5,39 kg/PS**
Startmasse	**10 250 kg**	**Flächenbelastung**	**140 kg/m²**

Pilot Horst Petersdorff, tödlich verunglückt am 5. Januar 1940 bei Fürstenwalde während eines Werksflugs mit der Hs 129V-2

Werkspilot Friedrich Stahl, tödlich verunglückt am 10. März 1943 mit einer Hs 129 in Johannisthal

Die HS 129 beim Start

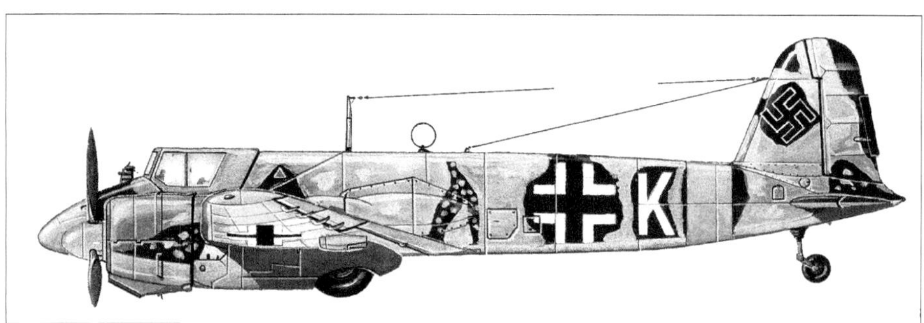

Wintertarnung der Hs 129. Farbige Darstellung auf Seite 4

Die Vorgeschichte

Bereits 1935 begannen im RLM die Überlegungen zur Beschaffung eines gepanzerten Tiefangriffsflugzeugs für die Heeresunterstützung. Nach diversen Besprechungen zu diesem Projekt mit militärischen Experten, Vertretern von Flugzeugwerken und dem Technischen Amt des RLM erging im Januar 1938 ein Entwicklungsauftrag an Focke-Wulf und an die HFW. Focke-Wulf entwarf daraufhin die zweimotorige Fw 189, während im Konstruktionsbüro in Schönefeld das Projekt Hs P.46, die spätere Hs 129, favorisiert wurde. Der Vorbescheid des RLM an die HFW umfasste drei Versuchsflugzeuge, eine Bruchzelle und eine Nullserie von 23 Flugzeugen.

Die Besichtigungen der Attrappen durch das RLM und die E-Stelle Rechlin wie auch die Besprechungen zur Konstruktion begannen im März 1938 und erstreckten sich über das ganze Jahr. Sie führten zur endgültigen Festlegung der Bauart als zweimotoriger, einsitziger Tiefdecker. Als Termin für den Baubeginn war der November des gleichen Jahres festgesetzt. Im Januar 1939 wurden alle Bauunterlagen termingerecht abgeliefert und daraufhin 23 Flugzeuge der Nullserie vom RLM bestellt.

Die Versuchsflugzeuge

Die Bauarbeiten kamen zügig voran, so dass die V-1 Anfang April nahezu fertig gestellt war. Da jedoch die zum Einbau in die Versuchsflugzeuge vorgesehenen Argus-Motoren verspätet eintrafen, konnte die Maschine ihren ersten Werkflug erst am 26. Mai 1939 absolvieren. Die Maschine erhielt zunächst das Kennzeichen D-ONUD, welches später in TF + AM umgewandelt wurde. Während der sich anschließenden Erprobung kam es am 24. Juni wegen Bruchs der linken Verstell-Luftschraube auf dem Werksflugplatz zu einer Notlandung. Es gelang die Reparatur zu beschleunigen, sodass Chefpilot Kaempf eine Woche später mit dem Flugzeug in Rechlin an der Vorführung neuer Waffen und Geräte teilnehmen konnte. Die V-1 lag danach im Werk still und wurde nach dem Einbau der Bomben-Abwurfgeräte und dem Umbau der Führerraumpanzerung am 31. Juli 1940 zur E-Stelle Rechlin überführt.
Der erste Flug der V-2 fand zwei Monate nach dem Plan statt, die Maschine stürzte am 5. Januar 1940 bei Fürstenwalde ab, der Pilot Horst Petersdorff kam dabei ums Leben.

In der Tabelle zusammengefasst sind einige Angaben zu den drei Versuchsflugzeugen.

Versuchsflugzeuge	V-1	V-2	V-3
Werk-Nr.	129 3001	129 3002	129 3003
Triebwerk	2 x As 410		
erster Flug	26.05.1939	30.11.1939	02.04.1940
Kennzeichen	D-ONUD dann TF+AM	TF-AN	TF-AO

Serienbau

Der Bau der Serie A-0, inzwischen auf zwölf Flugzeuge reduziert, begann im November 1939, der erste Flug der Werknummer 3004 fand im August 1940 statt. Ursprünglich sollten alle Maschinen bis November 1940 ausgeliefert werden. Doch Probleme mit den Vergasern der Argus-Triebwerke und nachträgliche Änderungswünsche der E-Stelle führten zu erheblichen Verzögerungen. Bis zum Jahresende wurden nur fünf Maschinen an die Schlachtfliegergruppe von Major Otto Weiß in Braunschweig-Waggum zur Truppenerprobung ausgeliefert.

Es fanden Besichtigungen der Hs 129 durch die Inspektion 3 des Heereswaffenamts statt. Vor Vertretern des Technischen Amts, der E-Stelle und der Schlachtgruppe wurde die Maschine vorgeflogen. Leider stürzte am 16. Dezember der Rechliner Flugzeugführer Hermann Balke mit der Werk-Nr. 3009 bei der Truppeneinweisung tödlich ab.

Bei den Erprobungen wurde immer wieder festgestellt, dass die Hs 129 mit den Argus-Triebwerken untermotorisiert war. Nach der Kapitulation Frankreichs wurde die französische Luftfahrtindustrie unter den deutschen Unternehmen aufgeteilt. Dadurch standen u. a. Flugmotoren in ausreichender Anzahl zur Verfügung, die für den Einbau in die Hs 129 geeignet waren und das RLM entschied, dass der erbeutete leistungsfähige französische Doppelsternmotor Gnôme & Rhône M 14 in die Serie A-1 einzubauen sei, nachdem dessen Weiterbau unter Kontrolle der Besatzungsmacht gesichert war. Im September 1940 verlief die Einbauuntersuchung in die hierfür vorgesehene V-3 Erfolg versprechend. Die 16 Maschinen der Vorserie A-1, deren Bau schon angelaufen war, die sich aber nun mit dem neuen französischen Triebwerk grundsätzlich vom Vorläufermuster A-0 unterschieden, erhielten die Bezeichnung B-0. Am 19. März 1941 erfolgte der erste Flug des in V-3/U1 umbenannten Versuchsflugzeugs mit dem veränderten Antrieb und es begann die umfassende Werkserprobung. Bereits im Juli startete die erste Hs 129B-0 mit der Werknummer 0016 und wurde zur Musterprüfung an die E-Stelle in Rechlin übergeben. Die Werknummer 0018 wurde im September an Braunschweig ausgeliefert und im gleichen Monat die Attrappe der B-1-Ausführung vorgestellt, von der 50 Flugzeuge entstanden. Die Lieferpläne sahen mit hoher Dringlichkeit eine Erhöhung auf 250 Flugzeuge vor. Nach dem Angriff auf die Sowjetunion wurden die Forderungen nach einem kampfstarken Erdangriffsflugzeug immer dringlicher und nachdem sich die Leistungen der Focke-Wulf Fw 189 als für ein Schlachtflugzeug zu gering erwiesen hatten, leiteten die HFW mit der Hs 129 die umfangreichste Serienproduktion eines ihrer eigenen Flugzeuge ein. Es folgte die Version B-

2, die mit mehr als 1200 Exemplaren an die Truppe ausgeliefert wurde. Als so genannte Panzerjäger wurden noch 50 Flugzeuge in der Ausführung B-3 gebaut. Eine Serie C-1, welche die B-2 Anfang 1944 ablösen sollte, ging in die Erprobung, wurde aber aufgrund der Kriegsentwicklung abgesetzt. Insgesamt liefen 1275 Flugzeuge aller Serien vom Band.

Die Hs 129 an der Front

Ab Januar 1942 erfolgte die Aufstellung des Schlachtgeschwader 1 mit zwei Gruppen an den Standorten Werl und Lippstadt, die Zuführung von Hs 129 zur Luftwaffe begann. Anfang Mai verlegten die einsatzbereiten Teile des Geschwaders in den Südabschnitt der Ostfront. In der zweiten Maihälfte wurde das Geschwader beim Unternehmen „Kertsch" mit insgesamt 1467 Feindflügen zur unmittelbaren Heeresunterstützung eingesetzt, die Hs 129 waren daran mit 180 Einsätzen beteiligt. Im Juni wurden die Flugzeuge, erstmals mit Bordkanonen MK 101 ausgerüstet, zur Panzerbekämpfung verwendet. Im September wurde die I. Gruppe des Schlachtgeschwader 2 in Deblin um eine Panzerjägerstaffel mit Hs 129 ergänzt und am 17. Dezember erfolgte die Neustrukturierung der Schlachtgeschwader mit einheitlichen Gruppen von je drei Staffeln Fw 190 und einer Staffel Hs 129. Nach Einsätzen in Nordafrika zur Unterstützung der Abwehrkämpfe und Rückzugsgefechte des Afrikakorps wurden die Panzerjägerstaffeln nach Übernahme neuer Hs 129 nach Berlin-Staaken für den Einsatz an der Ostfront beordert. Ende 1942 wurde in Rechlin ein „Versuchskommando für Panzerbekämpfung" aufgestellt und im April 1943 ebenfalls an die Ostfront verlegt. In den E-Stellen Rechlin und Tarnewitz gab es umfangreiche Versuche zum Einbau immer schwererer Waffen in die Hs 129. Die Versuche mit der 3,7-cm-Flak 18 wurden abgebrochen, dafür wurde die 7,5-cm-Bordkanone mit Erfolg getestet. Auch Versuche mit vier 21-cm-Wurfkörpern verliefen zufrieden stellend. Der Einsatz als Panzerjäger zeitigte Erfolge, wobei es stellenweise auch ohne Unterstützung der Bodentruppen gelang, durchgebrochene Panzerverbände der Roten Armee aufzuhalten. Am 18. Oktober 1943 wurde im Zuge der Neugliederung der Nahkampffliegerverbände der Luftwaffe aus den vorhandenen Hs 129-Panzerjägerstaffeln die IV.(Pz)/SG 9 gebildet. Die Staffeln des Schlachtgeschwader 9 waren zunächst selbstständig an den Schwerpunkten der Kämpfe im Süd- und Mittelabschnitt der Ostfront tätig. Im September gelang es zwei Staffeln von Kirowograd aus fliegend, in zwei Wochen 130 Panzer kampfunfähig zu machen. Doch die Rückverlegung der Verbände bis schließlich in das Reichsgebiet machten den Ausgang des Krieges deutlich. Der letzte

Einsatzhorst der IV.(Pz)/SG 9 war Klagenfurt, wo die Flugzeuge zerstört wurden und das Personal in Gefangenschaft geriet.
Die Auslieferung der Hs 129 wurde immer wieder gestört, die Zwangsrekrutierung von Arbeitskräften für den Einsatz an der Front sowie die Luftangriffsschäden im Werk II in Johannisthal zeigten Wirkung. Im August 1944 wurde angewiesen, alle Arbeiten an diesem Flugzeug sofort einzustellen, die Rohbauteile verschrottet und Flugzeuge, die sich in der Vor- oder Endmontage befanden demontiert bzw. verlagert. Es wurden auch keine Reparaturen mehr an den Hs 129 durchgeführt.
Zum Jahresbeginn 1941 war man sich bei den HFW sicher, dass, wenn eine Exportfreigabe erfolgen sollte, die Hs 129 gute Absatzchancen hätte. Die bestehenden Beziehungen zu potenziellen Kunden im befreundeten Ausland wurden umgehend aktiviert und mehrere Delegationen besuchten die HFW. Bis 1943 gab es z. B. intensive Bemühungen der japanischen Armee- und Marine-Kommission zum Erwerb der Vorrichtungsnormen, der Fabrikationsverfahren und der Lizenz. Es kam aber zu keinem Vertragsabschluss. Auch die italienische Luftwaffe zeigte sich sehr interessiert am Erwerb der Lizenzrechte sowie der Übernahme der fortschrittlichen Fertigungsmethoden. Für den Nachbau der Hs 129 wurde das neue Alfa-Romeo-Werk in Neapel in Betracht gezogen. Jedoch auch hier blieb es bei der Absicht.
Nachdem man vom Nachbau italienischer Flugzeugmuster abgekommen war, zeigte Ungarn ein starkes Interesse an der Hs 129. 1943 wurde wegen sich abzeichnender divergierender politischer Ansichten von konkreteren Verhandlungen Abstand genommen. Obwohl Bulgarien trotz der sich zuspitzenden Kriegslage lebhaftes Interesse an der Übernahme von Hs 129 in seine Luftwaffe bekundete, kam es zu keiner Lieferung. Lediglich Rumänien erhielt von der deutschen Luftwaffe 42 Flugzeuge vom Typ Hs 129 aus ihren Beständen. Über Lieferung von Ersatzteilen und Rüstsätzen wurde mit den HFW verhandelt.

Hs 130 – Höhenfernaufklärer

Beschreibung

Ausgangspunkt für die Entwicklung der Hs 130 war einerseits das verstärkte Interesse des RLM an einem Flugzeug, welches in Höhen über dem Einsatzraum herkömmlicher Jagdflugzeuge und Flugabwehrgeschützen unbehelligt Aufklärung betreiben konnte; andererseits prädestinierten die Ergebnisse der Flugerprobung des Höhenforschungsflugzeugs Hs 128 die HFW für die Entwicklung einer

Datenblatt der Hs 130

Wartungsarbeiten an der Hs 130 in Schönefeld

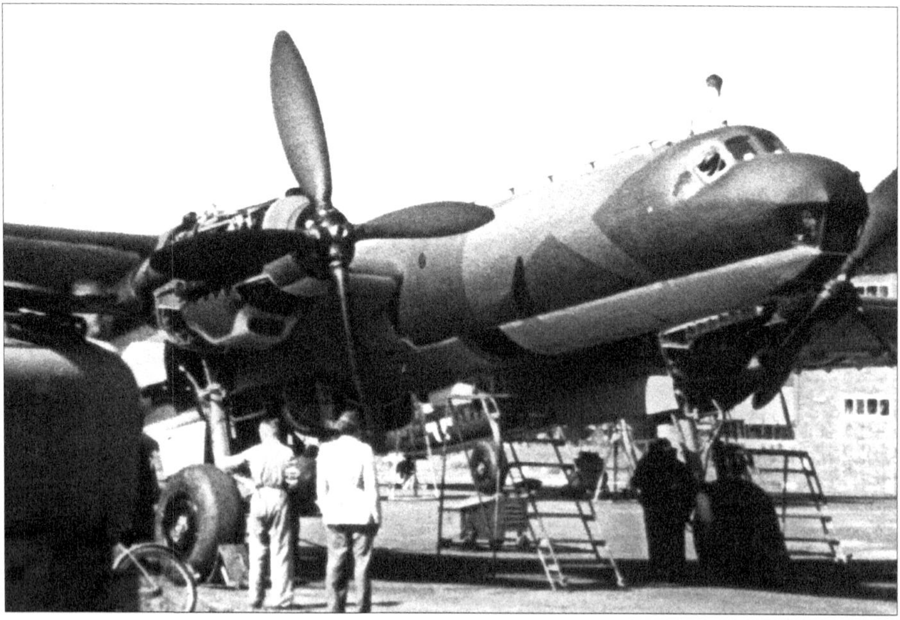

Vorbereitung der Hs 130 zum Werksflug

Blick auf die Instrumententafel der Hs 130

Überreste der Hs 130E, Werknummer 130053, nach dem Absturz bei Diepensee am 24. September 1943

Trauerfeier für Flugkapitän Bruno Sulz, Versuchsingenieur Daniel Schmidt und Werkmeister Karl Wohlfahrt, die beim Absturz der Hs 130E am 24. September 1943 ums Leben kamen

Karl Wohlfahrt nach einem erfolgreichen Flug mit der Hs 130

solchen Konstruktion. Bereits im Oktober 1938, noch bevor die Hs 128 zum ersten Mal flog, kam es zu Besprechungen im RLM, wobei Chefkonstrukteur Nicolaus mit den Vorstellungen der Militärs bekannt gemacht wurde. Die Maschine sollte mit einer Höhenkammer ausgerüstet sein, die längere Flüge in Höhen um bzw. über 15 000 Meter ermöglichte, sollte von zwei Triebwerken mit einem Höhenlader angetrieben und von einer dreiköpfigen Besatzung bedient werden. Die HFW konstruierten daraufhin die Hs 130, welche dann über verschieden Modifikationen bis kurz vor Ende des Krieges zur einsatzreifen Hs 130E führte.

Der Ganzmetall-Schalenrumpf hatte einen kreisförmigen Querschnitt, die Bugsektion war komplett als Druckkabine ausgebildet. An den Kameraraum hinter dem Cockpit und einem internen Kraftstoffbehälter schloss sich die Höhenladerzentrale an. Der freitragende Mitteldecker besaß einen einholmigen Ganzmetall-Tragflügel großer Streckung, an dessen Hinterkante zweiteilige Querruder und Landeklappen angebracht waren. Das Normalleitwerk war ebenfalls vollständig aus Metall gefertigt. Die Hauptfahrwerksbeine wurden nach hinten in die Motorgondeln, das Spornrad in eine Kielflosse eingezogen. Als Antrieb kamen im Laufe der Entwicklung ebenfalls die verschiedensten Motoren zum Einsatz; bei der Hs 130E waren es schließlich zwei flüssigkeitsgekühlte Zwölf-Zylinder-V-Motoren DB 603C mit je 1750 PS (1287 kW) Startleistung. Die Luft für die Motoren wurde durch ein zusätzliches Triebwerk DB 605T mit vorgeschaltetem Zentrallader verdichtet; das Triebwerk leistete 1475 PS (1085 kW). Die dreiköpfige Besatzung war in einer stark verglasten Druckkabine untergebracht. Die Versuchsflugzeuge flogen noch ohne Defensivbewaffnung, für die Einsatzmaschinen waren bis zu vier Waffenstände mit MG 131 bzw. 151 vorgesehen. An Außenaufhängungen, die zur Reichweitenerhöhung mit zwei Zusatzbehältern mit einem Fassungsvermögen von je 900 Liter bestückt waren, konnten statt dessen zwei 500-kg-Bomben mitgeführt werden.

Die Angaben in der folgenden Tabelle beziehen sich auf die Hs 130E und wurden aus verschiedenen Quellen zusammen gestellt.

Abmessungen und Massen		**Leistungsangaben**	
Spannweite	**33,00 m**	**Höchstgeschwindigkeit**	**610 km/h in 13 800 m**
Länge	**19,73 m**	**maximale Reichweite**	**3000 km**
Höhe	**5,88 m**	**Steigzeit auf 10 000 m**	**25,5 min**
Tragflächeninhalt	**85,00 m²**	**(erflogene) Gipfelhöhe**	**13 800 m**
Leermasse	**11 380 kg**	**Leistungsbelastung**	**4,79 kg/PS**
Startmasse	**17 250 kg**	**Flächenbelastung**	**196,2 kg/m²**

Entwicklung der Hs 130

Nachdem die technischen Forderungen und wesentliche konstruktive Vorgaben zwischen dem RLM und den HFW abgestimmt waren, erging im Februar 1939 ein erster Vorbescheid über die Bestellung von sechs Versuchsflugzeugen. Es waren vorerst zwei Versionen vorgesehen, die Hs 130A als Fernaufklärer und die Hs 130B als Bomber. Als Antrieb wurde zunächst der DB 601 favorisiert, da der vorgesehene DB 603 noch keine Serienreife nachgewiesen hatte. Bei den Besichtigungen der Attrappen des Flugzeugs und seiner Ausrüstung waren neben Vertretern des RLM und der E-Stelle Rechlin stets auch Angehörige der Deutschen Lufthansa, der Hansa-Luftbild und der seit 1. Januar 1939 existierenden Versuchsstelle für Höhenflug (VfH) anwesend. Diese Einrichtung hatte sich seit 1935 unter der Bezeichnung Kommando Rowehl durch Aufklärungsflüge über dem „zukünftigen Feindgebiet" einen Namen gemacht. Ab 1942 wurde daraus der Versuchsverband des Oberbefehlshabers der Luftwaffe (Ob.d.L.). Aus dessen speziellen Auftrag resultierte verständlicherweise das besondere Interesse an der Hs 130.
Das erste Versuchsflugzeug mit der Werknummer 3001 startete am 23. Mai 1940 zu seinem Erstflug. Bereits am 29. Juli flog Oberstleutnant Theodor Rowehl persönlich die Maschine um sich von den Flugeigenschaften und der Eignung für die Zwecke des VfH zu überzeugen. Bis Oktober 1940 wurden in rascher Folge die V-2 bis V-6 fertig gestellt, ausgerüstet mit den Motoren DB 601A bzw. 601R, wobei die V-6 Mitte Dezember an die VfH nach Oranienburg abgegeben wurde. Die V-2 und V-4 wurden besonders gründlich bei der E-Stelle Rechlin getestet. Alle Versuchsflugzeuge litten allerdings unter der mangelnden Zuverlässigkeit des DB 601 und es wurde verzweifelt nach einer besseren Motorisierung gesucht. So wurde neben verschiedenen Versionen des DB 601 der Dieselmotor Jumo 208, der BMW 801, der DB 605 und schließlich der DB 603 als Antrieb näher beleuchtet.
Inzwischen wurden weitere Versionen der Hs 130 gefordert. So sollte eine Hs 130C anstelle der im Juni 1940 aufgegebenen Hs 130B zum Höhenbomber weiter entwickelt und eine Hs 130D als Fotoaufklärer gebaut werden.

Serienbau

Bis April 1941 wurden von der Serie A-0 vier Flugzeuge mit den Werknummern 3007 bis 3010 gebaut. Die erste Hs 130A-0 mit dem Kennzeichen GM + ZH hatte am 20. Dezember 1940 ihren ersten Werksflug und war mit dem DB 601R ausgerüstet. Alle Flugzeuge erhielten geschützte Kraftstoffbehälter, außerdem wurde mit einem zusätzlichen abwerfbaren Behälter experimentiert. Im April 1941 wurden alle A-0-Flugzeuge einschließlich der sechs V-Maschinen vom RLM übernommen. Die 3005 und 3007 gingen zu Daimler-Benz nach Echterdingen, wo Werkspilot Flugkapitän Ellenrieder Motorerprobungsflüge durchführte, an denen zeitweise auch der Chefpilot der HFW, Kaempf, teilnahm. Im August wurde auch die 3008 in die Erprobung einbezogen. Ab März 1942 ging die A-O 3004 zur DLH nach Staaken, wo sie als Einweisungsflugzeug für Höhenflüge Verwendung fand. Die 3005 folgte im Oktober, von Ellenrieder ebenfalls nach Staaken überführt, während die 3006 mit einem Argus-Schubrohr als Zusatzantrieb von der Firma Argus in Diepensee ausgestattet wurde. Der für Argus fliegende Pilot Werner Stage führte damit zwischen März und September 1942 mehr als 20 Erprobungsflüge in Schönefeld durch. Die 3009 mit dem Kennzeichen GM + ZJ, angetrieben von DB 605C, wurde in Echterdingen 1943 auf DB 601R umgerüstet und erhielt die Bezeichnung Hs 130A-0/U2. Nach Einbau der Anlage FuG 203c, der Tarnbezeichnung für die Kehl-Lenkanlage, wurde die Maschine am 13. August nach Peenemünde-West zur Luftwaffen-Erprobungsstelle überführt und zur Erprobung der Fernlenkung der Gleitbombe Hs 293 eingesetzt.
Für den geplanten Serienbau der Hs 130C war der Motor DB 603 vorgesehen, aber im Januar 1941 entschied das Technische Amt, dass stattdessen der BMW 801 eingebaut werden soll. Nur kurze Zeit später kam die Festlegung, dass von den 20 georderten Flugzeugen nur zwei mit dem BMW 801MA ausgestattet werden. Die erste Maschine der C-Serie mit der Bezeichnung Hs 130C-0/V-3 und der Werknummer 0011 hatte am 10. November 1941 ihren ersten Flug von 19 Minuten Dauer. Das nächste Flugzeug hob im März 1942 zum Erstflug ab, im August wurde es auf den BMW 801J umgerüstet und unter der Bezeichnung Hs 130C-0/V-4/U1 weiter zur Flugerprobung eingesetzt. Im Oktober wurden die HFW aufgefordert, nun in der C-Serie den DB 603U mit dem Turbolader TKL 15 einzubauen und die Spannweite der Maschine zu vergrößern. Die Werknummern 0011, 0012 und 0013 sollten ohne Bewaffnung und Bildgeräte zur Triebwerkserprobung verwendet werden. Diese verlief unbefriedigend und sehr schleppend, im Herbst 1944 wurde dann die Erprobung abgebrochen.

Ende 1940 erteilte das RLM den Auftrag, anstelle der abgebrochenen Entwicklung des Höhenbombers Hs 130B acht Bildaufklärer mit der Bezeichnung Hs 130D, die vom Dieselmotor Jumo 208 angetrieben werden sollten, zu fertigen. Bereits im August des Folgejahres wurde die Entwicklung wieder gestoppt und statt dessen die Version Hs 130E vorgeschlagen. Am 22. Januar 1942 wurde die Verschrottung der acht angearbeiteten Rümpfe der Hs 130D durch das RLM genehmigt.

Höhenfernaufklärer Hs 130E

Nach den Vorstellungen des RLM sollte die neue Version einen dritten Motor zum Antrieb des Höhenladers erhalten. Am 1. September 1941 begannen die Konstruktionsarbeiten an der Hs 130E-0. Vertreter des Technischen Amts, der E-Stelle Rechlin und der VfH begutachteten am 9. September die erste Attrappe bei den HFW. Vorstandsmitglied Dr. Rühl führte inzwischen die Verhandlungen mit Daimler-Benz und erhielt die Zusage zur Lieferung der Laderzentrale Anfang Dezember. 1942 wurde der E-Serie ein neuer Werknummernblock, beginnend mit 13 0051, zugewiesen. Im August kam es zu ersten Probeläufen, die jedoch wegen diverser Störungen abgebrochen werden mussten. Am 17. November 1942 startete die Werknummer 13 0052, schon ausgestattet mit der Höhenlader-Zentrale, zum Erstflug. Die folgenden Flüge wurden jedoch immer wieder von Störungen begleitet, am 17. Dezember kam es schließlich zur Katastrophe. In 12 500

Die Hs 130E in der Seitenansicht

Meter Höhe begann der linke Motor stark zu schütteln und zu qualmen. Da es nicht gelang, den inzwischen brennenden Motor zu löschen und der Brand auf die Tragfläche übergriff, sprangen die Insassen mit dem Fallschirm ab. Das Flugzeug zerschellte am Boden, Flugkapitän Hans-Wilhelm Kaempf und der Bordfunker Kurt von Nuis kamen ums Leben, Flugkapitän Bruno Sulz überlebte leicht verletzt.

Um das Flugerprobungsprogramm auf breiterer Basis durchführen zu können, gab das RLM im März 1943 die Materialbeschaffung für den Bau von 100 Flugzeugen frei. Die Höhenkammer musste für den Notausstieg nach unten umkonstruiert werden, außerdem forderte nun das RLM den Einbau einer Abwehrbewaffnung.

Am 24. September 1943 traf erneut eine schwere Havarie das Erprobungsprogramm. Die E-0 mit der Werknummer 13 0053 und dem Kennzeichen BD + KB stürzte in der Nähe von Diepensee aus geringen Höhe ab, nachdem das Triebwerk der HZ-Anlage in Brand geraten war. Flugkapitän Bruno Sulz, Versuchsingenieur Daniel Schmidt und der Werkmeister Karl Wohlfahrt hatten keine Überlebenschance.

Die Erprobung ging jedoch weiter, mit der Werknummer 13 0055 wurde eine Flughöhe von 14 550 Meter erreicht. Am 8. April 1944 ging die 13 0054 zu Daimler-Benz nach Echterdingen, jedoch am 31. April wurde der Abbruch aller Arbeiten an der Hs 130 und die Verschrottung der noch verbliebenen fünf Hs 130C sowie der angearbeiteten Bauteile angeordnet.

Ab Juli 1944 finden sich in den Unterlagen der HFW keine weiteren Eintragungen zur Hs 130. Die fortschrittliche Konstruktion wurde, wie so viele andere Innovationen deutscher Konstrukteure, Opfer der Planlosigkeit der politischen und militärischen Führung sowie der sachlichen Unfähigkeit mancher General-Ingenieure im Technischen Amt. Hinzu kam, dass trotz zentraler Führung die einzelnen Unternehmen der Luftfahrtindustrie mehr ihren Firmeninteressen folgten.

Hs 132 – Sturzkampf- und Schlachtflugzeug

Beschreibung

Bei der Hs 132 handelt es sich um ein turbinengetriebenes Erdkampfflugzeug, welches vor allem Punktziele am Boden und auf See bekämpfen sollte. Aus der Aufgabenstellung, die Ziele im Sturzflug anzugreifen und zu vernichten, ergaben sich die konstruktiven Anforderungen. Da bei dieser Angriffsart und der hohen Geschwindigkeit Lastvielfache bis zu 10 g auftreten können, wurde eine liegende Position des Flugzeugführers gewählt. Außerdem war eine starke Panzerung zur Gewährleistung der Handlungsfähigkeit des Piloten bei Flugmanövern unter Beschuss in Bodennähe gefordert. Der Antrieb sollte durch ein einzelnes Strahltriebwerk BMW 003 mit 800 kp (7,9 kN) Standschub erfolgen, welches auf dem Rumpf – ähnlich der Heinkel He 162 – aufgesetzt war. Der Rumpf wurde aus Metall gefertigt, während die Tragflächen und das Leitwerk vorwiegend in Holzbauweise entstehen sollten. Abhängig von der Belastung wurden einzelne Spanten in Leichtmetall bzw. Stahl ausgeführt. Der einholmige Tragflügel war trapezförmig und komplett mit Sperrholz beplankt. An der Hinterkante waren Querruder und Landeklappen in herkömmlicher Weise angeordnet. Das Höhenleitwerk besaß eine V-Form von 20 Grad und hatte an beiden Enden scheibenförmige Seitenruder aus Holz. Die Hs 132 war mit einem einziehbaren Dreipunktfahrwerk ausgestattet, die Hauptfahrwerksbeine wurden zum Rumpf hin in die Tragfläche eingezogen. Das Bugfahrwerk wurde um 90 Grad gedreht nach hinten eingefahren und kam hinter der Wanne des Piloten zu liegen. Die Liegewanne war ergonomisch geformt, aus Panzerblech bzw. -stahl hergestellt und diente, hydraulisch nach unten absenkbar, auch als Notausstieg während des Fluges, da durch die „Huckepack“-Anordnung des Triebwerks ein konventioneller Ausstieg nach oben nicht möglich war. Für den Fall einer Bauchlandung gab es eine obere Ausstiegsluke, der voll verglaste Rumpfbug war stark gepanzert. Die spartanische Instrumentierung befand sich auf zwei kleinen Gerätebrettern links und rechts in Kopfhöhe des Piloten. Eine ausklappbare Kinnstütze erleichterte dem liegenden Flugzeugführer den ständigen Blick nach vorn. Zur Reduzierung der Handkräfte an dem sehr kurzen Steuerknüppel waren die Ruder mit Federverstärkern versehen. Die militärische Nutzlast betrug bis zu 1000 kg Bomben, eine Defensivbewaffnung war nicht vorgesehen.

Die Daten in der folgenden Tabelle beziehen sich auf die Hs 132A, die als Erdkampfflugzeug im starken Bahnneigungsflug (Stuka) eingesetzt werden sollte. Die Leistungsdaten wurden rechnerisch oder empirisch durch Versuchsanordnungen ermittelt.

Abmessungen und Massen		Leistungsangaben	
Spannweite	7,20 m	Höchstgeschwindigkeit	
Rumpflänge	8,90 m	(bei 70 Grad Bahnneigung)	910 km/h
Höhe	2,95 m	(im Horizontalflug)	770 km/h
Tragflächeninhalt	14,80 m²	maximale Reichweite	530 km
Leermasse	2241 kg	dynamische Gipfelhöhe	11 200 m
Startmasse	3800 kg	Flächenbelastung	257 kp/m²

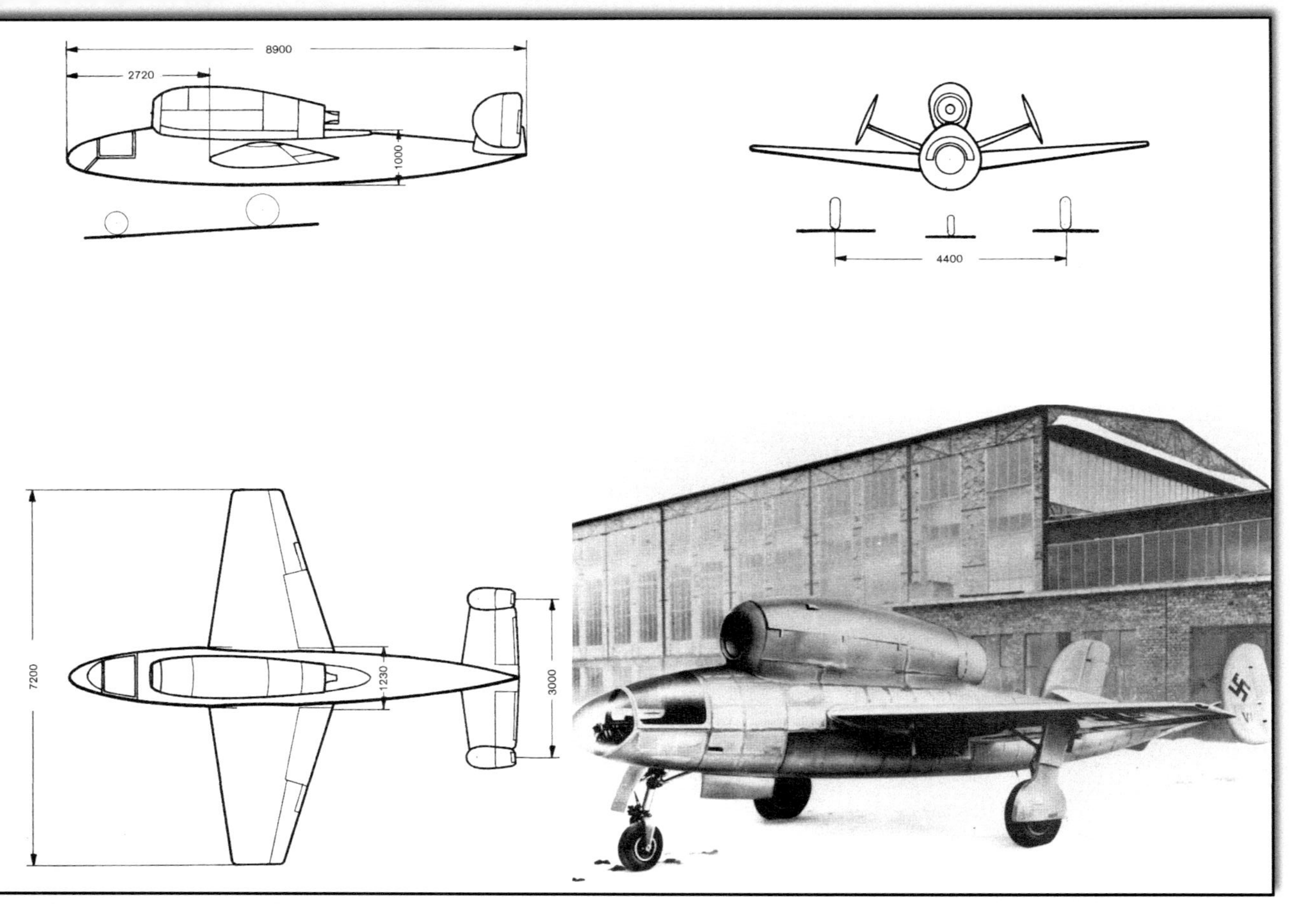

Datenblatt der Hs 132

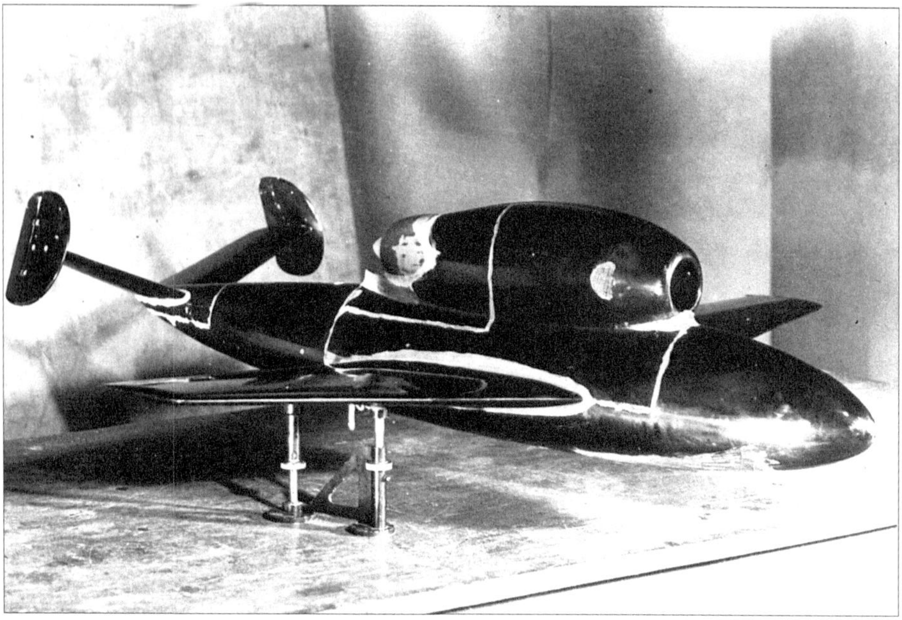

Modell der Hs 132

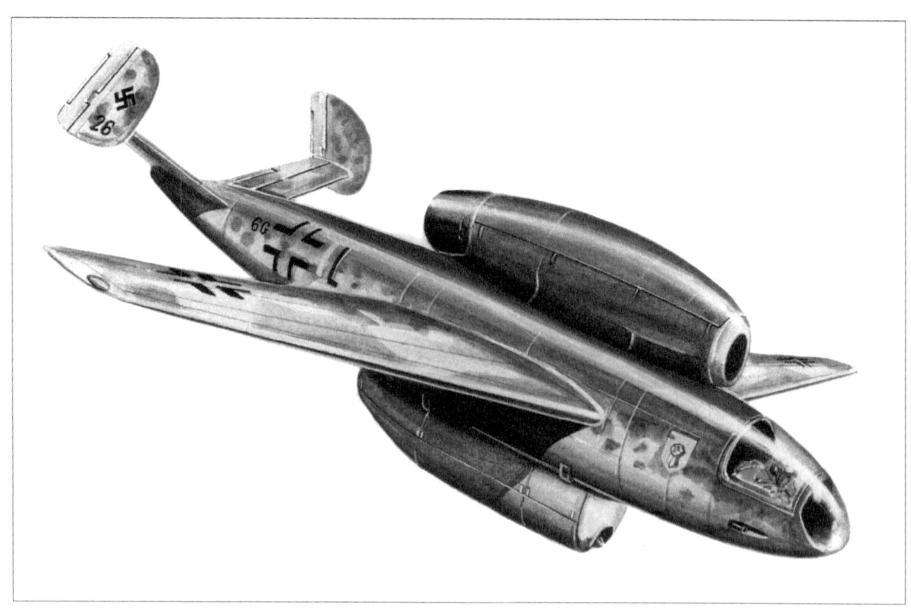

Künstlerische Darstellung der Hs 132 im Flug (Zeichnung Rode).
Farbige Abbildung auf Seite 5

Entwicklung der Hs 132

Am 2. April 1943 fand eine Besprechung im RLM statt, während der Chefkonstrukteur Nicolaus über Projekte zur Entwicklung einer neuen Generation von Kampfflugzeugen unterrichtet wurde. Aufbauend auf den Fronterfahrungen mit dem Schlachtflugzeug Hs 129 wünschten sich die Militärs ein so genanntes Nahkampfflugzeug mit dem neuartigen Strahlantrieb, welches mit hoher Geschwindigkeit und Manövrierfähigkeit – und damit geringer Verweildauer im Bodenabwehrfeuer – in der Lage sein sollte, stark verteidigte Punktziele wie Überwasser-Kampfschiffe oder Bunkerbauwerke anzugreifen und zu vernichten. In den folgenden Monaten wurden die Projektingenieure der HFW u. a. mit Windkanaluntersuchungen zu diesem Thema, mit dem Entwicklungsstand von Turbinenstrahltriebwerken und der Forschungsarbeit für den Bau spezieller Bombenvisiere vertraut gemacht. Am 26. November informierte Nicolaus den Flugbaumeister Scheibe vom Technischen Amt über das Projekt Hs P.123, ein schnelles Nahkampfflugzeug mit Strahlantrieb entsprechend den Vorstellungen des RLM. Um die geforderte Manövrierfähigkeit, insbesondere kleinste Abfangradien bei hohen Geschwindigkeiten, zu gewährleisten, hatte die DVL bereits seit 1937 umfangreiche Versuche durchführen lassen. An der TH Berlin-Charlottenburg hatte man z. B. einen Versuchsträger für einen liegenden Piloten entwickelt, der von März bis Oktober 1943 bei der E-Stelle Rechlin ausgiebig getestet wurde. Das als Berlin B 9 bezeichnete zweimotorige Flugzeug war für ein Bruchlastvielfaches von 25 g ausgelegt, erflogen wurden Beschleunigungen bis zu 8,5 g. Am 1. Dezember 1943 besuchte Nicolaus die DVL und besichtigte dabei auch die B 9. Am Aerodynamischen Institut der TH Braunschweig wurden für Henschel Sechskomponentenmessungen zur Optimierung des Tragflügels durchgeführt und im Hochgeschwindigkeitskanal der Luftfahrtforschungsanstalt „Hermann Göring" in Völkenrode die flugmechanischen und flugleistungsmäßigen Eigenschaften ermittelt. Unterwasser-Schleppversuche mit einem Rumpfvorderteil in Originalgröße in der Hamburger Schiffstechnischen Versuchsanstalt dienten der Dimensionierung dieses kritischen Bauteils des Projekts Hs P.123.

Inzwischen gingen die Konstruktionsarbeiten trotz der erschwerten Bedingungen durch die angespannte Kriegslage zügig weiter und am 24. Januar 1944 konnte die Attrappe in Schönefeld besichtigt werden. Im März erfolgte der Auftrag durch das RLM zum Bau von sechs Versuchsflugzeugen des nunmehr als Hs 132 bezeichneten Kampfflugzeugs. Dabei wurde schon unterschieden zwischen einer

A- und B-Version, wobei die Hs 132B als Jagdbomber mit Kanonenbewaffnung und dem leistungsstärkeren Triebwerk Jumo 004 vorgesehen war. Durch die Dezentralisierung der Flugzeugfertigungsbetriebe infolge der zunehmend treffsicheren alliierten Bombenangriffe wurde die Konstruktions- und Bautätigkeit immer schwieriger. Bei einem Besuch der Deutschen Werkstätten in Dresden-Hellerau am 23. März 1944 durch Nicolaus und weitere Führungskräfte der HFW wurde die Zulieferung der Holzbauteile, insbesondere der Tragflächen für die Hs 132, vereinbart. Vom RLM wurde der Flugklartermin für Dezember 1944 gefordert. Während mit dem Bau der ersten Versuchsmaschine begonnen wurde, diskutierte man zwischen den HFW und dem RLM ständig über verschiedene Varianten der endgültigen Gestaltung des neuen Kampfflugzeugs. So wurde die Bewaffnung mit großkalibrigen Bomben und Torpedos, der Schlepp des Flugzeugs bis ins Kampfgebiet zur Vergrößerung der Einsatzreichweite, der Einsatz als Mistelflugzeug sowie die unterschiedlichsten Triebwerksinstallationen beraten. Im August 1944 wurde die Variante als Stuka aufgegeben und die Forderung zur Änderung in ein Schlachtflugzeug erhoben, außerdem sollte eine Version als so genannter Leichtjäger entwickelt werden. Die Projektunterlagen dafür wurden im September übergeben. Zum Jahresende stand allerdings fest, dass sich die Fertigstellung der Versuchsflugzeuge durch die ständigen Änderungen der Konstruktion erheblich verzögern würde. Die Verlegung der Konstruktionsabteilung nach Schlesien vervollständigte das Chaos, welches durch das sich abzeichnende Ende des Krieges ohnehin bestand. Der Erstflug war nunmehr für Mai 1945 geplant. Hellerau war nicht mehr in der Lage die Tragflügel nach Schönefeld zu liefern und so befanden sich drei Versuchsflugzeuge der Hs 132 in unterschiedlichen Bauzuständen, als das Dritte Reich zusammen brach. Mit der Hs 132 endet der Bau von Fluggeräten in den Henschel Flugzeug-Werken in Schönefeld endgültig.

Die HFW im Zweiten Weltkrieg

Von Anfang an dabei

Als am 1. September 1939 deutsche Truppen in Polen einmarschierten, wurden sie auch von Henschel-Flugzeugen begleitet. Im realen Kampfeinsatz bereits im Spanischen Bürgerkrieg getestet, nahmen gleich zwei Henschelkonstruktionen an dem Überfall teil. Neben neun Stuka-Gruppen mit Ju 87 stand auch eine Schlachtfliegergruppe des LG 2 mit Hs 123 zum Angriff bereit. Bis zu zehn Einsätze am Tag flogen die Piloten zur unmittelbaren Unterstützung der 10. Armee und erlebten ihre Feuertaufe in den Kesselschlachten bei Radom und an der Bzura sowie bei Luftangriffen gegen Warschau und Modlin.
Das Standardflugzeug für die Nahaufklärung war zu Kriegsbeginn die Hs 126, welche in gleich drei Luftflotten zum Einsatz kam. Am 2. September waren von insgesamt 356 gemeldeten Nahaufklärungsflugzeugen 275 vom Typ Hs 126, der Rest waren ältere Heinkel He 45 und He 46. Die Henschel flogen im Mittelabschnitt Aufklärung für die 10. Panzerdivision, in Nordpolen und dem Korridor für das II. Armeekorps und in Südpolen für die 5. Panzerdivision. Aber auch über dem Westwall kamen bereits 1939 die Hs 126 zur Aufklärung für das VI. Armeekorps und über Frankreich für das IX. Armeekorps in Vorbereitung auf den Westfeldzug zum Zuge. Den Heeresgruppen Nord und

Ein Teil der Fallpressen im Werk I

Luftbild der Werksanlagen in Schönefeld, im Vordergrund die größte Halle 12

Süd standen beim Angriff auf Polen allein 20 Aufklärungsstaffeln, die Hs 126 in ihrem Bestand hatten, zur Verfügung. Insgesamt waren in Vorbereitung des Krieges elf Aufklärer-Gruppenstäbe mit 30 Nahaufklärerstaffeln aufgestellt worden. Die geplante Ausstattung der Einheiten mit Flugzeugen in der Sollstärke war jedoch nicht erreicht worden, so dass sich die Forderungen an die Luftfahrtindustrie nach Ausbruch des Krieges sprunghaft erhöhten.

Das Werk II in Johannisthal musste unbedingt erweitert werden, deshalb wurden benachbarte Firmen auf dem Flugplatzgelände wie Schliemann, Singer und Krupp aufgefordert, Betriebsgebäude, die sich als Produktionsflächen eignen, kurzfristig zu räumen. Am 30. Oktober wurde die Halle 65 von Krupp übernommen und in einer weiteren Halle der Ambi-Werke wurden die Vorrichtungen für den Serienbau der Tragflächen für die Hs 126 aufgestellt. Auch die Serienfertigung des neu entwickelten Schlachtflugzeugs Hs 129 und die Vergrößerung des Werkflugplatzes in Schönefeld wurden noch 1939 vorbereitet.

Am 6. Oktober kapitulierte die polnische Armee und Polen wurde zwischen der Sowjetunion und Deutschland aufgeteilt. Unter den mehr als 80000 Toten waren über 10500 Deutsche, 30322 Verwundete wurden gezählt und 285 deutsche Flugzeuge waren verloren gegangen.

Ab 11. November 1939 besuchte eine sowjetische Delegation Anlagen der deutschen Luftfahrtindustrie, u. a. am Sonntag den 12. November auch die Produktionsanlagen der HFW. Besonderes Interesse galt dem Serienbau der Hs 126 und der Technologie der Blechverformung, die bei Henschel zur Perfektion entwickelt wurde. Auf dem Platz vor der Halle 6 in Schönefeld waren 20 deutsche Flugzeugmuster aufgereiht und wurden den sowjetischen Gästen auch vorgeflogen. Beginnend mit der Junkers Ju 90, die von Flugkapitän Max Limbach pilotiert wurde, erlebten die Besucher Bomber, Jäger, Aufklärer, Schul- und Transportflugzeuge der Luftwaffe in ihrem Element.

Leiter des Pariser Büros der HFW Franz Kirsch

Fritz Emke, Jahrgang 1911, war zehn Jahre als Ingenieur bei den HFW tätig. Von 1941 bis 1944 arbeitete er in der Pariser Filiale als Kontrollingenieur. Hier einige Erinnerungen an diese Zeit.

Am 1. Mai 1941 wurde das Pariser Büro der HFW unter der Leitung von Franz Kirsch, Einflieger bei den HFW und zu dieser Zeit als Kundendienstleiter tätig, eröffnet. Die Luftfahrtindustrie wurde nach der Besetzung Frankreichs durch die Wehrmacht zwangsweise verpflichtet, für die deutsche Rüstungsindustrie zu arbeiten. Die Drohung, Werke und die gesamte Belegschaft nach Deutschland zu verlagern, mag sicher die Bereitschaft zur Zusammenarbeit gefördert haben. Ich wurde als Kontrollingenieur bei der Firma Chausson in Paris eingesetzt. Dort wurden Bauteile wie Tragflächen, Seiten- und Querruder sowie Landeklappen für die Hs 129 gefertigt. Eigentlich war Chausson ein in der Autoindustrie tätiger Großbetrieb, der vor allen Dingen Kraftstoffbehälter und Holzvergaser in Serie produzierte. In dem von mir zu kontrollierenden Bereich waren ca. 200 bis 300 Arbeiter beschäftigt. Als Dolmetscher stand mir ein Herr Pollack, ein gut deutsch sprechender Jude vom Balkan, zur Verfügung, der nach der Besetzung Südfrankreichs, wohin er sich vor der Verfolgung geflüchtet hatte, freiwillig aus dem Leben schied.

Den Auftrag zum Einsatz in Frankreich hatte mir Otto Oeckl persönlich erteilt. Er war ein Vorgesetzter, der ausgezeichnete Menschenkenntnis besaß und sich vorbehaltlos für seine Mitarbeiter einsetzte. Aber auch er hatte in Karl Frydag einen Beschützer; obwohl Otto Oeckl kein Mitglied der NSDAP war, konnte er aufgrund seiner Kompetenz in höchste Funktionen – z.B. als Leiter des Sonderausschuss Flugzeugzellen – aufsteigen. Dem Leiter des Pariser Büros unterstanden auch die Mitarbeiter von Henschel & Sohn Kassel, die in Paris und Pau tätig waren. Mit mir am Schreibtisch hatte auch Erich Langner seinen Arbeitsplatz, ein Maschinenbau-Ingenieur, der seit 1936 bei den HFW arbeitete. Seine Aufgabe war die Materialdisposition und Auftragslenkung, sicher viel Verwaltungsarbeit, die aber ingenieur-technische Kenntnisse verlangte.

Die Zusammenarbeit sowohl mit dem französischen Leitungspersonal als auch mit den Mitarbeitern im Produktionsbereich war erstaunlich gut, mir sind in unserem Bereich keine Sabotageakte oder andere Aktivitäten der Résistance erinnerlich. Generell wurde nur nachts gearbeitet, da die Energieversorgung nur für die Zeit von 22:00 bis 6:00 Uhr gesichert war. Büroleiter Kirsch wurde nach einer Herzattacke von Oberst Schrader abgelöst, einem ängstlichen und feigen Menschen, der bei der Annäherung der Amerikaner auch sofort die Flucht ergriff. Dann kam das Ende meiner Tätigkeit in Frankreich. Gemeinsam mit zwei Henschel-Mitarbeitern aus Kassel verließ ich Paris auf einem der letzten LKW mit einem Marschbefehl des Stadtkommandanten in der Tasche.

Fritz Emke wurde am 10. März 1945 von Otto Oeckl persönlich nach Süddeutschland abkommandiert, um sich dort zu „verkrümeln“. 1955 traf er ihn in Berlin wieder und folgte seinem Ruf nach Kassel zu den neu entstandenen HFW, die zu jener Zeit gemeinsam mit dem französischen Stammwerk in Marseille Sikorsky-Hubschrauber instand setzten.

Kurzbiographie von Fritz Emke

Auch die Hs 126 gehörte zum Besuchsprogramm und wurde vom Werkspiloten Kaempf vorgeflogen. Mit der Fi 156, die von Dipl.-Ing. Ballerstedt gesteuert wurde, machte Ernst Udet anschließend einen Demonstrationsflug, bei dem der Leiter der Delegation, Volkskommissar für Binnenschifffahrt Tewossjan, als Gast mitflog. Zu den Besuchern gehörte übrigens auch der sowjetische Flugzeugkonstrukteur Alexander Jakowlew. Hermann Göring schenkte den Gästen eine Fieseler Fi 156 Storch, die später unter der Bezeichnung OKA-38 von Oleg Antonow in Kaunas nachgebaut wurde. Nach den Flugvorführungen, die leider bei stark diesigem Wetter und leichtem Regen stattfanden, wurden Bodengeräte der Luftwaffe, wie fahrbare Kräne, Hebevorrichtungen, Anlassgeräte und mobile Scheinwerfer, die vor der Halle 5 aufgestellt waren, besichtigt.

Hitlers Absicht, die Erzzufuhr für die deutsche Rüstungsindustrie zu sichern und der geplanten Besetzung Norwegens durch die Engländer zuvor zukommen, führten im April 1940 zur Besetzung der neutralen Länder Dänemark und Norwegen, im Mai wurden unter Missachtung der Neutralität der Benelux-Staaten große Teile Frankreichs erobert und Paris von der Wehrmacht besetzt, Elsaß-Lothringen wurde „heim ins Reich" geholt. Am 2. Juli reisten Hormel und Frydag nach Paris und besichtigten französische Einrichtungen der Luftfahrtindustrie für eine mögliche Nutzung durch die HFW. Kurze Zeit später waren auch Kaempf und Düwell in Paris um Triebwerke und Elektron zu erwerben. Am 28. Juni teilte das RLM mit, dass die französische Flugzeug-, Zubehör- und Halbzeugindustrie in den besetzten Gebieten in sieben Bezirke eingeteilt wird. Den HFW wurde der 1. Bezirk – Paris-Nord – zugeteilt, die übrigen Bezirke gingen in die Obhut von Messerschmitt, Siebel, Junkers, Arado, Heinkel und Focke-Wulf über. Am 1. Mai 1941 eröffneten die HFW eine Filiale in Paris, zu deren Leiter Herr Kirsch, bisher für den Kundendienst zuständig, berufen wurde. Am 7. Juli ergingen die ersten Aufträge im Umfang von einer Milliarde Franc – etwa sechs Millionen RM – an die Firmen Chausson und SNCAN. Es handelte sich vor allem um die Bevorratung und den Bau von Serienteilen für die Hs 126, Hs 129 und Ju 88, die in den französischen Unternehmen unter deutscher Kontrolle produziert werden sollten. In der Folgezeit waren durchschnittlich 15 Mitarbeiter der HFW in Paris tätig und das Auftragsvolumen erreichte einen Umfang von mehr als 50 Millionen RM. Der Frankreich-Feldzug wurde mit mehr als 27 000 gefallenen deutschen Soldaten und über 110 000 Verwundeten bezahlt!

Die Ausdehnung der Einsatzgebiete der Luftwaffe erforderten eine verstärkte Bereitstellung von Transport- und Kampfflugzeugen durch die deutsche Luftfahrtindustrie. Der Bau einer zusätzlichen Montagehalle im

Werk I wurde notwendig, es entstand die mit 18 000 m² Grundfläche größte Halle 12 in Schönefeld. Sie wurde nach dem Ende des Krieges demontiert und als Reparationsleistung in die Sowjetunion verbracht. Ein Seitenschiff diente als Kaserne für sowjetische Soldaten der Luftstreitkräfte und danach als Arbeitsräume für Personal der INTERFLUG, darunter auch des Flugbetriebs des Verkehrsfluges. Der Bau musste schließlich dem neuen Flughafen Berlin-Brandenburg-International (BBI)* weichen.

** BBI – unter dieser Abkürzung wird gegenwärtig für den Berliner Flughafen geworben, allerdings erhält er bei der Inbetriebnahme das Kürzel BER, da der Dreiletter-Code BBI bereits an den indischen Provinzflughafen Bhubaneswar vergeben ist.*

Die HFW spüren den Krieg

Nach der Ausweitung der Kampfhandlungen der Wehrmacht 1940 auf Dänemark und Norwegen sowie die Benelux-Staaten und Frankreich stiegen die Forderungen an die Bereitstellung von Menschen und Material gewaltig an. Die deutsche Wirtschaftspolitik wurde noch straffer zentralisiert, Göring übernahm die Leitung der gesamten Kriegswirtschaft. Schon im Juni des Vorjahres war die Gesellschaft für Luftfahrtbedarf (GfL) gegründet worden, die als Beschaffungs- und Lagergesellschaft u. a. die Verwaltung und Verteilung von Werkstoffen und Halbzeugen nach den Weisungen des RLM an die Flugzeugfirmen vornehmen sollte. Die praktische Auswirkung war jedoch umstritten, außer Verknappung der Zuteilungen und anwachsender Bürokratie erlebten die betroffenen Firmen keine merkliche Änderung. Im Jahresbericht 1939 der HFW heißt es dazu u. a.:

„ ... die angekündigten Vorteile des Zentraleinkaufs sind noch nicht in Erscheinung getreten. Im Gegenteil hat sich in einem Fall gezeigt, dass die HFW aufgrund ihrer großen laufenden Bestellungen an Flugzeugbereifungen für Serienfertigung und Reparatur in der Lage waren, 19% billiger einzukaufen als die GfL. Die Verwertungsaktion der nach Auslauf der Serie verbleibenden Restbestände ist bei den HFW bisher stets sehr günstig verlaufen, so dass von den Maßnahmen der GfL kaum eine Erleichterung zu erwarten ist ..... die aus der Zusammenarbeit mit der GfL erhofften Vorteile lassen sich bisher noch nicht erkennen ...“.

Die Verbrauchsquoten für Elektroenergie und Brennstoffe wurden drastisch gesenkt, die Inanspruchnahme von kriegswichtigen Stoffen

Heinz Schweinitzer, Jahrgang 1924, begann am 1. April 1938 bei den HFW seine Berufsausbildung und arbeitete nach dem erfolgreichen Abschluss als Funktionsprüfer für elektrische Anlagen. Er schildert in seinen Erinnerungen sehr anschaulich die Tätigkeiten in verschiedenen Hallen sowohl in Schönefeld als auch in Johannisthal.

Unter den 120 Lehrlingen, die wir 1938 die Ausbildung bei den HFW angetreten hatten, waren auch zwei Söhne des Werkdirektors Walter Hormel, außerdem hatten mit uns noch 80 Militärschüler ihre Ausbildung begonnen.

Während meiner Lehrzeit von 1938 bis 1941 wurden wir in den verschiedensten Gewerken bis hin zum Klempner, Schmied, Schlosser und Elektriker von erfahrenen Meistern unterwiesen. So war ich beim Rumpfbau und der -reparatur der Ju 88 eingesetzt, lernte im Gesenke- und Vorrichtungsbau und arbeitete im Werk bei der Montage der Hs 129. Als Lehrlinge hatten wir natürlich auch die Gelegenheit, uns in anderen Fertigungsstätten umzusehen. Unmittelbar neben dem Verwaltungsbau befanden sich zwei baugleiche Hallen.

In der Halle 1 war der Attrappenbau und die Materialprüfung untergebracht, es war sehr interessant, Kugeldruckpoben oder auch Bruchversuche mit Tragflächen zu beobachten. In der daneben stehenden Halle 8 befand sich der Gesenkebau und, durch eine Brandmauer getrennt, die Gießerei. Hier entstanden anhand von Holzmodellen die Gussformen aus Formsand. An der östlichen Außenwand standen die großen Gasbrenner, die die Kokillen erhitzten. Es wurden z. T. auch sehr große Gesenke – z. B. für den Unterbau der Hs 130-Kabine – bis zu zwei Meter Länge hergestellt. Die Gussteile wurden dann im Gesenkebau weiter bearbeitet. Diese Arbeiten genossen die besondere Aufmerksamkeit von Otto Oeckl, der häufig dort zu sehen war.

Die in der Halle 8 Beschäftigten hatten es sich zur Gewohnheit gemacht, die Pausen in frischer Luft an der östlichen Hallenwand zu verbringen. Dort hatte man auch einen guten Blick auf die im Bau befindliche größte Halle 12. Ich wurde am 30. September 1940 Augenzeuge des Absturzes einer Ju 88 in diese Halle. Wir rannten sofort hin um zu helfen, der Anblick war entsetzlich. Die Ju 88 lag auf dem Rücken, die Bodenwanne und Teile der linken Tragfläche fehlten. Benzin strömte in einen Versorgungsschacht, in dem Pressluft- und Stromleitungen lagen. Der mit dem Rücken zur Flugrichtung sitzende Funker befand sich noch an seinem Platz, beim Flugzeugführer und dem Beobachter waren die Gurte gerissen und beide waren heraus geschleudert worden. Da die Halle noch nicht fertig war, fehlten Löscheinrichtungen und wir mussten bis zum Eintreffen der Werksfeuerwehr tatenlos zusehen. Bis Ende November waren die Schäden beseitigt und die Halle 12 wurde in Betrieb genommen. Sie maß 100 mal 250 Meter und verfügte über zwei Gleisanschlüsse, an der Hallendecke befanden sich vier Kranstraßen mit einer Tragfähigkeit bis zu 5000 kg. In der Halle stand auch die gewaltige 8000-Tonnen-Presse, eine Eigenentwicklung der HFW. Außerdem befand sich dort der Vorrichtungsbau, dem auch wir Lehrlinge zugeteilt wurden. Wir fertigten mit Schlagpressen Kleinteile und auf einer Drückerbank die Nase für die Motorverkleidung der Ju 88 an. In Halle 4 habe ich zehn Rümpfe der Hs 130 gesehen, die zur Verschrottung bestimmt waren.

Anfang 1941 wurde ich nach Johannisthai versetzt. Links neben dem Haupttor von Werk II stand der rote Backsteinbau der Verwaltung, im Ersten Weltkrieg das „Haus der Marineflieger“; rechts davon ein historischer Hangar aus der Anfangszeit in Johannisthal, die Halle 61. In ihr waren die Schweißerei, ein Materiallager, die Schlosserei und ein Spritzraum für die Junkers W 34 sowie die Henschel Hs 126 untergebracht. In die daneben stehende ungenutzte Halle 66 wurden Glühöfen, Ölwannen und Sandstrahlgebläse installiert und in der Halle 55 erfolgte die Rumpfreparatur Ju 88. In der Stubenrauchstraße, wo heute ein Kraftwerk steht, befand sich der Betriebssportplatz.

Kurzbiographie von Heinz Schweinitzer

Einsatzfahrzeug der Flugplatzfeuerwehr in Schönefeld

Gruppenfoto vor der Hs 122, 2. v. l. Arens, daneben v. Heynitz, Kaempf und Voss, ganz rechts v. Winterfeldt

streng kontingentiert und entbehrliche Mitarbeiter zur Wehrmacht eingezogen. Diese und andere einschneidende Maßnahmen trafen auch die HFW empfindlich. So musste Anfang 1940 wegen Kohlemangel die Arbeit bei Raumtemperaturen von zehn Grad Celsius in beiden Werken zeitweise eingestellt werden. Obwohl die Belegschaft inzwischen auf mehr als 11 000 Mitarbeiter angewachsen war, meldete Karl Frydag einen Fehlbestand von 1500 Mann beim RLM an. Katastrophale Zustände im Werksverkehr führten durch Verspätungen zu Tausenden von Ausfallstunden. Die tägliche Arbeitszeit in Schwerpunktbereichen wurde auf zehn Stunden erhöht, am Karfreitag musste voll gearbeitet werden und vorübergehend wurde die 60-Stunden Arbeitswoche angeordnet.

Der von der Luftwaffe zu deckende Luftraum hatte einen erhöhten Bedarf an Flugzeugen zur Folge, gleichzeitig wuchs die Anlieferung von beschädigten Flugzeugen ständig an, so dass der Personalbestand in der Reparaturabteilung kurzfristig von 200 auf 450 Mann verstärkt werden musste. Neben Hs 126, W 33 und W 34 wurden auch zunehmend Hs 123 zur Reparatur angeliefert, da bisherige Reparaturbetriebe anderweitig ausgelastet waren. Bei den HFW wurde ein spezieller Zerlegebetrieb eingerichtet, die Arbeitsvorbereitung und Befundaufnahme wurden erweitert um die Leistungsfähigkeit zu steigern. In den tschechischen Luftfahrtbetrieben Letov und AVIA wurde unter Anleitung von HFW-Fachpersonal der Reparaturbetrieb für deutsche Flugzeuge eingerichtet, im eigenen Werk wurde die Reparatur der Ju 88 organisiert.

Dem Arbeitskräftemangel wurde versucht durch Anwerbung von Fachkräften aus den besetzten Gebieten zu begegnen. Im März ersuchten die HFW um die Zuteilung von 250 tschechischen Facharbeitern, da jedoch nur ungelernte Kräfte verfügbar waren, wurde darauf verzichtet. Einen Monat später wurde angewiesen polnische Arbeitskräfte einzusetzen, deren Unterbringung und Versorgung in „besonderen Räumen" erfolgen sollte. Im Juli wurde ein Barackenlager errichtet und eingezäunt, am 19. August trafen die ersten 100 französischen Kriegsgefangenen aus dem Stalag II in Luckenwalde ein. In den folgenden Monaten wurden weitere Lager eingerichtet. Zwangsarbeiter, Kriegsgefangene und Vertragsarbeiter aus Osteuropa verstärkten die Belegschaft der HFW. Der Anteil weiblicher Arbeitskräfte hatte bereits 15 Prozent überschritten.

Und ein weiteres Problem belastet die Arbeit. Durch die zunehmende Gefahr von Luftangriffen wurde der Aufwand an Schutzmaßnahmen immer größer. So mussten Hallen und andere Werksanlagen getarnt und verdunkelt, sowie für die Belegschaft nahe der Arbeitsstätten gesi-

cherte Schutzräume eingerichtet werden. Fliegeralarme unterbrachen häufig den Arbeitsablauf, bis im November angewiesen wurde, dass bei „nicht akuter Luftgefahr" auch während des Alarms weiter gearbeitet werden sollte. Die Luftabwehr wurde verstärkt, zwei Türme mit schweren MG wurden an der Halle 7 errichtet und ein ständiger Bereitschaftsdienst organisiert. Dafür wurden in Schönefeld 60 und in Johannisthal 45 Mitarbeiter im täglichen Wechsel eingesetzt. Am 13. November erfolgte der 50. Fliegeralarm für alle Werke in und bei Berlin; acht Tage später heulten die Sirenen bereits zum 60. Mal.
Schließlich machten die ständigen Forderungen des RLM zur Erhöhung des Produktionsausstoßes die Erweiterung der Produktionsanlagen und des Werkflugplatzes notwendig. Am 20. Juli war Richtfest an der Halle 12, in der nach der Fertigstellung das Lager, die Werkstoffprüfung, die Zurichterei, der Gesenkbau und die Presserei sowie der Werkzeugbau untergebracht wurden. Eine Hochdruckpresse mit einer Leistung von 8000 Tonnen – eine Eigenentwicklung der HFW – nahm den Betrieb auf. Durch die Entscheidung, die vorgesehene Erprobungsstelle in Oranienburg nicht zu bauen, wurden auch in Diepensee Erweiterungsbauten erforderlich. Die Vergrößerung des Flugplatzareals machte die Verlegung der Verbindungsstrasse von Schönefeld nach Diepensee notwendig. Im Juni besichtigten Gerhard Fieseler (1896–1987) und Erich Bachem (1906–1960), der spätere Direktor der Bachem-Werke und Konstrukteur der Ba 349, die baulichen und Produktionsanlagen des Werk I in Schönefeld.
Auch 1940 gab es weitere erfolgreiche Erstflüge, am 2. April startete die Hs 129V-3 und am 23. Mai hob die Hs 130V-1 ab. Die Hs 129A-0 flog am 1. Juli und die Hs 130A, Werknummer 3003, folgte am 3. August. Bereits am 16. Mai waren sechs Hs 126K-7 in Begleitung einer W 34 nach Estland abgeflogen. Am 10. Mai wurde der Einflieger Fritjof Herting, der spätere Flugbetriebsleiter, zum Flugkapitän ernannt. Damit waren mit Kaempf, Kirsch, Fuess und Voss bereits fünf Flugkapitäne bei den HFW im Einsatz.
Mit finanzieller Unterstützung durch die HFW konnte am 10. August 1940 die Verlängerung der Straßenbahnlinie 147 von Rudow bis zum Werkseingang in Schönefeld in Betrieb genommen werden. Damit hatte Berlin die längste Straßenbahnlinie erhalten und der Zubringerverkehr für die Arbeitskräfte wurde erheblich verbessert.
Leider war auch das Jahr 1940 nicht unfallfrei. Am 5. Januar stürzte die Hs 129V-2 bei Fürstenwalde ab, der Pilot kam ums Leben. Am 30. Januar musste die Do 17, Werknummer 3301, bei Waßmannsdorf notgelandet werden, bei der Ju 88, Werknummer 3030 fuhr am 7. März

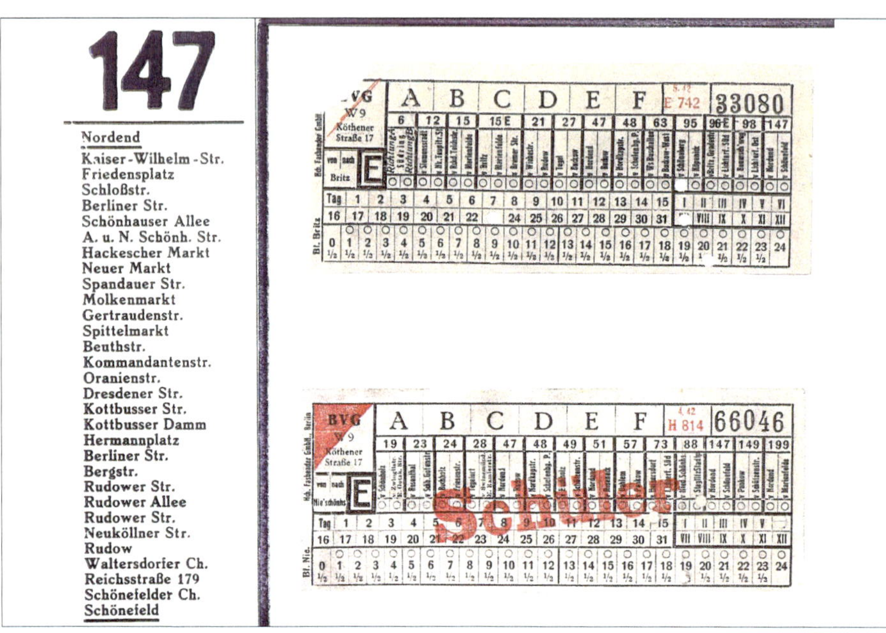

147

Nordend
Kaiser-Wilhelm-Str.
Friedensplatz
Schloßstr.
Berliner Str.
Schönhauser Allee
A. u. N. Schönh. Str.
Hackescher Markt
Neuer Markt
Spandauer Str.
Molkenmarkt
Gertraudenstr.
Spittelmarkt
Beuthstr.
Kommandantenstr.
Oranienstr.
Dresdener Str.
Kottbusser Str.
Kottbusser Damm
Hermannplatz
Berliner Str.
Bergstr.
Rudower Str.
Rudower Allee
Rudower Str.
Neuköllner Str.
Rudow
Waltersdorfer Ch.
Reichsstraße 179
Schönefelder Ch.
Schönefeld

Streckenführung und Fahrscheine der Straßenbahnlinie 147

Straßenbahn der Linie 147 bei der Fahrt durch Neukölln im August 1940

Wohlfahrt mit Nicolaus, im Hintergrund eine Potez 63.11 mit Gnôme-Rhône-Motoren

während der Landung das Fahrwerk ein und sechs Tage später machte die Hs 126, Werknummer 3260, in Bohnsdorf eine Notlandung. Schon wenige Tage später, am 1. April gab es das nächste Flugvorkommnis, die Ju 88, Werknummer 088 3056, machte in Altglienicke eine Bruchlandung. Doch damit nicht genug, die Serie setzte sich mit einer Notlandung der Hs 126, Werknummer 3263, am 20. August bei Fürstenwalde fort und zwei Tage später traf das Gleiche auch die Hs 126 mit der Werknummer 4173. Am 7. September stürzte eine Ju 52 der Luftwaffe im Werk II ab, am nächsten Tag folgte ihr die Ju 88, Werknummer 3210, nahezu an der gleichen Stelle. Die nächste Katastrophe geschah am 30. September, als die Ju 88 mit der Werknummer 3273, in die Halle 12 stürzte und außer der dreiköpfigen Besatzung auch zwei Werksangehörige ums Leben kamen. Ging die Notlandung der Hs 130A, Werknummer 3006, am 23. November bei Schadleben noch glimpflich ab, forderte der Absturz der Hs 129, Werknummer 3009, bei Braunschweig am 26. November wieder ein Todesopfer.

Obwohl die Einflieger, Werkspiloten und Flugversuchsingenieure tagtäglich ihre risikoreiche Arbeit ausübten und sich häufig in

Lebensgefahr befanden, war ihre Entlohnung keineswegs üppig. Der Versuchsingenieur Gerhard Kujas wurde z. B. am 1. Januar 1936 mit einem Monatsgehalt von 275 RM bei der Flugabteilung der HFW eingestellt. Für das gesamte Jahr wurde ihm eine einmalige Flugzulage von 150 RM zugebilligt, ab 1937 betrug diese dann monatlich 50 RM. Bis Ende 1943 war das Gehalt stufenweise auf 650 RM angestiegen.

Doch das Leben ging weiter und die Versorgung der Luftwaffe mit Kampfflugzeugen durfte nicht unterbrochen werden, bedeutete doch die im August begonnene „Luftschlacht um England" in zunehmendem Maße Verluste an Menschen und Material. Am 26. November verließ die letzte Hs 126 die Werkhalle in Johannisthal und zum Ende des Jahres befanden sich bereits sechs Hs 130 im Flugbetrieb. Am 26. September hatte der 500. Rumpf Ju 88 die Montagehalle 7 verlassen und die Abteilung F – über die noch ausführlich berichtet wird – hatte bereits 1,65 Millionen RM in die „Geräte-Entwicklung" investiert. Gemeint sind gelenkte Flügelgeschosse und raketengetriebene Flugkörper. Außerdem waren weitere fünf Musterflugzeuge übergeben worden, zwei Hs 128 an die DVL, die Hs 129V-3 und die Hs 130V-2 an die E-Stelle Rechlin sowie die Hs 130V-6 an die Versuchsstelle für Höhenflug in Oranienburg. Damit hatten die HFW seit dem Beginn der Flugzeugproduktion 1934 bereits 2545 Flugzeuge ausgeliefert.
Trotz aller Belastungen zeigt der Umsatz der HFW für 1940, dass der Krieg ein profitables Geschäft ist – er stieg gegenüber dem Vorjahr um 80 Prozent! Es wurden 372 Flugzeuge verkauft, u. a. 84 Do 17Z und 72 Hs 126B sowie 479 Baugruppen für die Junkers Ju 88. Der Lieferwert betrug rund 140 Millionen RM.

Aus dem Kriegstagebuch der HFW 1939/40

Im August 1939 liefen verstärkt Maßnahmen zur Sicherung der Werksanlagen an, die HFW bereiteten sich auf den Krieg vor. In Anbetracht der außenpolitischen Spannungen wurde die Werkluftschutz-Einsatzgruppe einberufen und im Gebäude 45 untergebracht. Der Leiter der Einsatzgruppe musste ständig im Werk verfügbar sein. Vom RLM kam die Anweisung zur Dezentralisierung der außerhalb der Hallen stehenden Flugzeuge. Die Glaskuppel auf dem Verwaltungsgebäude wurde demontiert, um Platz für einen Geschützstand zu schaffen. Unter der Bezeichnung „Mob-Einheit 33297" wurde am 25. August eine Feldartillerieeinheit aufgestellt und der Betriebsführer veranlasste die Kasernierung der Werksfeuerwehr. Eine Standleitung zum örtlichen Luftschutzleiter wurde geschaltet, Sandsäcke gefüllt und in den einzelnen Objekten

gelagert. An den Belüftungsaggregaten wurden Filter vorgeschaltet; die Schutzräume auf Einsatzbereitschaft überprüft und im offenen Zustand verplombt. Eine Urlaubssperre wurde angeordnet und alle Urlauber zurück gerufen. Die betonierten Flugbetriebsflächen wurden durch Farbanstriche getarnt und die Wirksamkeit der Tarnung der gesamten Werksanlage aus der Luft überprüft.
Am 1. September wurden sämtliche Schaulöcher in den Luftschutztüren verkittet und zur Vermeidung von Glasschäden in allen Büros Plakate mit dem Text „Bei Fliegeralarm Fenster und Türen auf!“ angebracht. Die Fenster der Fernsprechzentrale und der Feuerwehr-Signalanlage wurden mit Sandsäcken verbarrikadiert und das Schalthaus für die Stromverteilung im Werk durch Posten gesichert.
Außerdem wurde ein Flugverbot für alle nichtmilitärischen Flüge im gesamten Reichsgebiet verhängt. Am 4. September, drei Tage nach dem Einmarsch der Wehrmacht in Polen, wurde das Fliegen innerhalb der Flugplatzzone bis zu 500 Meter Höhe wieder erlaubt. Das RLM verlangte mit dem Lieferplan 15 eine erhöhte Ausbringung von Hs 126 und Ju 88 sowie die unverzügliche Fertigung von Ersatzteilen zur dreimonatigen Bevorratung. Da bis Ende September bereits rund 800 Werksangehörige zur Wehrmacht einberufen wurden, stand der Facharbeitermangel dieser Aufgabenstellung entgegen. Die für den Mobilmachungsfall vorgesehene Bereitstellung von Ersatzarbeitskräften aus anderen Bereichen der Wirtschaft funktionierte nicht, von den für die HFW zugesicherten 1040 Arbeitern und Angestellten waren bis zu diesem Zeitpunkt nicht einmal ganze 250 zugeführt worden. Für die HFW tat sich damit ein weiteres Problem auf, da Unterbringung und Versorgung dieser Neuzugänge eigenverantwortlich gesichert werden mussten. In nahe gelegenen Hotels und Pensionen wurden Betten gebunden und in den umliegenden Orten Einquartierungen bei Bauern und in gemeindeeigenen Räumen vorgenommen. Die HFW überließen zu diesem Zweck der Gemeinde Schönefeld 100 Betten.
Bei einer Besprechung im Luftgaukommando unter der Leitung des Generals der Flieger Albert Kesselring (1885–1960) am 17. Oktober wurde den HFW ein günstiger Arbeitsraum östlich von Berlin zugewiesen und für den Fall der Zerstörung des Werkflugplatzes Ausweichplätze in Polen und dem Protektorat zugesichert. Außerdem wurde jedem Industrieflugplatz ein MG-Zug zur Platzverteidigung gegen Fallschirmjäger bzw. Luftlandetruppen zugeteilt. Am nächsten Tag wurde der vom Flughafenkommandant in Döberitz abkommandierte Zug mit 38 Mann in Schönefeld einquartiert. Milch und Udet prüften persönlich bei den HFW, ob alle Möglichkeiten zur Produktionssteigerung ausgeschöpft waren. Im Ergebnis wurde einer Rückführung dringend benötigter

Fachleute vom Generalstab des Heeres zugestimmt, allerdings erfolgte diese sehr spärlich. Als Anreiz zur Leistungssteigerung wurden Zulagen an Fleisch und Fett bewilligt. Am 19. Dezember fand in der Stadt Brandenburg eine Beratung mit 50 Betriebsführern von Rüstungsbetrieben des Bereichs Potsdam statt, bei der u. a. festgestellt wurde, dass die Produktion von Munition höchste Dringlichkeit erhält, da durch den verstärkten Einsatz von Maschinenwaffen der Verbrauch erheblich über der Planung lag. Die noch zugelassenen Fahrzeuge sollten vom Dieselbetrieb auf andere Betriebsstoffe umgerüstet werden, da die Brennstoffversorgung der U-Boot-Flotte absoluten Vorrang genoss.
Nach der Kapitulation Polens wurden zum Ende des Jahres verschiedene Maßnahmen gelockert, jedoch die Einschränkungen in der materiell-technischen Versorgung, die erhöhten Anforderungen an die Rüstungsproduktion und der Arbeitskräftemangel blieben bestehen. Im April 1940 wurde durch Abwehroffiziere die Möglichkeit des Einsatzes von Ausländern bei den HFW geprüft und zunächst abgelehnt. Als Ersatzmaßnahme konnte in der Zurichterei in der Halle 1 Frauenarbeit eingeführt und für den Gesenkbau und die Gießerei in Halle 8 etwa 100 Ungelernte beschäftigt werden. Am 15. April kamen 106 Arbeitskräfte aus dem Sudetenland zum Anlernen in das Werk, im Juli wurden 100 Frauen aus Oberschlesien, die bisher in den Treuenbrietzener Metallwerken beschäftigt waren, zur Arbeit bei den HFW umgesetzt. Im Folgemonat besichtigte Generalleutnant Gerd Stieler von Heydekampf, Leiter der Rüstungsinspektion, die Werksanlagen in Schönefeld und ordnete eine Verschärfung der Verdunklungsvorschriften an. Das Mitbringen von Radioapparaten in das Werk wurde verboten, um das Abhören von „Feindsendern" zu unterbinden. An die Stelle schriftlicher Ermahnungen bei mangelnder Arbeitsdisziplin traten ab sofort Geldbußen.

Am 26. August 1940 wurde das Werk I zum ersten Mal von einem feindlichen Flugzeug überflogen. Die Maschine bewegte sich über der Wolkendecke und war deutlich zu hören, die Flughöhe betrug schätzungsweise 500 bis 600 Meter. Die Flak eröffnete sofort das Abwehrfeuer, jedoch ohne erkennbaren Erfolg. Um 3:05 Uhr erfolgte ein zweiter Anflug, hierbei wurden kurz nach dem Überfliegen des Werksgeländes zwei Bomben von je 500 lbs (etwa 227 kg) abgeworfen, welche ca. 2,5 km südwestlich des Werks links und rechts des Selchower Flutgrabens zwischen Waßmannsdorf und Selchow explodierten. Außer einem getöteten Reh und einigen Bombensplittern in einem Waßmannsdorfer Haus entstand kein Schaden. Am nächsten Tag wurde der Flakzug um 17 Mann und vier schwere MG verstärkt,

am Monatsende wurde ein weiterer schwerer MG-Zug im Werk stationiert. Am 4. September erfolgten mehrfach Überflüge in Höhen zwischen 1000 und 1500 Meter, eine Maschine umkreiste das Werk etwa 15 Minuten und setzte Leuchtbomben. Die darauf folgenden Bombenabwürfe gingen jedoch in größerer Entfernung nieder. Ein paar Tage später wiederholte sich der Vorgang bei sieben Anflügen ähnlich, sieben Sprengbomben gingen bei Groß-Ziethen nieder, wobei nur geringer Sachschaden entstand. Weitere zehn Luftangriffe bis zum Ende des Jahres verliefen in gleicher Weise, es traten aber trotz teilweise massivem Bombenwurf keine nennenswerten Schäden auf.
Die infolge von Luftalarmen ausgefallenen Arbeitsstunden mussten übrigens nach einem Erlass des Reichsarbeitsministers innerhalb von fünf Wochen nachgearbeitet werden.
Da nach Aussagen der Rüstungsinspektion III und der Arbeitsämter Teltow und Berlin eine nennenswerte Zuweisung von deutschen Arbeitskräften nicht mehr erfolgen konnte, mussten sich die HFW entschließen, ausländische Zivilarbeiter und Kriegsgefangene einzusetzen. Daraufhin kamen dänische und belgische Facharbeiter sowie französische Kriegsgefangene in den Hallen 2 und 12 zum Einsatz.

Lizenzbauten bei den HFW

Bei den Planungen zum Einstieg in die Luftfahrtindustrie hatte Oscar Henschel von Anfang an auf eine Großserien-Produktion von bewährten Flugzeugkonstruktionen gesetzt. Ihm standen die Erfahrungen der etablierten Flugzeugbauer zur Verfügung. Er konnte sich der Rückendeckung durch die neue Führungsriege in Deutschland sicher sein und er war entschlossen, sein Unternehmen mit allen Mitteln und in kürzester Zeit zu einem profitablen und effizient arbeitenden Betrieb zu entwickeln. Die Art der „Gewinnung" von kompetenten Führungskräften aus anderen Unternehmen der Flugzeugindustrie zum forcierten Aufbau seiner neuen Sparte belegt diese Vorgehensweise deutlich. Durch die Beschränkungen des Versailler Vertrags und die Rezession infolge der Weltwirtschaftskrise dümpelte die gesamte deutsche Luftfahrtindustrie auf Sparflamme. Lediglich Junkers hatte einige viel versprechende Flugzeugentwicklungen im Programm. Die Forschungs- und Entwicklungsarbeit hatte bei Junkers einen hohen Stellenwert. In der deutschen Patentliteratur sind unter dem Namen Hugo Junkers als Patentinhaber allein 320 Patente nachweisbar. Für 43 Patente werden Junkers-Betriebe als Patentinhaber genannt. Diese Zahlen gelten für den Zeitraum bis zur Vertreibung von Professor Junkers aus seinem Unternehmen durch die Nationalsozialisten im Oktober 1933. In den Jahren 1933 und 1934 wurden noch weitere 17 Patente auf den Namen seiner Ehefrau Therese Junkers eingetragen. Außerdem bekleideten die Junkers Flugzeug- und Motorenwerke eine Spitzenstellung im Metallflugzeugbau. Im Herbst 1933 fanden deshalb auch mehrfach Verhandlungen in Dessau statt, bei denen die führenden Köpfe der HFW die Möglichkeiten der Übernahme von künftigen Militärflugzeugen in ihr eigenes Produktionsprofil ausloteten. Mit Unterstützung aus dem RLM kam es Anfang 1934 zum Produktionsstart in Berlin-Johannisthal. Begonnen wurde mit der Lizenzfertigung der Junkers-Flugzeuge W 33 und W 34.

Junkers W 33 – Transportflugzeug

Dipl.-Ing. Ernst Zindel (1897–1978) hatte bei den Junkers-Werken in Dessau die W 33 als Weiterentwicklung der F 13 konstruiert. Der einmotorige Tiefdecker war für den Luftfrachtverkehr konzipiert, er wurde in der Folgezeit jedoch durch die Verwendung als Luftbildflugzeug, zur Schädlingsbekämpfung und als behelfsmäßiges Passagierflugzeug zu einem echten Mehrzweckfluggerät. Die Pilotenkabine war mit einer Doppelsteuerung ausgestattet, so dass das Flugzeug auch für Ausbildungs- und Schulungszwecke einsetzbar war. Es sind mindestens acht Grundversionen der W 33 nachweisbar. Die Maschinen waren hauptsächlich mit Junkers-Motoren vom Typ L 5 mit 310 PS (228 kW) Startleistung ausgerüstet. Der Erstflug fand am 17. Juni 1926 auf der Elbe am Leopoldshafen in Dessau statt. Weltberühmtheit erlangte die W 33, als am 12. April 1928 Ehrenfried Günther Freiherr von Hünefeld, Flugkapitän Hermann Köhl und der Ire James C. Fitzmaurice mit der D 1167 zur ersten erfolgreichen Ost-West-Überquerung des Nordatlantiks starteten.

Nach dem ersten Vorbescheid durch das RLM sollten 50 Flugzeuge der jüngsten Version W 33he mit dem Junkers-Motor L 5g gebaut werden. Im Laufe des Jahres 1934 gab es einige Änderungen in der Anzahl, zunächst 169, dann 244 und schließlich Reduzierung auf 150 Stück. Im Juni 1934 wurden die ersten sechs Exemplare, im Dezember die letzten der insgesamt 150 Flugzeuge ausgeliefert. Danach begann die Serienfertigung der Junkers W 34 in den Varianten hi und hau in Johannisthal. Mit der Fertigung der W 33 hatten die Henschelaner ihre Bewährungsprobe bestanden und die Gelegenheit genutzt, Betriebsverfahren zum Großserienbau zu erproben und Facharbeiter für den Metallflugzeugbau auszubilden.

Junkers W 34 – Mehrzweckflugzeug

1928 folgte als Weiterentwicklung der W 33 die ebenfalls einmotorige W 34, die als Mehrzweckflugzeug vor allem die Begehrlichkeiten der Militärs weckte. Das Flugzeug war stärker motorisiert, wobei etwa 20 unterschiedliche luftgekühlte Motoren in- und ausländischer Hersteller einbaufähig waren. Es war noch vielseitiger verwendbar als seine Vorgängerin. Bis zum Ende des Zweiten Weltkriegs nutzte die Luftwaffe die W 34 vorwiegend als Navigations- und Blindflugtrainer. Aber auch das Ausland interessierte sich stark für das Flugzeug, insbesondere nachdem mehrere Weltrekorde in den Kategorien Nutzlast und Flughöhe erflogen wurden. So erreichte z. B. der Werkspilot Willi Neuenhofen (1897–1936) am 26. Mai 1929 eine Flughöhe ohne Nutzlast von 12 739 Meter. Bis 1929 wurden W 34 in 15 Länder geliefert, im Junkerswerk in Fili bei Moskau wurde auch nach dessen Schließung das Flugzeug noch in großer Stückzahl für die sowjetische Luftfahrt montiert.

Eine Junkers W 34 nach erfolgreichem Einflug

Der konstruktive Aufbau der W 34 war gegenüber der W 33 nahezu unverändert, das nichteinziehbare Fahrwerk besaß hydraulisch bremsbare Haupträder und der Sporn war als starre Schleifkufe ausgebildet. Die zunächst von den HFW gebaute W 34hi wurde von einem Sternmotor des Typs BMW 132A mit einer Maximalleistung von 660 PS (485 kW) angetrieben. Ende 1934 waren bereits 2960 Mitarbeiter in Johannisthal mit dem Flugzeugbau beschäftigt.
Aufgrund der guten Erfahrungen, die das RLM mit dem Lizenzbau der W 33 bei Henschel gemacht hatte, erging 1935 ein Anschlussauftrag zum Bau der W 34 in großer Stückzahl. Die Ablieferungen betrugen 1935 durchschnittlich 20 Flugzeuge im Monat. Im Mai 1936 wurde durch das RLM der Bau der W 34 auch über den April 1937 hinaus angekündigt. Im Juli wurde die Produktionslinie auf den Einbau des Motors Bramo 322 H umgestellt und ab der 410. Maschine die W 34hau ausgeliefert. Die durchschnittliche Ablieferung betrug 1936 monatlich 25 Flugzeuge. Im August 1938 wurden die letzten W 34 von den Henschel Flugzeug-Werken abgeliefert. Insgesamt wurden von 1935 bis 1938 437 Flugzeuge der Version W 34hi und 332 der W 34hau in Johannisthal gebaut.

Dornier Do 23 – Bombenflugzeug

Eine weitere Lizenzfertigung bei den HFW waren Flugzeuge die von der Dornier-Werke GmbH in Friedrichshafen entwickelt wurden. Die Dornier-Flugzeuge waren von Anbeginn an Ganzmetallkonstruktionen und passten schon aus diesem Grund ideal in das Fertigungsprogramm der HFW. Neben der zweifellos führenden Rolle im Bau von Flugbooten konstruierte Claudius Dornier (1884–1969) auch Landflugzeuge, die für die Aufrüstung der Luftwaffe von Bedeutung waren. Bereits im März 1932 hatte die Do F, ein zweimotoriges Post- und Frachtflugzeug, seinen Erstflug und wurde auf Nachtfrachtlinien der Reichsbahn eingesetzt. Auf deren Basis wurde die Do 11 entwickelt, ein abgestrebter Schulterdecker mit starrem Fahrwerk und zwei luftgekühlten Siemens-Jupiter-Sternmotoren. Mit der Do 11 wurden die ersten Bomberstaffeln der Luftwaffe ausgerüstet. Da die Fertigungskapazitäten der Dornier-Werke nicht ausreichten um den Bedarf der Luftwaffe zu befriedigen, erteilte das RLM den Auftrag zum Lizenzbau durch die HFW.
Ende 1934 entstand durch einige konstruktive Änderungen und eine andere Motorisierung aus der Do 11 die Do 13; sie erhielt in der Serienfertigung die Bezeichnung Do 23. Rumpf und Tragflächen waren aus Leichtmetall und stoffbespannt, das starre Fahrwerk wurde beibehalten und der Antrieb erfolgte durch zwei BMW VI U mit je 750 PS (552

kW) Startleistung. Die militärische Ausrüstung war unverändert von der Do 11 übernommen worden und bestand aus 7,9 mm MG 15 in drei Waffenständen. Die Do 23 konnte bis zu einer Tonne Bomben mitführen.

Vom RLM erhielten die HFW Ende 1934 einen Vorbescheid, wonach der Aufbau der Vorrichtungen zum Serienbau der Do 23 bis Oktober 1935 abzuschließen sei. Die Rümpfe und Leitwerke sollten durch das AEG-Werk in Wildau geliefert werden, der Flächen- und Zusammenbau sowie das Einfliegen bei den HFW erfolgen. Im Werk I in Schönefeld wurde die Montagestrecke in der Halle 2 vorbereitet. Ende November 1935 begann die Endmontage und im Dezember war die erste Do 23 flugklar. Am 3. Januar 1936 hob die Maschine vom Werksflugplatz zum Erstflug ab. Bis Juni wurden planmäßig 24 Flugzeuge abgeliefert, danach die Vorrichtungen abgebaut und zur Nachnutzung an das Reparaturwerk in Erfurt übergeben. Überzählige Materialien und angearbeitete Flugzeugteile wurden vom RLM übernommen. Die Halle 2 wurde für den Bau des nächsten Musters, der Junkers Ju 86, vorbereitet.

Außer bei den HFW in Schönefeld wurde die Do 23 in den Dornier-Werken Manzell und Wismar sowie bei Blohm & Voss in Wenzendorf gebaut. Insgesamt wurden 282 Maschinen dieses Typs an das RLM abgeliefert.

Junkers Ju 86 – Bombenflugzeug

Das RLM erteilte am 18. Oktober 1933 einen Entwicklungsauftrag für einen zweimotorigen mittleren Bomber. Da auch die Lufthansa großes Interesse an einem Verkehrsflugzeug der gleichen Größenordnung hatte, entwickelte Ernst Zindel 1934 bei den Junkers-Werken in Dessau die Ju 86, von der auch eine zivile Variante gebaut wurde. Es entstand ein freitragender Tiefdecker mit Einziehfahrwerk und doppeltem Seitenleitwerk. Angetrieben wurde das Flugzeug von zwei Jumo 205, flüssigkeitsgekühlten Dieselmotoren mit je 600 PS (486 kW) Startleistung. Die Ju 86V-1 (D-AHEH, Werknummer 4901) startete bereits am 4. November 1934 in Dessau zum Erstflug, am 22. März 1935 folgte die V-2, bereits in einer zivilen Ausführung (D-ABUK, Werknummer 4902). Als Mittelstrecken-Verkehrsflugzeug für zehn Fluggäste bei der Lufthansa eingesetzt, wurde eine Version mit Sternmotoren BMW 132 auch exportiert.

Die Bomberausführung war entsprechend des Einsatzzwecks militärisch ausgerüstet, wobei sich das doppelte Steitenleitwerk als gutes Schussfeld für die Abwehrbewaffnung anbot. Der Bug wurde teilverglast, drei Waffenstände wurden eingebaut und ein Bombenschacht für

Vormontage der Flächen und Rümpfe Ju 86 im Werk I

Lasten bis zu 1000 kg integriert. Die Besatzung bestand aus vier Mann. Um die Beschusssicherheit zu erhöhen, wurde auch der Bomber von den Dieselmotoren Jumo 205 angetrieben. Allerdings zeigte sich im Truppendienst, dass diese Motoren den erforderlichen Kampfleistungen nicht gewachsen waren. Die Ju 86 wurde schon nach kurzer Zeit an die Kampffliegerschulen abgegeben. Weiterentwicklungen zu Höhenaufklärern bzw. -bombern wurden zwar von den Junkers-Werken betrieben, erlangten jedoch keine Bedeutung.

Ju 86 in Schönefeld

Der Lizenzbau der Ju 86 sollte im Juli 1936 beginnen, wobei auch dafür die Rümpfe durch das AEG-Werk in Wildau geliefert werden sollten. In der Halle 2 in Schönefeld begann im Oktober die Fertigung. Zunächst lautete der Auftrag auf den Bau von 118 Flugzeugen, das wurde im März 1936 auf 131 Stück erhöht und bereits Ende Oktober wieder auf 94 reduziert. Die Vorrichtungen wurden für eine monatliche Fertigungsrate von 45 Flugzeugen dimensioniert, die Materialbereitstellung auf diese Größenordnung ausgerichtet und die entsprechenden Lieferverträge abgeschlossen, als im Mai 1936 das RLM die monatliche Ablieferung auf maximal 16 Flugzeuge begrenzte. Hinzu kamen erhebliche Probleme durch häufige Änderungsanweisungen des Lizenzgebers, Verzögerungen in der Bereitstellung von Ausrüstungsteilen und schließlich der verspäteten Lieferung von Luftschrauben und Motoren. Die ursprünglich festgelegten Termine konnten in keinem Fall gehalten werden, erst im Oktober wurden die ersten Flugzeuge abgeliefert. Ende 1936 waren von den geforderten 19 Maschinen gerade mal acht an das RLM übergeben worden. Im August 1937 wurde die letzte von insgesamt 94 Ju 86 abgeliefert. Die Vorrichtungen wurden abgebaut und an verschiedene Reparaturbetriebe übergeben.

Dornier Do 17 – Mehrzweck-Kampfflugzeug

Egon Fath, der Chefpilot der Firma Dornier hatte am 23. November 1934 den ersten Prototyp der Do 17 erfolgreich in die Luft gebracht. Bis 1937 wurden im Auftrag des RLM noch weitere 20 Versuchsmuster für verschiedene Einsatzzwecke entwickelt, darunter die Do 17E als leichter Bomber, die Do 17F und Do 17P als Fernaufklärer sowie die Do 17Z als Mehrzweck-Kampfflugzeug.

Die Do 17V-7 war das Musterflugzeug für die E-Reihe und flog am 30. Mai 1936 zum ersten Mal. Das zweiholmige Tragwerk war blechbeplankt, die Bugkanzel verglast und das Seitenleitwerk doppelt als Endscheiben ausgeführt. Das Normalfahrwerk bestand aus zwei Hauptfahrwerksbeinen, die hydraulisch nach hinten in die Motorgondeln eingezogen wurden und einem verkleideten einziehbarem Spornrad. Mit zwei BMW VI, die je 750 PS (552 kW) abgaben, war die Do 17E seinerzeit das schnellste Bombenflugzeug. Die militärische Ausrüstung umfasste bis zu drei MG, eine Bombenlast von 500 kg und Aufhängungen für Außenlasten unter beiden Tragflächen. Zur Ausstattung gehörten eine Höhenatemversorgung, eine Funk- und Peilanlage sowie eine Askania-Kurssteuerng. Die Besatzung bestand aus drei Mann.

Für die F-Reihe diente die Do 17V-8 als Musterflugzeug, sie entsprach in den geometrischen Daten der Do 17E. Es kamen auch die gleichen

Motoren zum Einbau, die Ausrüstung wurde durch verschiedene Reihenbildgeräte und eine Handkamera ergänzt.
Der Nachfolger der Do 17F war die Do 17P, die am 18. Juni 1938 ihren Erstflug hatte. Angetrieben wurde sie von zwei BMW 132N mit je 865 PS (636 kW) Startleistung, die dreiflügligen VDM-Verstell-Luftschrauben hatten einen Durchmesser von 3,7 Meter. Durch zwei zusätzliche Rumpfbehälter erhöhte sich die Flugdauer beträchtlich.
Bereits am 1. März 1938 war die Version Do 17Z, angetrieben von zwei Bramo 323A mit einer Leistung von je 900 PS (662 kW), zu ihrem Erstflug gestartet, in den folgenden Versionen kamen der Bramo 323P mit 1010 PS (743 kW) zum Einbau. In der äußeren Form unterschied sich die Do 17Z von den Vorgängern durch ein neues Rumpfvorderteil mit einer Vollsichtkanzel. Die verschiedenen Serien waren auch unterschiedlich ausgerüstet. So konnte eine umfassende Seenotausrüstung einschließlich eines Schlauchbootes und Seenotsenders mitgeführt werden. Die verschiedensten Funkanlagen und eine Kurssteuerung K4 von Siemens sowie eine Abwehrbewaffnung von bis zu acht MG kamen zum Einbau. Die Besatzung hatte man auf vier Mann verstärkt.

Im Juni 1936 erfolgte vom RLM der Vorbescheid zum Bau von 69 Exemplaren der Do 17E und zehn der Do 17F durch die HFW, wobei gleichzeitig eine Erhöhung des Auftragsvolumens in Aussicht gestellt wurde. Die Aufnahme der Fertigung hing allerdings von der Umrüstung der Halle 2 im Werk I ab, wo sich die Ablieferung der Junkers Ju 86 verzögert hatte. Deshalb wurde im Dezember der Lieferbeginn für die Do 17E auf Juni und für die Do 17F auf September 1937 verschoben. Mit diesem Bescheid wurde auch die Anzahl der abzuliefernden Flugzeuge erhöht; es sollten bis März 1938 144 Bomber und 30 Fernaufklärer gebaut werden. Der Vorrichtungsbau wurde bei den HFW termingerecht beendet, doch die AEG lieferte die Rümpfe drei Wochen verspätet an, weshalb sich die Ablieferung der ersten beiden Flugzeuge um rund einen Monat verzögerte. Zu diesem Zeitpunkt wurde durch das RLM angekündigt, dass die Fertigung auf die neuen Versionen Do 17M und Do 17P umgestellt werden soll. Da sich im wesentlichen nur die Motorisierung und zum Teil die Ausrüstung änderte, ging der Bau der Do 17E ohne Unterbrechung weiter, allerdings wurde die Gesamtzahl der zu montierenden Flugzeuge auf 131 verringert, die letztendlich auch abgeliefert wurden. Der Auftrag zum Bau der Do 17F wurde annulliert, an deren Stelle sollten 100 Flugzeuge der Version Do 17P gebaut werden. Ende 1937 wurde dann wieder entschieden, die Do 17M nicht zu bauen und dafür den Bau der Do 17Z in Großserie zu beginnen.

Die Ablieferung der ersten Do 17P sollte bereits im Februar 1938 erfolgen, doch fehlende bzw. unvollständige Fertigungsunterlagen, Lieferverzug bei Fahrwerken und stockende Bereitstellung von Motoren sowie die verzögerte Anlieferung der Rümpfe durch AEG führten dazu, dass erst im Mai vier Flugzeuge fertig gestellt waren. Durch eine straffe Arbeitsorganisation und verlängerte Arbeitszeiten schafften es die Henschelaner bis zum Jahresende 98 Do 17P abzuliefern, die restlichen zwei Flugzeuge folgen Anfang 1939.
Die Lieferung der Do 17Z sollte laut Lieferplan 7 im August 1938 beginnen, wurde aber später auf Oktober verschoben. Nach mehreren Änderungen beim Auftragsumfang orderte das RLM schließlich 320 Exemplare dieser Version. Bis zum Jahresende wurden 18 Maschinen ausgeliefert und da 1939 nur noch die Fertigung der Z-Version in Halle 2 lief, gewann die Montage an Tempo. Allerdings hielten die Zulieferer nicht mit und so wurden bis zum August rund 50 Maschinen in Schönefeld abgestellt, da u. a. die Motoren fehlten. Inzwischen standen die Versionen Z-2 als Fernbomber und Z-3 als bewaffneter Aufklärer in der Fertigung. 1939 wurden 217 Flugzeuge abgeliefert. Im folgenden Jahr machten sich die Auswirkungen des Krieges bereits bemerkbar, es fehlte an Arbeitskräften. Da die Sollstärke der Belegschaft um rund 900 Mitarbeiter unterschritten war, erklärte sich das RLM mit dem Lieferplan 17 zu einem verringerten monatlichen Ausstoß bereit. Mit der Ablieferung der 319. Do 17Z im September 1939 war der Bau dieses Musters bei den HFW abgeschlossen. Eine Maschine war Anfang des Jahres bei einer Notlandung beschädigt und nicht wieder aufgebaut worden, sie wurde vom Programm abgesetzt. Damit hatten die HFW insgesamt 550 Exemplare der Do 17 an die Luftwaffe geliefert. Auch beim Hamburger Flugzeugbau und bei Siebel in Halle wurde die Do 17 in Lizenz gefertigt.

Junkers Ju 88 – mittlerer Bomber

Der zweimotorige Schnellbomber spielte in der Ausrüstung der Luftwaffe im Zweiten Weltkrieg eine herausragende Rolle. In über 60 Versionen wurden von der Maschine mehr als 15 000 gebaut, u. a. auch bei den HFW.
Der freitragende Tiefdecker hatte einen zweiholmigen Ganzmetallflügel, dessen Hinterkante außen als Querruder und innen als Landeklappen ausgebildet war. In Höhe des Vorderholms waren an den Außenflügeln gitterförmige Sturzflugbremsen angebracht. Der Rumpf war als Ganzmetall-Schalenrumpf mit ovalem Querschnitt konstruiert. Der Bug war als Vollsichtkanzel ausgebildet, an den sich der ebenfalls voll

Blick auf die Einflughalle 6, davor Ju 88

Aus Halle 7 wird am 26. September 1940 der 500. Rumpf einer Ju 88 ausgebracht

Junkers Ju 88 vor der Einflughalle in Schönefeld

Absturz der Ju 88, Werknummer 3210, in Johannisthal

Leitwerk der abgestürzten Ju 88mit der Werknummer 3210

Beisetzung der Ju 88-Besatzung, die am 30. September 1940 in die Halle 12 stürzte, in Schönefeld

verglaste Führerraum anschloss. Das konventionelle Leitwerk – anfangs noch mit stoffbespannten Rudern, ab der A-4 in Ganzmetallbauweise – hatte an allen Rudern Trimmklappen und an der Höhenflosse aufblasbare Gummi-Enteiser. Die Hauptfahrwerksräder waren hydraulisch bremsbar, die freitragenden, ölgedämpften Fahrwerksbeine wurden um 90 Grad gedreht und nach hinten in die Motorgondeln, das Spornrad ebenfalls nach hinten in das Rumpfheck eingezogen. Zwei flüssigkeitsgekühlte Zwölf-Zylinder-Motoren Jumo 211J mit je 1410 PS (1037 kW) Startleistung wirkten auf Dreiblatt-Verstell-Luftschrauben und trieben damit das Flugzeug an. Zur Vergrößerung der Reichweite konnte zusätzlich ein Kraftstofftank in den Bombenschacht eingebaut werden. Die Besatzung bestand aus vier Mann, der Pilot saß vorn links, daneben etwas tiefer der Beobachter und Bombenschütze. Hinter dem Rücken des Piloten saß entgegengesetzt der Flugrichtung der Bordschütze und ebenfalls mit Blick nach hinten neben ihm der zweite Schütze, der gleichzeitig als Bordfunker agierte. Die Bewaffnung bestand aus einem starren 7,9-mm-MG 81 in der Frontscheibe, welches vom Piloten bedient wurde. Der Beobachter konnte ein bewegliches MG 131, Kaliber 12,7 mm, bedienen. Als Defensivbewaffnung nach hinten waren zwei MG 81 auf Linsenlafetten mit je 1000 Schuss Munition und in der Bodenwanne ein Zwillings-MG 81Z eingebaut. Die Bombenlast betrug 3 000 kg.

Bereits kurze Zeit nach der offiziellen Aufstellung der Luftwaffe als dritte Teilstreitkraft am 1. März 1935 gab das Technische Amt im RLM die Ausschreibung für einen Schnellbomber heraus, an der die Flugzeugfirmen Dornier, Focke-Wulf, Henschel, Junkers und Messerschmitt mit entsprechenden Entwürfen beteiligt waren. Der Beitrag der HFW war die Hs 127, die letztendlich scheiterte, während die Junkers Ju 88 als Sieger aus dem Wettbewerb hervor ging. Am 15. Januar 1936 begannen die jungen Ingenieure Evers und Gassner mit den Konstruktionsarbeiten und bereits am 21. Dezember startete der Chefpilot der Junkers-Werke, Flugkapitän Karl-Heinz Kindermann, mit dem ersten Versuchsflugzeug mit der Kennung D-AQEN in Dessau zum Erstflug. Die Maschine stürzte zwar bei einem der folgenden Erprobungsflüge ab, wobei sie total zerstört wurde, aber die V-2, Kennung D-AREN, erhob sich am 10. April 1937 in die Luft und konnte sich in den anschließenden Vergleichsfliegen gegen alle Konkurrenten durchsetzen. Kurze Zeit später entschied die Luftwaffenführung die Ju 88 als Standardbomber bei der Luftwaffe einzusetzen und Reichsmarschall Göring, als Oberbefehlshaber der Luftwaffe, übertrug die Verantwortung für den Großserienbau Heinrich Koppenberg, dem Generaldirektor der Junkers-Werke mit den Worten: „... und nun machen Sie alles frei für den Start und schaffen Sie mir eine mächtige Flotte von Ju 88 ...“.

Für die geplante Massenfertigung des Kampfflugzeugs reichten die Kapazitäten der Junkers-Werke bei weitem nicht aus und so wurde nach diversen Beratungen am 1. Juli 1938 entschieden, dass unter Führung von Junkers die Werke Dornier-Friedrichshafen, Dornier-Wismar, Heinkel-Oranienburg, Siebel, Arado und Henschel in den Großserienbau einbezogen werden. Die Arbeitsaufteilung sah vor, dass die HFW für Rumpf, Sporn, Triebwerk und die Endmontage verantwortlich zeichnen, AEG das Leitwerk und Arado das Tragwerk liefern sollten.
Die ersten Bauvorrichtungen wurden ab dem 10. Januar 1939 in der Halle 2 des Werk I in Schönefeld aufgestellt. Nach dem Lieferplan 10 des RLM hatten die HFW zunächst 504 Rümpfe zu bauen, von denen die Hälfte an Arado zu liefern waren und die andere Hälfte bei den HFW zur Fertigmontage verbleiben sollte. Am 18. August wurde der erste Bausatz Triebwerk und drei Tage später der erste vorgerüstete Rumpf an Arado nach Brandenburg ausgeliefert. Am 26. August flog die erste in Schönefeld endmontierte Ju 88, sie ging am 9. Oktober zur E-Stelle nach Rechlin. Am 5. Dezember 1939 machte der Pilot des RLM, Brückner, mit der Werknummer 3010 aufgrund einer technischen Störung eine Bruchlandung in Schönefeld und am 14. des gleichen Monats musste der Werkpilot Katzberg die Werknummer 3013 wegen eines Motorschadens in Fürstenwalde notlanden. Bis zum Jahresende wurden 13 Ju 88 an das RLM und 30 Baugruppen an Arado ausgeliefert.
Trotz großer Schwierigkeiten infolge Mangels an Elektroenergie, Kohle, Rohstoffen und Arbeitskräften verließ am 26. September 1940 bereits der 500. Rumpf die Werkhalle 7, in der die Einbauten erfolgten. Vier Tage später erschütterte eine Katastrophe die gesamte Belegschaft. Die Ju 88 mit der Werknummer 3273 stürzte während eines Ausdauerflugs aus geringer Höhe in die im Endausbau befindliche Halle 12 und ging in Flammen auf. Die dreiköpfige Besatzung unter Feldwebel Ludwig Hildt und zwei Belegschaftsmitglieder kamen dabei ums Leben.
Im Gesamtjahr 1940 wurden 305 Ju 88 von den HFW abgeliefert und 479 Sätze Baugruppen der Versionen A-5, A-4 und A-6 versandt. Auch 1941 ging der Bau des Kampfflugzeugs weiter, obwohl durch das RLM angekündigt worden war, 1941 die Fertigung der Dornier Do 217 im Anschluss an die Ju 88 bei den HFW aufzunehmen. Im Werk II in Johannisthal wurde indessen mit der Rumpfreparatur beschädigter Ju 88 begonnen, jedoch mit der Einrichtung von Frontreparaturbetrieben sowie zunehmender Transportprobleme im April 1943 wieder eingestellt. Ab 1942 wurde auch die Version Ju 88A-14 montiert, eine Variante der A-4 als Bomber zur Schiffsbekämpfung, die, ohne Sturzflugbremsen, mit einer stärkeren Panzerung und einem zusätzlichen MG im Bug

ausgeliefert wurde. Auch von der Version S-3, einem Schnellbomber mit Jumo 213E-1 wurden bis zum Stopp im Oktober 1944 noch 185 Stück produziert. Bereits am 3. Juli 1942 hatte das RLM angekündigt, dass nach Auslaufen der Ju 88-Fertigung ab Oktober 1943 die Ju 188 gebaut werden und ab diesem Zeitpunkt der Triebwerksbau bei den HFW entfallen sollte. Die kompletten Motoren würden dann von BMW Eisenach angeliefert werden, doch dazu kam es nicht mehr.
In den Monatsberichten der HFW einschließlich 1944 können insgesamt 2634 abgelieferte Ju 88 aller Versionen nachgewiesen werden. Für das Jahr 1945 standen leider nur wenige auswertbare Unterlagen zur Verfügung, nach einer Meldung vom 2. Februar 1945 wurde allerdings noch die Übergabe von zehn Ju 88 in der zweiten Monatshälfte Januar bestätigt.

Forschung und Entwicklung

Patentarbeit bei den HFW

Die in einem früheren Abschnitt beschriebene „Henschel-Philosophie“ forderte im Punkt 3 maximale Anstrengungen zur Eigenentwicklung von Maschinen und Werkzeugen, um die Fabrikation effizient und paßgerecht zu gestalten. Begonnen hatte die Sicherung von fortschrittlichen Produktionsverfahren und Erfindungen im Flugzeugbau bereits 1933, als mit der Firma Rohrbach über den Ankauf von deren wesentlichen Patenten auf diesem Gebiet verhandelt wurde. Schließlich war am 14. März 1934 der Kaufvertrag unterzeichnet worden – die Patente gingen für 75 000 RM in den Besitz der HFW über.
Darunter waren solche fundamentalen Patente wie DRP Nr. 479 726 „Flugzeug mit von Hohlwänden umschlossenen Räumen in der Rumpfbeplankung zur Schalldämpfung“, DRP Nr. 469 713 „Flugzeugtragfläche aus einem kastenförmigen Träger und lösbaren oder abklappbaren Vorder- und Hinterkantenteilen“ oder DRP Nr. 392 864 „Eindeckerflugzeug mit mehreren Motoren, deren Gondeln durch Streben gegen den Flügel abgestützt sind“.
Auch von dem Niederländischen Patentinhaber N.V. Algemeene Octrooi Exploitatie Maatschappij in Rotterdam erwarb Oscar Henschel eine Reihe von bedeutenden Patenten, den konstruktiven Aufbau von Flugzeugen – darunter auch Seeflugzeuge – betreffend. Interessant ist dabei z. B. das Patent DRP Nr. 547 624, in dem als Erfinder Dr.-Ing. Herbert Wagner genannt wird. Von ihm wird noch häufiger die Rede sein, leite-

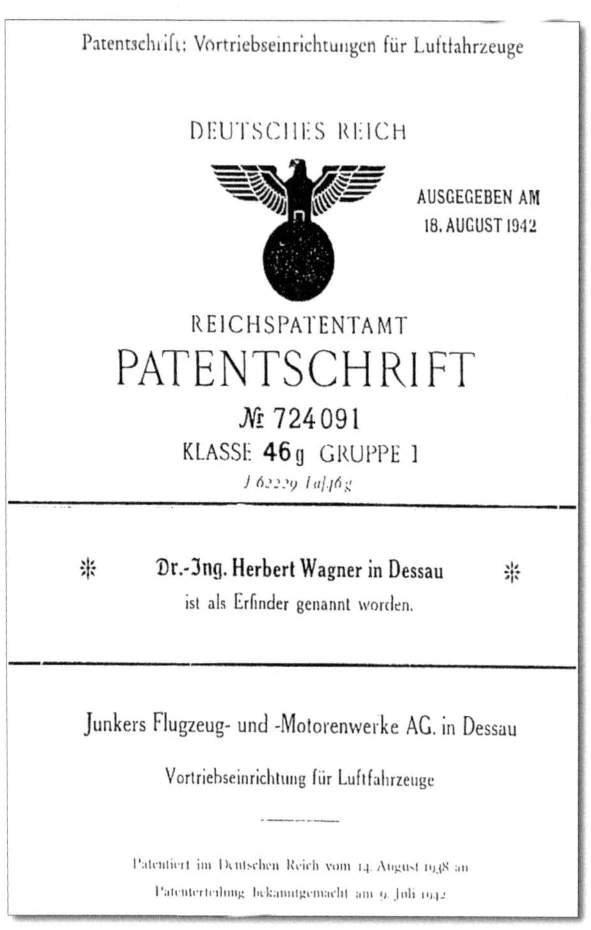

Patentschrift: Vortriebseinrichtungen für Luftfahrzeuge

DEUTSCHES REICH

AUSGEGEBEN AM
18. AUGUST 1942

REICHSPATENTAMT

PATENTSCHRIFT

№ 724091

KLASSE 46g GRUPPE 1

J 62229 Ia/46g

Dr.-Ing. Herbert Wagner in Dessau
ist als Erfinder genannt worden.

Junkers Flugzeug- und -Motorenwerke AG. in Dessau

Vortriebseinrichtung für Luftfahrzeuge

Patentiert im Deutschen Reich vom 14. August 1938 an
Patenterteilung bekanntgemacht am 9. Juli 1942

Patentschrift auf Dr.-Ing. Herbert Wagner vom 16. August 1942; die Einreichung stammt noch aus seiner Tätigkeit bei den Junkers-Werken

te er doch lange Zeit die Abteilung F der HFW. In der Patentschrift wird u. a beschrieben, dass „...das Stegblech als geschlossenes Zugdiagonalfeld (ausgebildet wird), das unter Belastung schrägliegende Falten bildet ...“. Die Beplankung der Flugzeugrümpfe konnte damit wesentlich materialsparender ausgeführt werden.

Die später von den HFW angemeldeten Patente behandeln zumeist Detailverbesserungen an Flugzeugen der damals üblichen Bauart. Dabei richteten die Ingenieure ihr Augenmerk besonders auf die Konstruktion von Trag- und Leitwerken sowie auf konstruktive Details am Fahrwerk, den Verschluss von Handlochdeckeln und die Hydraulik.

Die Arbeiten auf dem Gebiet der Metallverformung wie Pressen und Profilziehen, führten bereits 1935 zu ersten patentreifen Lösungen. Die dabei für die Metallverarbeitung entwickelten Maschinen und Anlagen trugen wesentlich zum hohen technologischen Fertigungsstandard der HFW bei. Das gleiche traf auf die Bauvorrichtungen zu, deren patentrechtlicher Schutz 1937 begann. Einzelne Forschungsgruppen befassten sich speziell mit Problemen des Höhenfluges. 1938 reichten die HFW dazu die ersten Patente für Detaillösungen im Zusammenhang mit dem Bau der Hs 128 ein.

Natürlich gelangten auch Patente für Erfindungen zur Anmeldung, die niemals praktisch verwirklicht wurden. Hierzu zählen z. B. ein mehrmotoriges Landflugzeug mit schwimmfähiger Kabine und zwei Patente des Dresdners Riedl für den Bau eines Hubschraubers.

Insgesamt meldeten die HFW 207 Erfindungen als Patent an, nicht gerechnet hierbei die Zahl der einzelnen Patentansprüche. Davon entfielen 134 Erfindungen (fast 65 Prozent) auf das Gebiet der Flugtechnik und 58 Erfindungen (28 Prozent) auf das Gebiet der Fertigungstechnologie beim Bau von Flugzeugen. Der Anteil technologischer Erfindungen dürfte im Vergleich zu anderen Herstellern ungewöhnlich hoch sein. Allerdings ist bei diesen Zahlen zu berücksichtigen, dass bei allen ab dem 15. Januar 1944 eingereichten Patenten sowohl der Patentinhaber als auch der Erfinder nicht mehr genannt werden durften. Diese Übersicht ist deshalb mit Sicherheit nicht vollständig. Für die 207 Patente sind 98 Erfinder namentlich aufgeführt. Ganz oben auf der Liste steht Otto Oeckl aus Berlin-Schöneberg mit 22 Erfindungen und sieben Miterfindungen. Die meisten davon betreffen Maschinen und Bauvorrichtungen. An zweiter Stelle folgt mit Friedrich Nicolaus aus Berlin-Wilmersdorf (acht Erfindungen und vier Miterfindungen) bereits ein Flugzeugkonstrukteur. Professor Herbert Wagner konnte auch auf eine lange Liste von patentierten Erfindungen, z. T. bei anderen Flugzeugfirmen, verweisen. Auch die folgenden HFW-Mitarbeiter haben zahlreiche Erfindungen patentiert bekommen:

Emil Kolland aus Berlin-Johannisthal mit 6 + 3 Erfindungen, Johannes Müller aus Blankenfelde mit 5 + 5, Rudolf Koch aus Berlin-Grünau mit 5 + 1, Wilhelm Wohlfahrt aus Berlin-Lankwitz mit 4 + 3, Heinrich Warth aus Berlin-Johannisthal mit 4 + 1 und Wilhelm Paul aus Berlin-Grunewald mit 4 + 1 Erfindungen.

Einige Beispiele sollen einen Einblick in die Arbeit der HFW-Ingenieure geben. Angegebene Jahreszahlen beziehen sich zumeist auf das Jahr der Bekanntgabe der Patentschrift. Der eigentliche Patentschutz setzte aber meist schon einige Jahre früher ein. Bereits am 12. Juni 1931 erhielt Otto Oeckl das Patent DRP Nr. 597 863 auf die Erfindung der „Nagelzuführungsvorrichtung für Druckluftnagelhämmer". Die „Einrichtung zum Aufbocken von Flugzeugen" wurde den HFW am 13. September 1933 patentiert und drei Monate später die „Dreipunkt-Aufhängevorrichtung für Luftfahrzeugmotoren". Aus den erteilten Patenten sind so bemerkenswerte Erfindungen wie der „Steuerkraftmesser für Flugzeuge" (DRP Nr. 630 368) oder die „Verstelleinrichtung für Landeklappen von Flugzeugen" (DRP Nr. 620 854) zu nennen. Von Professor Wagner stammt auch die Patentanmeldung über „Vortriebseinrichtungen für

Luftfahrzeuge“ vom 14. August 1938 (DRP Nr. 724 091) und am Patent „kraftgetriebene Einrichtung zur Beeinflussung der Strömungsgrenzschicht an Tragwerken von Luftfahrzeugen“ (DRP Nr. 693 898) wird er als Miterfinder genannt. Für den Werkzeugbau sind solche Erfindungen patentiert worden, wie die „Fräsmaschine für die Bearbeitung von Arbeitsstücken großer Länge“ (DRP Nr. 668 542), die „Einrichtung zum Ziehen von Profilen aus Metallband“ (DRP Nr. 629 644) oder die „Presse für Blechformkörper“ (DRP Nr. 713 221). Auch an der Vervollkommnung der Bewaffnung ihrer Kampfflugzeuge hatten die HFW-Ingenieure ihren Anteil. Mit dem DRP Nr. 699 159 vom 28. Oktober 1937 wurde die „Wiegenlafette für Schnellfeuerwaffen“ patentiert; die „Bombenlenkeinrichtung für Abwurfgeräte an Luftfahrzeugen“ (DRP Nr. 698 996) wurde von ihnen ebenso erfunden wie die „Reihenabwurfvorrichtung für Bomben und andere von einem Flugzeug abwerfbare Lasten“ (DRP Nr. 738 759). Epochale Erfindungen wie „Lehrgerüst zur Flugzeugherstellung“ (DRP Nr. 688 593) oder die „Druckkabine für Höhenflugzeuge“ (DRP Nr. 715 460) gehen ebenfalls auf das Konto der Erfinder bei den HFW.

Rechentechnik für die Konstruktion

Konrad Zuse 1992

Nach Abschluss seines Ingenieurstudiums an der Technischen Hochschule Berlin-Charlottenburg (heute TU Berlin) trat Konrad Zuse (1910–1995) 1935 als Statiker in den Dienst der HFW. Schon während seines Studiums hatte er sich intensiv mit der Konstruktion eines programmierbaren Rechners beschäftigt. Da die Berechnungen in der Flugstatik sehr monoton und mühselig waren, beschloss Zuse diese zu automatisieren. 1938 hatte er einen elektrisch angetriebenen mechanischen Rechner fertig gestellt, den Z 1. Dieser hatte allerdings nur begrenzte Programmierbarkeit, die Befehle wurden über Lochstreifen eingegeben. Aufgrund der mechani-

Konrad Zuse, geboren am 22. Juni 1910 in Berlin, zog mit seiner Familie zwei Jahre später in das ostpreußische Braunsberg, wo der Vater als Postbeamter tätig war. Dort besuchte Konrad das humanistische Gymnasium Hosianum. Als er in der 9. Klasse war, erfolgte ein erneuter Umzug der Familie nach Hoyerswerda. Am dortigen Reform-Realgymnasium legte Zuse 1928 das Abitur ab. Er hatte schon frühzeitig seine Vorliebe für Technik und Kunst entdeckt und begann deshalb sein Studium an der TH Berlin-Charlottenburg. Zunächst im Maschinenbau, wechselte er schnell zur Architektur und schließlich zum Bauingenieurwesen, welches ihm als ideale Kombination von Ingenieur und Künstler erschien. 1935 schloss Zuse das Studium mit einem Diplom ab. Schon seit 1934 hatte er Überlegungen zum Bau eines programmierbaren Rechners angestellt. Während seiner Tätigkeit als Statiker bei den HFW kam ihm die Idee, die sehr monotonen und mühseligen Berechnungen in der Flugstatik zu automatisieren. 1938 war der erste elektrisch angetriebene mechanische Rechner Z 1 fertig gestellt. Er hatte allerdings noch begrenzte Programmiermöglichkeiten und die Befehle wurden von Lochstreifen abgelesen.

Während des Krieges wurde Zuse wiederholt einberufen, aber es gelang ihn „unabkömmlich" zu stellen und weiter bei den HFW zu beschäftigen. Dort entwickelte er die Spezialrechner S 1 und S 2 für die Optimierung von Flügelprofilen, wobei der Rechner S 1 bereits in der Produktion eingesetzt wurde.

Mit Unterstützung der Aerodynamischen Versuchsanstalt baute Zuse 1940 den Rechner Z 2, der mit Telefonrelais arbeitete und 1941 den vollautomatischen, in binärer Gleitkommarechnung arbeitenden Rechner Z 3 mit Speicher und einer Zentraleinheit. Der Z 3 gilt heute als erster Computer der Welt. 1945 hatte Zuse teilweise den Computer Z 4 fertig gebaut und in Einzelteilen zerlegt nach Süddeutschland in Sicherheit gebracht. Bis zum Ende des Krieges entwickelte Zuse noch die erste universelle Programmiersprache „Plankalkül", die jedoch auf den damaligen Computern noch nicht einsetzbar war. Nach dem Krieg gründete er in Neukirchen die Zuse KG und stellte den Z 4 fertig, der an der Eidgenössischen Technischen Hochschule (ETH) Zürich installiert wurde. Es war zur damaligen Zeit der einzige und erste kommerziell genutzte Computer weltweit. Bis 1967 baute die Firma 251 Computer, ehe sie von Siemens übernommen wurde. 1981 wurde Konrad Zuse von der TU Dresden die Ehrendoktorwürde verliehen, es folgten noch mehrere Auszeichnungen und Würdigungen. Nach seiner Pensionierung widmete Zuse sich seinem Hobby, der Malerei.

Konrad Zuse verstarb am 18. Dezember 1995 in Hünfeld, dort gibt es auch ein Museum seines Namens. In verschiedenen Sammlungen sind nach gebaute und z. T. noch funktionstüchtige Rechner von Zuse ausgestellt.

Kurzbiographie von Konrad Zuse

schen Ausführung arbeitete der Rechner noch recht unzuverlässig. Ein Nachbau des Z 1 ist heute im Deutschen Technikmuseum Berlin (DTMB) zu besichtigen.

Trotz dieses Mankos hatte die Arbeit von Konrad Zuse fundamentale Bedeutung. Dabei muss man bedenken, dass er, durch die Isolierung Deutschlands während des Krieges, keine Kenntnis von den parallelen Forschungsarbeiten in England und den USA hatte. Ohne wesentliche Unterstützung „bastelte" Zuse weiter und baute den Rechner Z 2, der einen Speicher aus mechanischen Schaltgliedern hatte und dessen Rechenwerk bereits mit elektromechanischen Schaltrelais arbeitete. Der Rechner wurde versuchsweise bei den HFW zur Lohnabrechnung eingesetzt. Nach der Bildung der Abteilung F unter Professor Herbert Wagner konnte Zuse sich nun ausschließlich um seine Zielvorstellung, eine Rechenmaschine für Wissenschaftler und Ingenieure zu entwickeln, bemühen. Als er zur Wehrmacht einberufen wurde, gelang es unter Nutzung der guten Beziehungen der HFW zum RLM, Zuse als „unabkömmlich" einzustufen. Dadurch konnte er auch den Forderungen von Professor Wagner nachkommen, der einen Spezialrechner für aerodynamische Flügelprofile brauchte. Der S 1 genannte Apparat wurde u. a. zur Optimierung der ferngelenkten Gleitbombe Hs 293 und zur Flügelvermessung bei der Fertigungskontrolle und Justierung eingesetzt. Ein weiterer Spezialrechner S 2, der durch das automatische Abtasten mittels Messuhren als Prozessrechner anzusehen ist, wurde im Werk IV in Warnsdorf zur Erprobung an der Montagestrecke der Hs 293 aufgestellt, kam aber praktisch nicht mehr zur Anwendung. Von staatlicher Seite erhielt Zuse zunächst kaum Unterstützung, da Hitler in der irrigen Auffassung lebte, den Krieg in kurzer Zeit zu gewinnen. Deshalb wurden Projekte mit Entwicklungsdauern von mehreren Jahren nicht gefördert. Dank der Hartnäckigkeit von Luftfahrtspezialisten, die das Potenzial eines programmierbaren Rechners frühzeitig erkannt hatten und der Unterstützung durch die Führungskräfte der HFW kam es doch noch zu einer Aufgabenstellung durch das RLM. Auch die DVL forderte dringend einen Rechenautomaten, doch gelang es ihr nicht, eine entsprechende Dringlichkeit zu erhalten und ein Forscherteam dafür zusammen zu stellen.

1941 entstand der Rechner Z 3, der vollautomatisch in binärer Gleitkommarechnung arbeitete und lineare Gleichungssysteme, quadratische Gleichungen und spezielle Programme für die DVL abarbeiten konnte. Er besaß einen Massenspeicher und eine Zentralrecheneinheit mit Telefonrelais. Der Z 3 gilt heute als der erste funktionstüchtige Computer der Welt, ein Nachbau ist im Deutschen Museum in München ausgestellt. 1945 wurde die Rechenmaschine durch einen Bombentreffer zerstört. Der nächste Rechner Z 4 war zu diesem Zeitpunkt nahezu fertig gestellt und im März 1945 zur AVA Göttingen ausgelagert worden. Er entging der Vernichtung nur, weil er mit Hilfe der Raketenspezialisten aus Peenemünde, Wernher von Braun (1912–1977) und Walter Dornberger (1895-1980), in Kisten verpackt auf einem Militärlastwagen nach Süddeutschland verbracht und dort versteckt wurde. 1949 baute Zuse den Z 4 fertig und vermietete ihn an die Eidgenössische Technische Hochschule (ETH) Zürich. Während seiner Tätigkeit bei den HFW trat Konrad Zuse mit theoretischen Arbeiten auf dem Gebiet der Schaltalgebra und Computeralgorithmen hervor und entwickelte die erste universelle Programmiersprache für Computer, den „Plankalkül".

Professor Wagner und die Abteilung F

Professor Dr.-Ing. Herbert Wagner (1900–1982) trat am 2. Januar 1940 seinen Dienst bei den HFW an. Er hatte bis dahin schon deutliche Spuren in der Luftfahrtindustrie, mehr noch in der Luftfahrtforschung, hinterlassen. So hatte er sich während seiner Zeit an der TH Danzig besonders intensiv mit theoretischen und experimentellen Untersuchungen auf dem Gebiet der Statik und Festigkeit von Flugzeugen beschäftigt, ehe er den Lehrstuhl für Luftfahrtwesen an der TH Berlin-Charlottenburg übernahm. Besondere Fürsorge widmete er dort dem Ausbau des Flugtechnischen Instituts, welches er bis 1938 leitete. Während dieser Zeit hatte Wagner sich neben der Entwicklung von Strahltriebwerken als Antrieb von Luftfahrzeugen auch mit der Möglichkeit der Fernlenkung von Flugkörpern befasst. Die Idee dazu existierte schon seit längerem, aber die Militärs hatten das Potenzial zum Einsatz als Waffe noch nicht erkannt. Das änderte sich mit Ausbruch des Krieges und das RLM setzte 1939 den Ingenieur Rudolf Brée als zuständig für die Entwicklung von ferngelenkten Flugkörpern ein. Als bald nach Kriegsbeginn die Forschungsarbeiten auf diesem Gebiet verstärkt wurden, gründete man bei den HFW die Abteilung F, wobei das F möglicherweise für Forschung steht.

Das Dachgeschoss des Verwaltungsgebäudes im Werk I wurde das erste Domizil der streng geheimen Abteilung, das Betreten war nur einem bestimmten Personenkreis gestattet. Aufgrund der strikten Geheimhaltung wussten nur wenige Mitarbeiter, dass dort an ferngelenkten Waffen gearbeitet wurde. Daher ist auch diese Entwicklungsetappe in den Monatsberichten der HFW nur dürftig dokumentiert. Allerdings kann man an den Aktivitäten der Firmenleitung, vornehmlich von Betriebsleiter Walter Hormel und dem leitenden Ingenieur Karl Frydag, aber vor

Herbert Wagner, geboren am 22. Mai 1900 in Graz (Österreich-Ungarn), besuchte von 1906 bis 1910 die Volksschule, danach bis 1914 die Realschule in Graz. Von 1914 bis 1917 absolvierte er die Marineakademie in Fiume, dem heutigen Rijeka. 1917 legte er das Abitur an der deutschen Oberschule in Triest ab. Danach diente er zwei Jahre als Seekadett bei der österreichisch-ungarischen Marine, ehe er im Frühjahr 1920 das Studium an der TH Berlin in der Fachrichtung Schiffs- und Schiffsmaschinenbau begann. 1922 legte Wagner die Diplomhauptprüfung ab, nach einjähriger Tätigkeit als Assistent promovierte er im Juni 1924 mit der Arbeit „Über die Entstehung des dynamischen Auftriebs von Tragflügeln" und trat dann als Konstrukteur bei der Firma Rohrbach-Metallflugzeugbau ein, wo er den Rumpf- und Schwimmwerkbau leitete.

Im Herbst 1927 erhielt er einen Lehrauftrag für Luftfahrzeugbau an der TH Danzig. Als außerordentlicher Professor übernahm er 1928 die Leitung des Flugtechnischen Instituts und den Aufbau der Akademischen Fliegergruppe; dabei legte er auch die Prüfung als Flugzeugführer ab. Am 1. Oktober 1929 wurde Wagner zum ordentlichen Professor ernannt und übernahm 1930 am Lehrstuhl für Luftfahrtwesen an der TH Berlin die Leitung der Fakultät für Maschinenwesen. Ab 1935 erfolgte eine Teilbeurlaubung für die Tätigkeit bei Junkers, wo er die Forschung und Sonderentwicklung in der Junkers Flugzeug und Motoren AG in Dessau leitete. Zum 30. April 1938 schied Wagner als Hochschullehrer aus und wurde stellvertretendes Vorstandsmitglied der Junkers-Werke in Dessau. 1939 entwarf er ein Strahltriebwerk mit Axialverdichter. Im Januar 1940 nahm Wagner seine Tätigkeit bei den Henschel Flugzeug-Werken in Schönefeld auf und wurde dort Leiter der Abteilung F, die insbesondere an der Entwicklung ferngelenkter fliegender Bomben arbeitete. Schon am 17. Dezember 1940 erfolgte der erste Abwurf eines unbemannten Flugkörpers, bis zum Ende des Krieges arbeitete Wagner an der Entwicklung und Erprobung von Flugabwehr-Raketen. 1945 ging er in die USA und arbeitete dort an Fernlenksystemen, zunächst für die US-Marine, dann auch für Rüstungsfirmen. Bis 1949 war er im Naval Air Missile Test Center (NAMTC) in Kalifornien angestellt. 1951 wurde die Wagner Company in Van Nuys gegründet, die Wagner als Präsident und Chefingenieur bis 1957 leitete. Danach kehrte er als Hochschullehrer an die Fakultät für Maschinenwesen und Elektrotechnik nach Aachen zurück. 1960 wurde Wagner die Ehrendoktorwürde durch die TU Berlin verliehen. Am 30. September 1965 trat er von seinen amtlichen Verpflichtungen zurück und ging in den Ruhestand. Am 28. Mai 1982 verstarb Herbert Wagner in Kalifornien.

Kurzbiographie von Herbert Wagner

allem von Professor Herbert Wagner, ablesen, mit welcher Intensität an dem Projekt gearbeitet wurde. Anfang Januar 1940 machte das Dreiergespann einen Antrittsbesuch im RLM bei Ingenieur Brée und ließ sich das Arbeitsprogramm der Abteilung absegnen.

Professor Herbert Wagner

Von der Firma Schwartz in Waidmannslust ebenso wie von der Firma Askania wurden bisherige Ergebnisse auf dem Sektor Geräte- und Instrumentenentwicklung sowie dazu eingetragene Patente und sogar Personal übernommen. Mit der Firma Walter in Kiel wurde über den Bau des Antriebaggregats TG 1200 beraten und bei der Versuchsanstalt für Wasserbau und Schiffsbau die Versuchsanordnungen für die Zellengestaltung vorbereitet.

Professor Wagner hatte von Beginn an vor, eine Fernlenkwaffe zu entwickeln, die von Trägerflugzeugen außerhalb der Reichweite der Abwehrbewaffnung von Punktzielen – vornehmlich Überwasser-Kampfschiffen – abgefeuert und durch einen Lenkschützen ins Ziel gesteuert würde. Er äußerte die Überzeugung, dass diese Aufgabe von befähigten und kreativen Ingenieuren durchaus lösbar sei, zumal die Forschungen auf den entsprechenden Teilgebieten weit gediehen waren. Wagner ging die Probleme in ganzer Breite an und so war es kein Zufall, dass Konrad Zuse als Gruppenleiter Statik in der Abteilung F, die Mittel erhielt, um seine Arbeiten an einer elektronischen Datenverarbeitungsanlage zu intensivieren. Der Bau einer Strahlturbine wurde ebenso vorangetrieben wie die Erforschung neuer Leichtmetalllegierungen, hochfester Stähle und die Entwicklung von Hochleistungs-Turbinenschaufeln aus Keramik. An letzterem Forschungsthema arbeitete im Auftrag des RLM besonders intensiv und federführend Dipl.-Ing. Eckstein, der später in den USA verstarb.

Nachdem die ersten Versuche mit der Gleitbombe erfolgreich verliefen, wurde vom RLM ein Serienauftrag zum Bau des nunmehr als Hs 293 bezeichneten Flugkörpers erteilt. Wagner wandte sich weiteren Forschungsgebieten zu. So arbeitete er z. B. bis zum Frühjahr 1943 an dem

Projekt „Atomzertrümmerung“, welches im Rahmen der Atombombenforschung vom Heereswaffenamt großzügig gefördert wurde. Geeignete Kräfte für die Forschungsarbeit zu finden, war nach 1940 ziemlich schwierig. Der größte Teil der Mitarbeiter kam von der Luftwaffe und besaß noch keine Erfahrungen in den ihnen übertragenen Aufgaben. Die fähigsten Konstrukteure, Entwicklungsingenieure und technischen Zeichner wurden für die Arbeit in der Abteilung F gewonnen, z. T. auch mit entsprechendem Druck durch das RLM von anderen Flugzeugherstellern „wegengagiert“. In kürzester Zeit wuchs die Mitarbeiterzahl auf knapp 400 technische Angestellte und etwa 200 Arbeiter im Versuchsbau an. Neue und vergrößerte Arbeitstätten, aber auch mehr finanzielle Mittel wurden dringend erforderlich. Bis Dezember 1942 hatte das RLM bereits rund 11,5 Millionen RM an Entwicklungskosten investiert.

In der Folgezeit entwickelte sich ein Netzwerk der Zusammenarbeit mit etablierten Firmen auf speziellen Teilgebieten der Forschungsarbeit. So wirkten an dem Komplex Steuerung u. a. der Staßfurther Rundfunk, Opta-Radio aus Leipzig sowie Telefunken und Askania in Berlin mit. An der Entwicklung des Antriebs für die Flugkörper waren neben den Walter-Werken auch BMW in München, Rheinmetall-Borsig und die Firma Schniddling aus Bodenbach an der Elbe beteiligt. Die DVL, die AVA in Göttingen, die DFS in Ainring und auch die Luftfahrtforschungsanstalt in Braunschweig wirkten beratend mit der Abteilung F zusammen.

Geheim!

1. Dies ist ein Staatsgeheimnis im Sinne des § 88 RStGB.
2. Weitergabe nur verschlossen, bei Postbeförderung als „Einschreiben“.
3. Aufbewahrung unter Verantwortung des Empfängers unter gesichertem Verschluß.

Alle Dokumente der Abteilung F waren als Staatsgeheimnisse gekennzeichnet

Erwin Freyer, geboren am 27. Dezember 1914 in Berlin als Sohn eines Gärtners, absolvierte, nach der Ablegung des Abiturs, von 1935 bis 1940 ein Studium an der TH Berlin, welches er als Entwicklungsingenieur erfolgreich abschloss. 1940 trat er bei den HFW als Ingenieur in der Abteilung F ein, wo er bis 1944 tätig war. Er beschäftigte sich speziell mit der Weiterentwicklung der Hs 293 zur Hs 294 als Torpedo, wobei er eine mathematische Aufgabenstellung zur Anwendung des Zieldeckungsverfahrens abzuarbeiten hatte.

Anfang 1944 hatte er, mehr zufällig, Kontakte zu Personen aus dem Umfeld der antifaschistischen Widerstandsgruppe Anton Saefkow. Im Juli des gleichen Jahres wurde Erwin Freyer von der Gestapo verhaftet. Im September erfolgte vor dem Volksgerichtshof seine Verurteilung zum Tode und er wurde in das Zuchthaus Brandenburg-Görden gebracht. Anfang 1945 wurde er mit 18 weiteren Todeskandidaten zunächst nach Halle und Ende März nach Torgau verlegt. Dort versuchte man aus dem Kreis der zum Tode Verurteilten Freiwillige zum Einsatz als „Rammjäger" zu gewinnen, jedoch ohne Erfolg. Am 15. April 1945 befreiten sich Frey und eine Reihe weiterer Kameraden selbst und tauchten unter. Freyer reiste unerkannt nach Berlin und verbarg sich in Hönow, da er seine Familie nicht gefährden wollte. Sowjetische Soldaten nahmen ihn, da er weder einen Ausweis noch einen Entlassungsschein vorweisen konnte, am 22. April gefangen und verbrachten ihn in das Durchgangslager in Friedrichsfelde.

Nach seiner Entlassung aus dem Gewahrsam der Roten Armee stellte sich Erwin Freyer zum Aufbau der neuen Staatsorgane der DDR zur Verfügung. Nach vorübergehender Tätigkeit in der Zentralverwaltung für Industrie der Deutschen Wirtschaftskommission folgte sein Einsatz beim Aufbau der Landesverteidigung. Freyer wurde am 1. Januar 1956 mit dem Dienstgrad Oberst in die NVA eingestellt. Bereits am 1. September wurde er zum Generalmajor ernannt. In verschiedenen Dienststellungen diente er bis 1963, als er nach einem schweren Verkehrsunfall am 31. Juli entlassen wurde. Nach Ausheilung seiner Verletzungen trat er 1964 in die Zivile Luftfahrt ein und wurde Leiter der Entwicklungs- und Prüfstelle der Zivilen Luftfahrt (EPZL) in der Hauptverwaltung derselben. Sein Arbeitsplatz war im so genannten Block A, dem ehemaligen Verwaltungsgebäude der Henschel Flugzeug-Werke, dem Ort, wo er als Entwicklungsingenieur an den ferngelenkten Flügelgeschossen gearbeitet hatte. Erwin Freyer verstarb am 22. September 1992 in Berlin.

Kurzbiographie von Erwin Freyer

Flugzeugprojekte der HFW

Der Chefkonstrukteur der HFW, Dipl.-Ing. Friedrich Nicolaus, berichtete im Oktober 1946 u. a. über bearbeitete, aber nicht realisierte Flugzeugprojekte. Die Leitung des Unternehmens war bemüht, vorausschauend auf mögliche militärische und technische Entwicklungen zu reagieren und dem RLM geeignete Vorschläge zu unterbreiten. Allerdings zeigte das Technische Amt in der Regel wenig Verständnis dafür, man wartete meist auf die Wünsche der Luftwaffenführung. Aber diese kamen erst wenn sich aus der gegebenen Situation oder der militärischen Lage eine bestimmte Waffe, ein Flugzeug oder ein anderer Antrieb erforderlich machten. Damit hinkte die Ausrüstung der kämpfenden Truppe stets ihren Bedürfnissen hinterher.
Aus den vielfältigen Vorschlägen der Henschel-Projektanten wird deutlich, dass die HFW immer bemüht waren, eine führende Position in der Rüstung einzunehmen. Einige Projekte allerdings belegen, dass, im Irrglauben an die siegreiche Beendigung des Krieges, diese führende Position auch in der Nachkriegszeit weiter ausgebaut werden sollte. Die unvollständige Auflistung beinhaltet im Wesentlichen Projekte, die zumindest in verschiedenen Varianten und einer ausführlichen Leistungsrechung bearbeitet wurden.

Einige Kampfflugzeuge

Unter der Projektnummer Hs P.21 wurden 1936 mehrere Entwürfe eines Schnellbombers erarbeitet und ein Attrappenbau begonnen. Im gleichen Jahr entstanden Entwürfe für ein schweres Verfolgungs-Jagdflugzeug. Das Projekt Hs P.24 wurde wegen der ungeklärten Motorisierung im Oktober 1936 zurück gestellt. Die Projekte Hs P.25 und Hs P.26 zielten auf einen viermotorigen Fernbomber, der angetrieben von Jumo 210, eine Bombenlast von 3000 kg befördern sollte. Die vier- bis fünfköpfige Besatzung war in einer Vollsichtkanzel untergebracht, die Defensivbewaffnung bestand aus mechanisch betätigten Zwillingsständen auf dem Rumpfrücken, der Rumpfunterseite und in einem Heckstand. Neben Bombenmagazinen waren auch Außenlastaufhängungen vorgesehen. Im Oktober 1936 erteilte das RLM einen Vorbescheid für den Bau einer Attrappe, doch schon im Januar 1937 wurde das Projekt gestrichen. Die Firma Heinkel griff das Konstruktionsprinzip später mit der He 177 wieder auf.

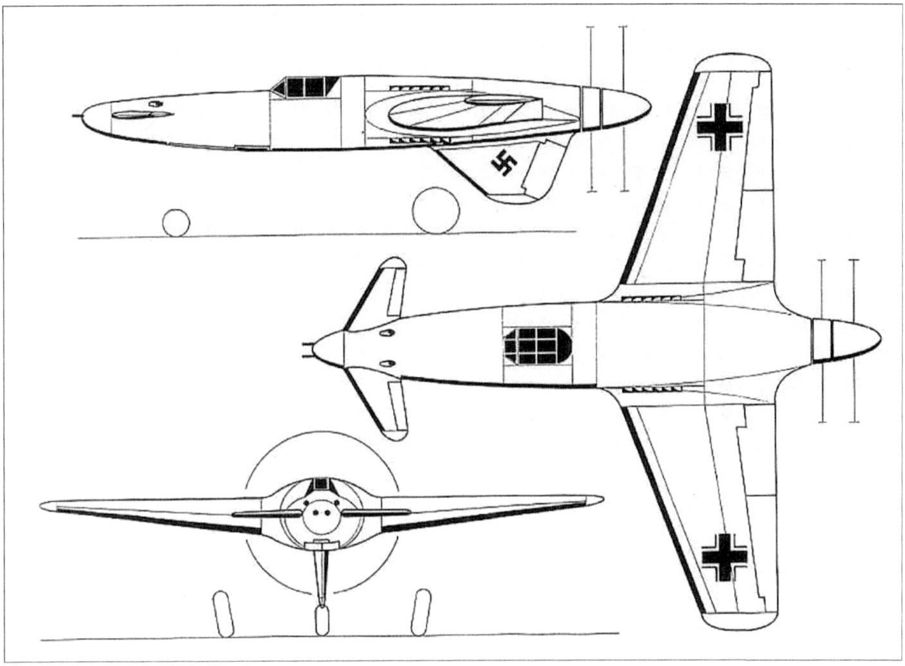

Dreiseitenriß der Hs P.75

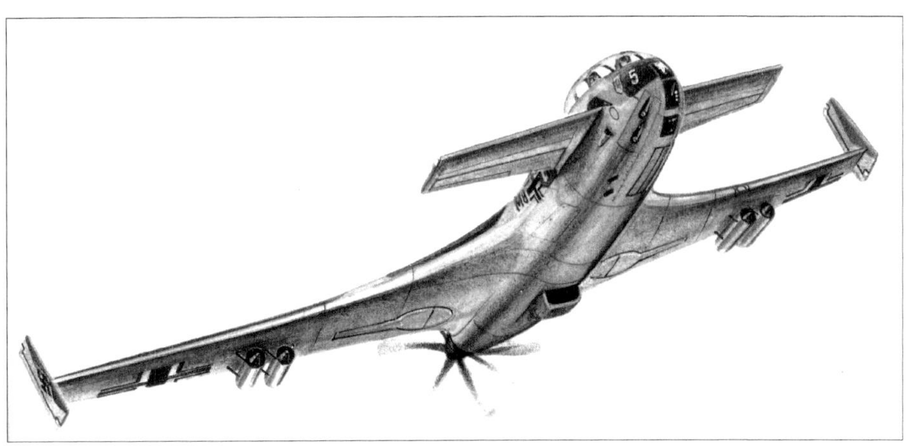

Künstlerische Darstellung der Hs P.87 (Zeichnung Rode).
Farbige Darstellung auf Seite 8

Ebenfalls 1936 entstand der Entwurf eines dreisitzigen Nahaufklarers unter der Projektbezeichnung Hs P.28, welcher aber als Folge von Kompetenzstreitigkeiten im Technischen Amt nicht in Angriff genommen wurde. Das von der DVL geplante Vorhaben, die Hs 124 zum Versuchsträger für Höhentriebwerke umzubauen, lief unter der Projektnummer Hs P.30. Im Februar 1943 erteilte das RLM auf ausdrücklichen Wunsch der Marine-Führung den als sehr dringend bezeichneten Auftrag zur Entwicklung eines von U-Booten aus abgefeuerten ferngelenkten Geschosses mit einer Gesamtmasse von 100 kg und einer Sprengladung von 50 kg, die Reichweite sollte mindestens acht Kilometer betragen.
Ein weiteres Projekt wurde unter der Bezeichnung Hs P.75 bekannt. Für diesen Jagdeinsitzer, der als Entenflügler ausgeführt werden sollte, plante man den Einbau von zwei DB 605 als Doppelmotor DB 610. Das in Ganzmetallbauweise vorgesehene Flugzeug mit einem Vorflügel als Höhenleitwerk besaß ein als Kielflosse ausgebildetes Seitenleitwerk mit Heckrad, um die erforderliche Bodenfreiheit für die Luftschrauben zu gewährleisten. Das Heckrad war ebenso wie das Hauptfahrwerk einziehbar. Die Bewaffnung, vier 30-mm-Maschinenkanonen MK 108, sollte im Rumpfbug installiert werden. Die Windkanaluntersuchungen mit einem Modell führten zu recht befriedigenden Ergebnissen und die Projektarbeiten sollen einen Stand erreicht haben, der sofort die Ausarbeitung von Fertigungsunterlagen gestattet hätte. Doch dazu kam es nicht. Trotz der Befürwortung durch die technischen Stellen lehnte die Luftwaffe den Entwurf mit der Begründung ab, dass „... die Piloten sich nicht daran gewöhnen können, wenn der Propeller hinten und das Leitwerk vorn ist ....“.
Als Hs P.76 wurde ein Parallelentwurf zur Hs 129 mit einer höheren Bombenlast bearbeitet, während unter der Bezeichnung Hs P.77 im August 1944 dem RLM die Entwicklung eines Höhenbombers angeboten wurde. Das Schnellbomber-Projekt Hs P.87 aus den Jahren 1941/42 entstand ebenso wie das Jagdflugzeug-Projekt Hs P.75 auf der Grundlage der Projektunterlagen für den Daimler-Benz DB 610. Für spätere Ausführungen erwog man den Einbau von Strahltriebwerken. Die Hs P. 87 gelangte nicht über das Entwurfsstadium hinaus, weil die Henschel-Ingenieure keine Erfahrungen mit den Flugeigenschaften von Entenflugzeugen besaßen und das Risiko einer langen Entwicklungszeit, verbunden mit hohen Entwicklungskosten, zu groß erschien. Das Projekt Hs P. 90 beschreibt einen Gleitbomber bzw. ein Schlachtflugzeug in Gemischtbauweise aus Stahl und Holz. Als Antrieb für den Einsitzer waren Schubrohre vorgesehen. Der Start sollte entweder mit

Hilfe eines angetriebenen Startwagens oder per Katapult erfolgen, die Landung auf zwei einziehbaren Kufen. Beim Einsatz als Gleitbomber gegen ungepanzerte oder leicht gepanzerte Schiffe sollte im Gleitflug aus 300 Meter Höhe eine Minenbombe mit Rauchsatz abgeworfen werden. Als Abwehrbewaffnung waren zwei starr eingebaute MG 151 mit je 250 Schuss vorgesehen. Für den Einsatz als Schlachtflugzeug plante man die schnelle Umrüstung auf zwei MK 103 mit je 100 Schuss Munition im Austausch gegen die Bombe und die beiden MG. Im Mai 1942 erhielten die HFW vom RLM den Auftrag zu Projektuntersuchungen, Windkanalmessungen und zum Attrappenbau.

In Entenbauweise entstanden mehrere Entwürfe für Zerstörer, Schlachtflugzeuge und Bomber, wobei z. T. technische Lösungen enthalten waren, die erst Jahre später realisiert wurden. So wurden u. a. 1943 und 1944 von den HFW-Ingenieuren zwei Bomberprojekte bearbeitet, die als Entenflugzeuge ausgeführt werden sollten. Weil damals der Treibstoffverbrauch der Strahlturbinen im Vergleich zu heute recht hoch war, sah man für beide Entwürfe eine ungewöhnliche Neuerung vor. Im Marschflug sollten zwecks Treibstoffeinsparung ein oder zwei Turbinen außer Betrieb gesetzt und deren Lufteinlässe ohne wesentlichen zusätzlichen Widerstand mit Blenden abgedeckt werden.

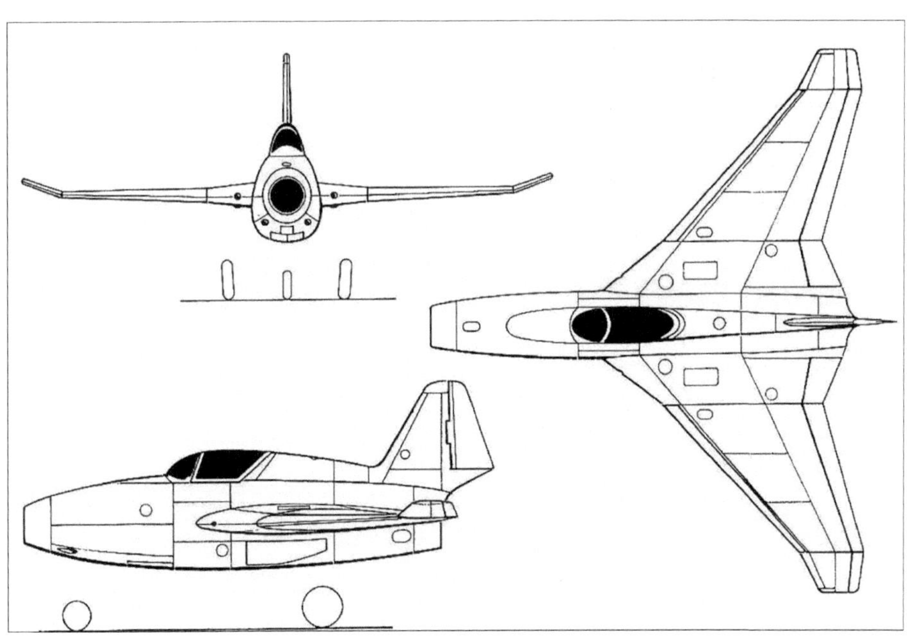

Dreiseitenriß der Hs P.135

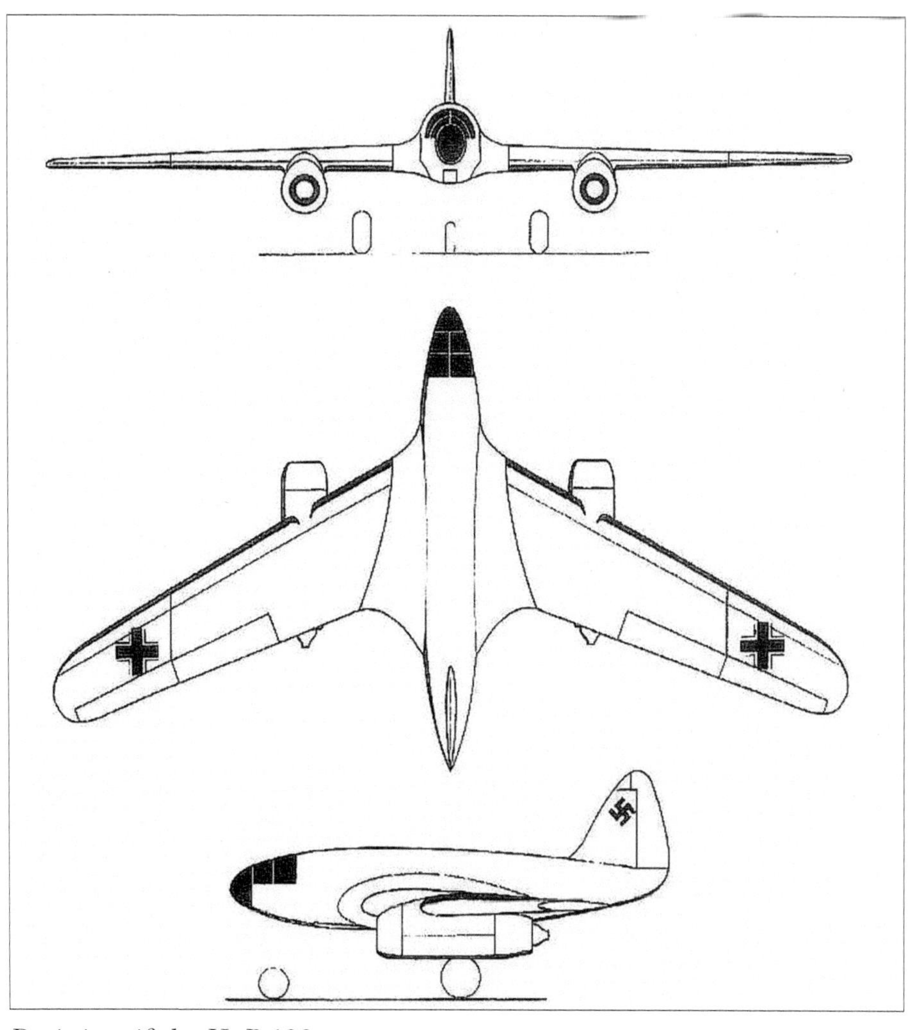

Dreiseitenriß der Hs P.122

Bei einem zweisitzigen Dreistrahlerprojekt aus dem Jahre 1943 mit einer Turbine im Rumpf und zwei in den Flügeln wollte man sogar zwei Triebwerke beim Marschflug ausschalten. 1944 entwarfen die Ingenieure einen dreisitzigen Bomber mit ferngesteuerter Abwehrbewaffnung im Heck und vier TL 018 als Antrieb. Die errechnete Reichweite betrug 2000 km mit 2000 kg Bombenzuladung. Hier sollten beim Marschflug die in der Flügelwurzel eingebauten inneren Triebwerke abgeschaltet und mit einer Blende abgedeckt werden und nur die äußeren Turbinen weiterlaufen. Die Windkanalversuche für dieses Projekt befanden sich bereits in der Vorbereitungsphase.

Künstlerische Darstellung der Hs P.67 (Zeichnung Rode).
Farbige Darstellung auf Seite 8

Das Oberkommando der Luftwaffe (OKL) gab im November 1944 eine Ausschreibung heraus, in der es ein Jagdflugzeug mit der Strahlturbine HeS 011 als Antrieb forderte. Dieses Triebwerk mit einem Schub von 1300 kp (12,75 kN) galt damals als leistungsstärkste Strahlturbine der Welt. Verschiedene Firmen reichten daraufhin beim OKL ihre Entwürfe ein, darunter auch Henschel mit dem Hs P.135. Die HFW erhielten zwar keinen Entwicklungsauftrag, beteiligten sich aber auf privater Basis weiter an dieser Ausschreibung. Für das Enten-Flugzeug war ein dreifach gepfeilter Flügel vorgesehen. An der Wurzel betrug der Pfeilwinkel 42 Grad, im Bereich des Vorflügels 38 und am Außenflügel 15 Grad. Diese geringe Pfeilung, verbunden mit einer kleinen V-Stellung des Außenflügels, sollte die Steuerbarkeit des Flugzeuges auch bei kritischen Anstellwinkeln gewährleisten. Die ersten erfolgreich betriebenen Windkanalversuche mit einem derartigen Flügel fanden kurz vor Kriegsende statt. Aufgrund des allgemeinen Mangels an Rohstoffen in Deutschland entschied man sich beim Bau des fünfteiligen Tragwerks des Versuchsmusters für die Verwendung von Holz. Vorgesehen waren eine Druckkabine für den liegend untergebrachten Piloten, beschusssichere Kraftstoffbehälter und ein Bugradfahrwerk im Rumpf. Der lange Rumpfbug sollte die Richtungsstabilität verbessern helfen, Vorflügel sowie große Spreizklappen dienten als Landehilfen. Der Bauauftrag für das Projekt Hs P.135 wurde erwartet, aber schließlich entschied den Wettbewerb um diese Jäger-Ausschreibung die Junkers EF 128 für sich.

Aufgrund der ständigen Bombenangriffe durch die Alliierten kam es zu dem Vorschlag, einen Interceptor zu projektieren, der an den Einflugwegen der Bomber sowie in der Nähe besonders wichtiger Objekte

stationiert werden sollte. Für diesen speziellen Jäger waren eine außerordentliche Steigfähigkeit ebenso gefordert wie eine hohe Angriffsgeschwindigkeit sowie Waffen mit vernichtender Wirkung. Von 1944 bis 1945 bearbeiteten die HFW-Ingenieure dazu mehrere Entwürfe.
Einer beschreibt eine Kombination aus der Fla-Rakete Hs 117 Schmetterling mit einem Kleinstflugzeug ohne eigenen Antrieb. Das Enten-Flugzeug mit vier Meter Spannweite und vier Quadratmeter Flügelfläche sollte mit dem in dieser Konfiguration regelbaren Raketenantrieb so dicht wie möglich an das Ziel heran fliegen, die modifizierte Hs 117 auslösen und den Gefahrenbereich im antriebslosen Sturzflug verlassen. Die Startmasse war mit 900 kg, die Landemasse mit 360 kg berechnet worden. Der Start sollte auf einem Katapult mit 3000 kp (29,4 kN) Zusatzschub erfolgen, der Steigflug mit 200 Meter pro Sekunde bis in die Höhe von zehn Kilometer führen, wo die errechnete Höchstgeschwindigkeit 960 km/h betragen sollte. Der Nachteil dieses Entwurfes bestand in der geringen Flugdauer von 50 Sekunden bei Maximalschub, die nur einen einzigen Angriff erlaubte. Von diesem Interceptor erhoffte man sich jedoch gegenüber einem Rammflugzeug eine größere Wahrscheinlichkeit, wieder einsatzfähig landen zu können.
Eine längere Flugdauer, einschließlich der Möglichkeit, mehrmals den Gegner zu attackieren, versprach man sich vom zweiten Entwurf, dem Projekt Hs P.136. Für das einsitzige Entenflugzeug mit liegendem Flugzeugführer und einem Walter-Raketentriebwerk waren als Bewaffnung zwei Raketenbehälter mit je sechs 5-cm-Raketen vorgesehen. Auch hier verzichtete man auf das Fahrwerk und beschränkte sich allein auf zwei ausfahrbare Landekufen. Die Abmessungen für dieses Flugzeug und die Flugdauer wurden mit Hilfe vergleichender Rechnungen zwischen der Höchst- sowie Steiggeschwindigkeit und der benötigten Brennstoffmenge ermittelt.

Zivile Projekte

1939 wurde das Projekt Hs P.54 erarbeitet, welches nach dem Krieg für einen erfolgreichen Einstieg in den Luftverkehr sorgen sollte. Es handelte sich um ein zweimotoriges Mittelstrecken-Verkehrsflugzeug in Ganzmetallbauweise und basierte auf den Erfahrungen mit dem Höhenforschungsflugzeug Hs 128. Der Entwurf berücksichtigte die künftigen Anforderungen an ein modernes Verkehrsflugzeug. Das Projekt zeichnete sich insbesondere durch die damals neuartige Druckbelüftung von Cockpit und Passagierkabine aus, um die Flughöhe und damit die Wirtschaftlichkeit des Flugzeuges wesentlich zu steigern.

Für die in zwei Reihen sitzenden 14 Passagiere sahen die Entwurfsingenieure den höchsten Komfort vor, den man sich seinerzeit vorstellen konnte. Der geringe Rumpfabstand zum Boden, also die Einstiegshöhe, gehörte ebenso dazu wie ein Fenster für jeden Fluggast. Darüber hinaus versprach allein schon die Auslegung als freitragender Schulterdecker eine gute Sicht nach unten. Seinerzeit ebenso ungewöhnlich war das einziehbare Bugfahrwerk, wobei das Hauptfahrwerk nach vorn in die Motorgondeln und das Bugrad bei gleichzeitiger Drehung um 90 Grad nach hinten eingefahren werden sollte.

Als Antrieb für die verstellbaren Vierblatt-Luftschrauben mit vier Meter Kreisdurchmesser waren zwei luftgekühlte Vierzehn-Zylinder-Doppelsternmotoren mit Abgas-Turboladern vom Typ BMW 801TJ vorgesehen, der sich seinerzeit in der Entwicklung befand. Die projektierte Daten der Hs P. 54 waren:

Startleistung	2 x 1750 PS (1287 kW)
Besatzung/Passagiere	4/14
Spannweite	31,40 m
Flügelfläche	110,00 m
Flügelstreckung	8,96 m
Länge	23,00 m
Leermasse	10 500 kg
Zuladung	6700 kg
Abflugmasse	17 200 kg
Höchstgeschwindigkeit	475 km/h in 7000 m Höhe
Reisegeschwindigkeit	420 km/h
Landegeschwindigkeit	120 km/h
Praktische Gipfelhöhe	9500 m
Reichweite	3000 km

1941 entwarfen die Ingenieure auf der Grundlage dieses Projektes ein zweimotoriges Schnellverkehrsflugzeug mit 20 Passagiersitzen für den Europaverkehr. Als Antrieb war der BMW 801A vorgesehen, die Reichweite sollte 1500 km betragen und die Druckkabine für mittlere Flughöhen ausgelegt sein.

Ein Jahr später stellten die HFW eine bis ins Detail gehende Attrappe für ein viermotoriges Transatlantik-Schnellverkehrsflugzeug vor, welches für die Postbeförderung und den Transport wertvoller Fracht vorgesehen war. Die vier BMW 801A mit maximaler Höhentauglichkeit sollten es dem Langstreckenflugzeug ermöglichen, die jeweils günstigste Windrichtung und -stärke auszunutzen. Für diese Aufgabe gab es auch eine zweimotorige Ausführung. Das Projekt Hs P.72, das vermutlich im Jahre 1939 entstand, stellte praktisch eine geometrische Verkleinerung des Verkehrsflugzeug-Projektes Hs P.54 dar. Anstelle der ovalen Rumpfform entschieden sich jedoch die Henschel-Ingenieure für einen kreisrunden Rumpf, dessen druckbelüftete Kabine acht Fluggäste aufnehmen sollte. Unter der gleichen Projektbezeichnung wurde im Juni 1941 die Vorattrappe für ein Frachtflugzeug fertig gestellt, das für die DLH vorgesehen war. 1942 führten die HFW-Ingenieure dieses Projekt weiter und entwarfen einen zweimotorigen taktischen Transporter für die Luftwaffe mit BMW 801A als Antrieb. Besonders viel Raum nahmen hier die Studien zur Gestaltung des Fahrwerks und der Landehilfen für den Einsatz auf kleinen Flugplätzen mit schlechten Bodenverhältnissen ein. Bekannt sind die folgenden projektierte Daten der Hs P.72:

Antrieb	BMW 801TJ	
Startleistung	2 x 1750 PS (1287 kW)	
Besatzung/Passagiere	2/8	
Spannweite	24,20	m
Länge	17,00	m

1939 reichten die HFW beim RLM einen sehr fortschrittlichen Entwurf für ein Transportflugzeug mit gondelförmigem Rumpf und doppeltem Leitwerksträger ein. Für ihr Projekt sahen die Entwurfsingenieure zur Verkürzung der Ladezeit einen auswechselbaren Lastenbehälter sowie ein geländegängiges Fahrwerk vor. Projektierte Daten des Transportflugzeug-Entwurfes:

Antrieb	BMW 801	
Startleistung	2 x 1600 PS (1177 kW)	
Besatzung	4	
Rüstmasse	8500	kg
Zuladung	9500	kg
Abflugmasse	18 000	kg
Höchstgeschwindigkeit	350	km/h in 4800 m Höhe
Reisegeschwindigkeit	300	km/h
Landegeschwindigkeit	106	km/h
Reichweite	1500	km

Auch der zukünftigen Entwicklung der Antriebe widmeten die Projektanten große Aufmerksamkeit und sahen den Einsatz von PTL- und TL-Triebwerken bis zum reinen Raketenantrieb in ihren Projekten vor.

Friedrich Nicolaus schrieb in seinem Bericht von 1946 u. a.: „... Wir haben uns nie starr auf Prinzipien, sei es in Aerodynamik, Konstruktion oder Werkstofffragen festgelegt, sondern haben versucht, die für die vorliegende Aufgabe jeweils beste Lösung zu finden. Wir haben deswegen nebeneinander Tiefdecker, Mitteldecker, Hochdecker und Eineinhalbdecker gebaut und sind z. B. auch im statischen Aufbau der Flügel die verschiedensten Wege gegangen. Leichtmetall-, Ganzmetall oder teilbespannt, einholmig, mehrholmig, Schalenbauart, freitragend, verspannt und auch abgestrebt. Auf der Werkstoffseite haben wir zwar für die damaligen Verhältnisse Duralumin als wichtigsten Baustoff betrachtet, jedoch uns auch mit Elektron sowohl in Blech als auch als Guss vollkommen vertraut gemacht. Später – bedingt durch die sich ändernde Rohstofflage und auch aus Festigkeitsgründen – haben wir der Verwendung von hochwertigen Stählen starkes Augenmerk geschenkt und uns ebenso mit Holz und Kunststoff befasst. Bei all diesen Arbeiten haben wir immer die fabrikatorischen Belange zu wahren gesucht und hier mit unserer Werkstatt eine sehr fruchtbare Zusammenarbeit gehabt, die uns z. B. bezüglich der spanlosen Verformung von Leichtmetall und Panzerstahlblechen in die erste Reihe stellte. Es interessierte uns hier insbesondere die Entwicklung von großflächigen, in sich verformten und versteiften Bauteilen im Bestreben, die Zahl der Einzelteile und die Zusammenbauarbeit auf ein Minimum zu bringen. ...“

Der Krieg weitet sich aus
1941 – der Anfang vom Ende

Nach den Blitzkriegen im Westen und Norden dehnte die deutsche Wehrmacht ihre Eroberungsfeldzüge auf den Balkan und den Mittelmeerraum aus und besetzte Bulgarien, Jugoslawien und Griechenland. Geblendet von den anfänglichen Erfolgen und in Verkennung des Kräftepotenzials begann Hitler trotz des bestehenden Nichtangriffspakts mit der Operation „Barbarossa“ am 22. Juni 1941 den Krieg gegen die Sowjetunion. Zwar hatte Deutschland zu Beginn dieser Kampfhandlungen noch Verbündete, die den Irrglauben an einen schnellen Sieg stützten – u. a. beteiligten sich Ungarn, Rumänien und Spanien mit eigenen Militärkontingenten an den Annexionen – doch bereits zum Ende des Jahres blieb der Angriff vor Moskau stecken und läutete den Anfang vom Ende des Krieges ein.
Für die HFW hieß es die Anstrengungen zu erhöhen, um den Forderungen der Kriegswirtschaft nachzukommen. Ende Januar umfasste die Belegschaft 11 828 Arbeiter und Angestellte sowie 165 Militär-Schüler, 555 Mitarbeiter waren zur Wehrmacht einberufen worden. Die Auslieferung betrug im Januar neben 20 Ju 88A-6 noch 69 Rümpfe und 56 Triebwerkssätze; im Juli waren es 35 Ju 88A-4, 83 Rümpfe und 68 Triebwerkssätze. Bis zum Jahresende wurden insgesamt 377 Kampfflugzeuge an das RLM abgeliefert, zusätzlich gingen 509 Rümpfe Ju 88 und 674 Triebwerkssätze an andere Montagebetriebe.

Geheim

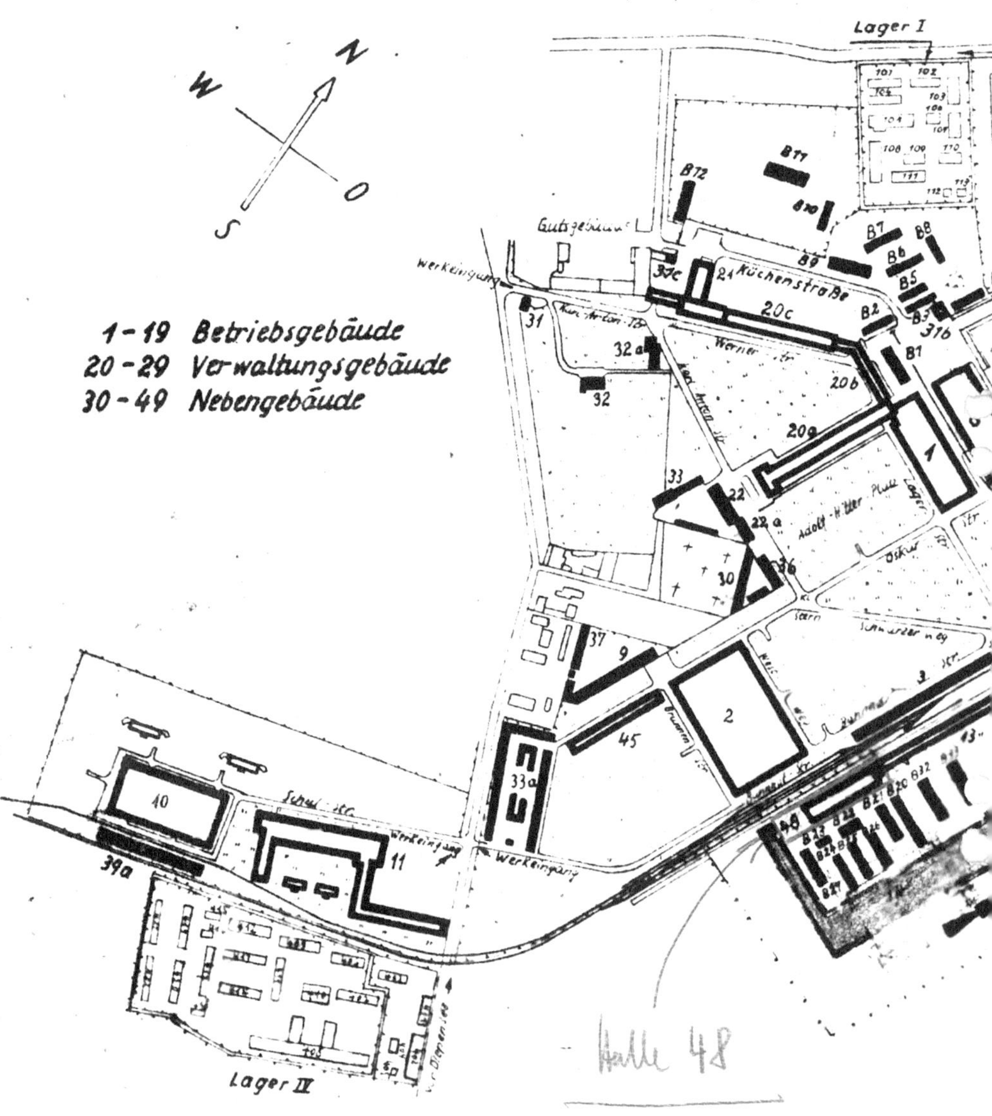

HFW

Formular Norm

Lageplan

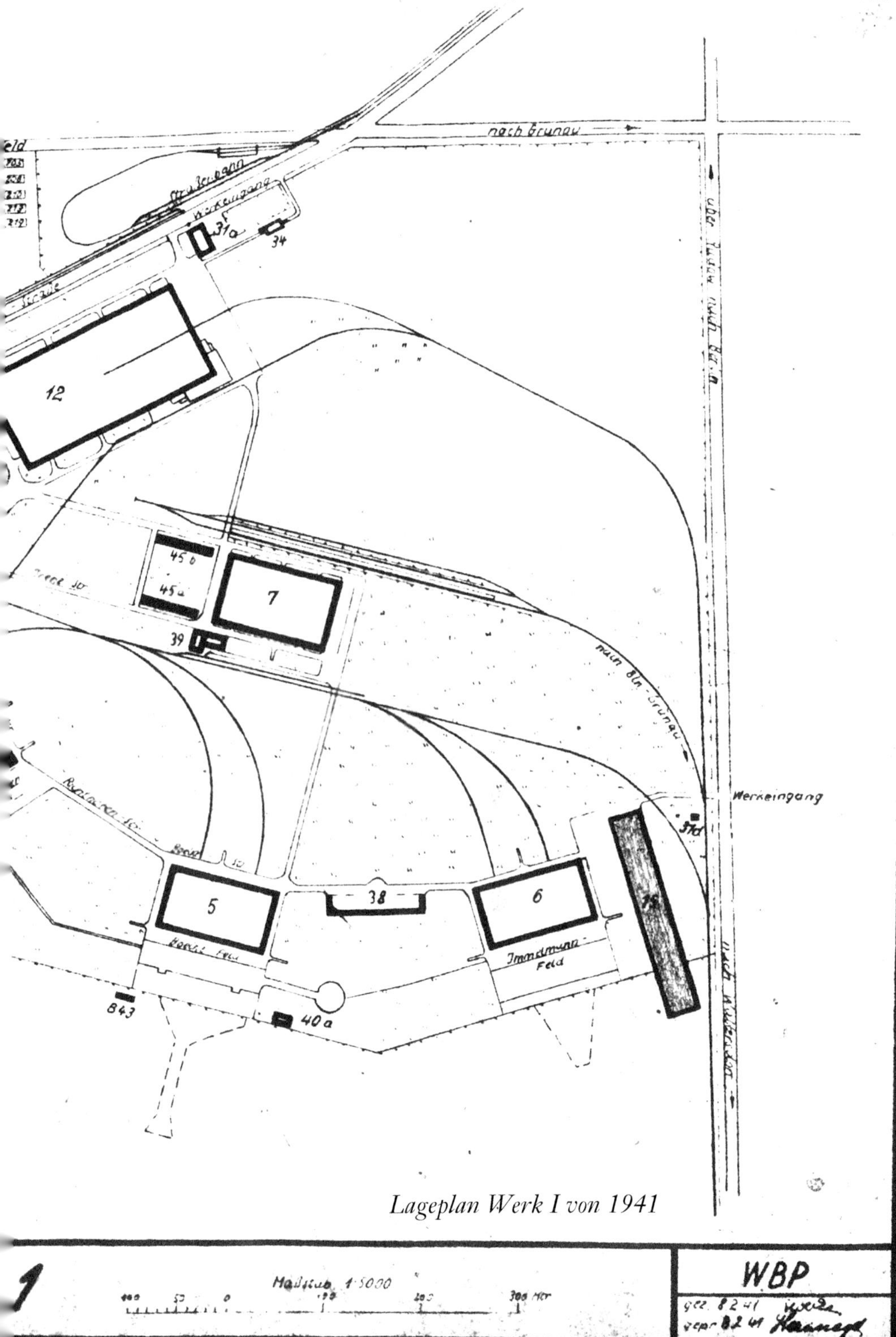

Lageplan Werk I von 1941

Der Chefkonstrukteur Nicolaus wurde am 30. Januar zum Wehrwirtschaftsführer ernannt. Göring berief am 14. Mai 1941 einen Industrierat ein. Karl Frydag wurde zum Mitglied berufen und zuständig gemacht für die gesamte Flugzeugproduktion Deutschlands.

Die Werkstätten des Reichsbahnausbesserungswerks in Falkensee wurden von den HFW zur Erweiterung ihrer Produktionskapazität übernommen und von Zeuthen aus wurde eine zweite 4000 kW-Stromversorgung zum Werk I verlegt. Von der Luftwaffe wurden Militärpiloten zu den HFW abkommandiert, um den umfangreichen Einflugbetrieb sicher zu stellen. Dieser forderte auch 1941 wieder Opfer. Die W 34, Werknummer 910, machte am 4. Februar eine Notlandung in Rangsdorf, die Hs 129V-3 landete am 21. Mai auf dem Bauch und bei der Notlandung einer Ju 88 bei der Ortschaft Kienberg kamen Feldwebel Liebscher und Unteroffizier Wex ums Leben. Triebwerkstörungen und –ausfälle, besonders bei der Hs 130, machten den Piloten das Leben schwer. Drei Maschinen dieses Musters, die Werknummern 3005, 3007 und 3008, wurden nach Echterdingen zu Daimler-Benz überführt, um die Motorenerpobung zu forcieren. Auch am Boden gab es Ereignisse, die zu Schäden und Verlusten führten. Im Februar musste wegen Überflutung und Unterspülung der schienengebundene Werksverkehr zeitweilig eingestellt werden. Am 20. März rollte Bordwart Burczilowski die Ju 88, Werknummer 3409, in die stehende Ju 88, Werknummer 3406, und brach sich dabei das Genick. Im Werk II geriet in der Halle 66 ein Ölbehälter in Brand und beschädigte die Dachkonstruktion, bei einem Brand im Gut Schönefeld kam es zu Gebäudeschäden und ein heftiger Sturm hinterließ im Oktober erhebliche Schäden an Hallen, Bäumen und der Umzäunung des Werks. Am 8. August wurde um 0:20 Uhr Luftalarm ausgelöst, über dem nördlichen Berlin warfen DB-3 der sowjetischen Marineflieger 19 Sprengbomben und eine Bombe mit Flugblättern ab. Diese enthielten den Wortlaut der Rundfunkansprache Josef Stalins vom 3. Juli 1941.

Von Seiten des RLM wurde zunehmend Druck gemacht, um die Forschungsarbeiten der Abteilung F zu beschleunigen. Insbesondere die ferngelenkte Gleitbombe Hs 293 sollte in kürzester Zeit als eine „kriegsentscheidende“ Waffe in Serie gefertigt werden und zum Einsatz kommen. Vorgesehen war dafür zunächst die Halle 12, aber auch das Werk Albrechtshof und die Bücker Flugzeugwerke in Rangsdorf wurden einbezogen. Weitere mögliche Standorte wurden inspiziert. Außerdem sollten das Konstruktionsbüro der Abteilung F vergrößert und die Flugversuche in Peenemünde intensiviert werden. Zur Verstärkung der Entwicklungsgruppe wurden auf Weisung des RLM im November 1941 27 Konstrukteure, Zeichnungsprüfer und Entwick-

lungsingenieure von den Firmen Junkers, Focke-Wulf und Arado zur Abteilung F abkommandiert. Das RLM hatte bereits am 23. April den baldigen Anlauf der Fertigung der Hs 293 mit einer monatlichen Ausbringung von 150 Stück gefordert, die auf 300 gesteigert werden sollte. Darüber hinaus wurde eine Bestellung zur Entwicklung und dem Bau von 50 Hs 294 und 25 Hs 295 abgegeben.
Inzwischen trafen die ersten italienischen Arbeitskräfte ein, Otto Oeckl bat im Juni um die Erweiterung des Barackenlagers auf 1000 Plätze. Am 9. August kamen die ersten von insgesamt 300 Ungarn in Schönefeld an und am 8. Oktober weitere 127 französische Kriegsgefangene. Zum Jahresende waren rund 12 000 Menschen, einschließlich 461 Kriegsgefangene, bei den HFW tätig.

1942 – ein schwieriges Jahr

Das Jahr begann mit Schwierigkeiten, starke Schneeverwehungen behinderten den Flugbetrieb, die niedrige Wolkendecke ließ keine Sturzflüge zu, welche bei der Ju 88 zum Abnahmeprogramm gehörten. Außerdem machte sich die mangelnde Bereitstellung von Flugkraftstoff zunehmend bemerkbar. Deshalb konnte der Lieferplan im Januar nicht erfüllt werden. Die Elektrizitätswerke waren zeitweilig nicht in der Lage, die notwendigen Kontingente an Strom für die HFW bereitzustellen, die Folge waren der Ausfall von nahezu 36 000 Arbeitsstunden und der Übergang zur Nachtschicht für die „Stromfresser“. Die Versorgung der Werke mit Kohle war angespannt, in Johannisthal konnten die Hallen 50, 55 und 56 nur „temperiert“ werden – 50 Prozent der Belegschaft mussten zuhause bleiben. Um im Werk I einen Stillstand zu verhindern, wurden vom Landwirtschaftsamt bei der Firma Schwartzkopff in Wildau Mitte Januar 300 Tonnen Steinkohle beschlagnahmt. Hinzu kam, dass die Zulieferbetriebe mit dem forcierten Tempo der Fertigung von Flugzeugen nicht mithielten. So lieferte die Pommersche Motorenbau-Gesellschaft zu wenig Triebwerke, was zur Folge hatte, dass Flugzeuge ohne Motoren abgestellt werden mussten.
Die Flugerprobung der Hs 130 verlief äußerst problematisch; die Werknummer 3008 wurde nach Rechlin zur Instrumentenerprobung gebracht und die Hs 130V-1/U1 nach Dessau zur Erprobung des Antriebs durch den Jumo 208. Am 2. September flog die Hs 130E-0, Werknummer 0051, zum ersten Mal. Bei einem Standlauf am 1. Oktober fuhr das Fahrwerk selbsttätig ein, der Schaden am Flugzeug betrug ca. 25 Prozent und vier Mitarbeiter wurden verletzt. Da die Version Hs 130D aus dem Programm gestrichen worden war, wurden die vorgefertigten acht Rumpfteile verschrottet. Schließlich kam es am 17.

Dezember mit der Hs 130, Werknummer 0052, zu einer Katastrophe. Im Funkjournal der Schönefelder Bodenstation ist dazu folgendes vermerkt:

14:06 Uhr – Start
14:26 Uhr – Höhe 6000 m
14:38 Uhr – Höhe 9800 m
14:47 Uhr – Höhe 10 600 m
14:53 Uhr – Höhe 12 500 m
14:56 Uhr – linker Motor saut stark
14:58 Uhr – Funker beobachtet weißen Qualm
14:58 Uhr – Höhe 10 000 m
14:59 Uhr – linker Motor brennt
15:01 Uhr – Kaempf an Nuis: „Brennt Motor noch?"
– Nuis: „Ja"
– Sulz: „Wenn wir nicht aussteigen, brennt Fläche weg"
– Kaempf: „Versuche noch mal zu drücken"
– Sulz: „Wenn wir jetzt nicht rausgehen, brennt Fläche weg"
– Kaempf: „Raus, abspringen"

Trauerfeier in der Halle 4 für Hans-Wilhelm Kaempf und Kurt von Nuis, die beim Absturz der Hs 130 am 17. Dezember 1942 ums Leben kamen

Die Besatzung verließ das Flugzeug in der Reihenfolge Nuis, Sulz und Kaempf. Der Funker Kurt von Nuis hatte beim Aussteigen eine Kopfverletzung erlitten und wurde erst am Folgetag tot bei Wulkow, ca. 3 Kilometer südlich von Neuhardenberg aufgefunden, sein Fallschirm hatte sich nicht geöffnet. Flugkapitän Bruno Sulz war, außer einer großen Fleischwunde am rechten Oberschenkel, nahezu unverletzt am Fallschirm gelandet und wurde im Lazarett in Seelow versorgt. Flugkapitän Hans-Wilhelm Kaempf hatte den Fallschirm gezogen und sich vermutlich beim Ausstieg am Flugzeug verletzt. Dabei verlor er den rechten Unterschenkel und verblutete bei dem ca. 25 Minuten dauernden Abstieg. In einer bewegenden Trauerfeier in der Halle 4 nahm die Belegschaft Abschied von ihren verdienstvollen Kollegen.
Doch der Flugbetrieb forderte unterdessen weitere Opfer. Die Notlandung der Ju 88, Werknummer 088 4042, mit Flugkapitän Reisinger verlief noch glimpflich, beim Absturz der Werknummer 088 4150 am 16. Juli starben die Oberfeldwebel Falk und Oppelt von der Bauaufsicht Luft (BAL) sowie der Bordmonteur Horst Günther Kubereck in den Trümmern der Maschine. Am 15. August stürzte eine Heinkel He 111, die im Auftrag von Telefunken Erprobungsflüge am Flugplatz Schönefeld durchführte, auf eine abgestellte Ju 88, es gab vier Tote und einen Schwerverletzten.
Ein bewährter ehemaliger Mitarbeiter, Major Alexander von Winterfeldt, einst Leiter der Auslandsabteilung der HFW, stürzte am 16. Mai 1942 in Wien tödlich ab.

Die Verluste der Luftwaffe nahmen ständig zu, von 251 Hs 123 waren nur noch 143 einsatzfähig, von 882 Hs 126 gerade noch 493. Für die Hs 129 wurden inzwischen Frontreparaturbetriebe in Charkow und Taganrog eingerichtet und es wurde emsig an der Erhöhung der Kampfkraft des zweimotorigen Schlachtflugzeugs gearbeitet. Im Juli begannen die Versuche zum Einbau großkalibriger und überschwerer Waffen, mit der E-Stalle Tarnewitz beriet Nicolaus sogar die Ausrüstung mit der 7,5-cm-Panzerabwehrkanone.
Da die Stahlindustrie nicht in der Lage war, Panzerplatten in ausreichender Menge zu liefern, bauten die HFW, auch für die Messerschmitt Bf 109 und 110, sowie die Me 210 und 410 solche in Eigenregie.

Die Gleitbombe Hs 293 war inzwischen in der Serienfertigung, das RLM forderte eine Steigerung der Ausbringung auf 600 Stück im Monat. Auch dabei bremsten die Zulieferer. Die Deutsche Lufthansa, die für die Anfertigung der Gerätebretter verantwortlich war, lag im Juni bereits mit 405 Stück im Rückstand. Die AEG Annaberg musste einspringen und lieferte ab Juli monatlich 200 Stück an die HFW.

Alexander von Winterfeldt, geboren am 11. Dezember 1898 in Berlin als Sohn eines preußischen Generalmajors, trat als Fahnenjunker in das Garde-Grenadierregiment Nr. 2 ein. 1918 wurde er Jagdflieger und erzielte bei der Jagdstaffel 20 kurz vor Kriegsende vier Luftsiege. 1919 und 1920 flog er bei der „Eisernen Division" im Baltikum. Vom 1. Mai 1935 bis zum 31. Dezember 1938 leitete er die Auslandsabteilung bei HFW, im Dezember 1937 ging er für sechs Monate nach China, um die Exporte der Hs 123 dort zu leiten. Am 1. Januar 1939 übernahm v. Winterfeldt die Leitung der Abteilung LKW bei Henschel & Sohn in Kassel. Als Reserveoffizier wurde er am 15. März 1940 Staffelkapitän der 8./JG 2 und erzielte im „Frankreich-Feldzug" fünf Luftsiege. Am 1. August 1940 übernahm er das Kommando über die III./JG 52 und am 7. Oktober 1940 die gleiche Aufgabe bei der III./JG 77, die er während des Balkan-Feldzugs und beim Kreta-Unternehmen führte. Der „Wolfskopf" als Gruppenemblem wurde durch ihn eingeführt. Beim Einsatz über Kreta erzielte v. Winterfeldt seinen sechsten Luftsieg über eine englische Hurricane. Im Juni 1941 verlegte das Jagdgeschwader nach Rumänien, zunächst nach Bacau, dann nach Roman. Hauptmann v. Winterfeldt flog u. a. als Begleitschutz für das KG 27 und erzielte dabei seine nächsten drei Luftsiege über sowjetische DB-3 und SB-2. Am 5. Juli 1941 wurde ihm als Major das Ritterkreuz verliehen. Als er am 2. August 1941 von einem Erholungsurlaub zum Einsatzhafen nach Lungau zurück kehrte, stellte man fest, dass er noch nicht vollständig genesen und für Jagdeinsätze nicht einsetzbar war. Man übertrug ihm zum 3. August das Kommando über die Jagdfliegervorschule 4. Am 19. Dezember wechselte von Winterfeldt in der gleichen Funktion zur Jagdfliegervorschule 3. Bei einem tragischen Absturz am 16. Mai 1942 mit der Bf 109E-3, Werknummer 2458, am Flughafen Wien-Sehwechat, verlor er nach 170 Feindflügen und 13 Luftsiegen sein Leben. Seine letzte Ruhestätte fand er auf dem Invalidenfriedhof in Berlin-Mitte.

Kurzbiographie von Alexander v. Winterfeldt

Es mangelte auch an Höhenrudermaschinen und Potentiometern. In Schönefeld, vor dem Gebäude 48 in dem die Abteilung F eine Versuchsabteilung unterhielt, wurde der Wasserkanal in Betrieb genommen. Die Firma Holzmann hatte im Vorjahr mit dem Bau des 35 Meter langen und ca. 3,50 Meter tiefen Betonbeckens begonnen und auch einen Versuchsraum nebst Kranlage errichtet. Diese Anlage diente als Prüfstand für die Torpedoversion des Lenkflugkör-

Major Alexander von Winterfeldt.

pers Hs 294, dabei wurde besonders das Strömungsverhalten beim Eintritt ins Wasser und beim Lauf unter Wasser geprüft. Hierzu waren Beobachtungsfenster, deren wasserdichte Verglasung die Fa. Eichkamp & Schmid eingebracht hatte, in das Becken eingebaut worden, die von einem überdachten Beobachtungsgang aus eingesehen werden konnten.
Im Entwurfsbüro begannen unter der Leitung von Nicolaus Projektuntersuchungen, Windkanalmessungen und der Attrappenbau für die P. 90, ein strahlgetriebener Gleitbomber bzw. Schlachtflugzeug.
Im Mai fand eine Generalversammlung in Kassel statt, dabei wurde Oscar R. Henschel zum Vorsitzenden des Aufsichtsrats des Mutterkonzerns H & S gekürt und Stieler von Heydekampf zum Betriebsführer ernannt. Auch die Führung der Rüstungsindustrie sollte gestrafft werden. Der Reichsminister für Rüstung und Bewaffnung hatte einen Rüstungsrat gebildet, dem namhafte Industriemanager der Grundstoffindustrie angehörten. Rudolf Lahs, Präsident des RDLI, berichtet Ende Oktober an Göring, dass die Gesamtzahl der in der Luftfahrtindustrie Beschäftigten auf 1 859 000 angestiegen sei, die Ausbringung von Flugzeugzellen seit Januar 1942 um 42 Prozent und der Ausstoß von Flugmotoren im gleichen Zeitraum um 75 Prozent gesteigert werden konnte. Allerdings war auch der Anteil der Fremdarbeiter insgesamt auf 27 Prozent angewachsen, der Frauenanteil bei den HFW betrug Ende 1942 schon 27 Prozent.

Baracken für Fremdarbeiter

Schon 1935 traten der Reichssiedlungskommissar und das Regierungspräsidium in Potsdam an die HFW mit dem Wunsch heran, Siedlungen für ihre Werksangehörigen zu bauen. Durch das RLM wurde dieser Antrag stets mit der Begründung abgewiesen, dass die vorhandenen Mittel zum Ausbau der Werkskapazitäten eingesetzt werden müssten. Sobald aber bekannt wurde, dass auswärtige Arbeitskräfte im Werk eingesetzt werden sollten, wurde über das RLM ein Antrag auf die Zuweisung von Baracken gestellt. Gleichzeitig wurden mit der Planungsbehörde beim Regierungspräsidenten in Potsdam Verhandlungen aufgenommen, um die Standorte der Barackenlager festzulegen. Wie umfassend die Bürokratie bereits damals in Deutschland entwickelt war, macht die Liste der Instanzen deutlich, von denen Zustimmung oder Mitwirken erforderlich waren. Dazu gehörten u. a. der Landrat, die Luftschutzbehörde, das Rüstungskommando, die Kreisbauernschaft, das Luftgaukommando, die Baupolizei, der Sparingenieur beim Gebietsbeauftragten des Generalbevollmächtigten für die Regelung der Bauwirtschaft und der Vorsitzende der Prüfungskommission!

Typ, Anzahl und Einrichtung der Baracken wurden von der Deutschen Luftfahrt- und Handels A.G. bestimmt und bestellt. Das Aufstellen der Bauten erfolgte unter Betreuung durch die Baugruppe Hetzeld vom Baustab Speer. Dabei sorgten der Mangel an Materialien, Transportmitteln und Treibstoffen für erhebliche Verzögerungen.
Bis Ende 1942 war der Aufbau der Lager im Wesentlichen abgeschlossen. Die Lager 1 und 2 wurden in Schönefeld nördlich des Verwaltungsgebäudes an der Mittelstraße mit insgesamt 32 Baracken für 485 Kriegsgefangene und 650 Ostarbeiter bis Juli 1941 eingerichtet. Zur Unterbringung von weiteren 500 Arbeitskräften als Ersatz für einberufene Werksangehörige wurde das Lager 3 in Johannisthal mit elf Baracken und wenig später ein Lager 3a mit acht Baracken für französische Arbeitskräfte, die aus dem Kriegsgefangenenstatus in ein ziviles Arbeitsverhältnis gewechselt hatten, errichtet. An der Chaussee nach Diepensee entstand das 4. Lager für rund 1000 sowjetische Kriegsgefangene und 450 Ostarbeiter, die in 22 Baracken untergebracht wurden. Das Lager 5 wurde an der Waltersdorfer Chaussee zur Unterbringung von 3500 Arbeitskräften aus Polen, Weißrussland und der Ukraine mit 55 Baracken aufgebaut. Zu den insgesamt 128 Baracken kamen noch weiter 30 Bauten für die unterschiedlichsten Abteilungen der HFW sowohl im Werk I als auch in Johannisthal hinzu. Allein für die Unterbringung der ausländischen Arbeitskräfte entstanden den HFW bis Oktober 1942 Kosten in Höhe von rund sechs Millionen RM. Westlich von der LED in Diepensee wurde der so genannte Russenfriedhof mit Platz für 1500 Grabstätten angelegt.

Exportbemühungen der HFW

Bereits 1938 begannen die HFW mit verstärkten Bemühungen zur Gewinnung von Kunden im Ausland. Da einige Modelle der firmeneigenen Entwicklung wie die Hs 124 und Hs 126 durch das RLM zum Export freigegeben wurden, suchten die Emissäre der Auslandsabteilung weltweit nach kaufwilligen – und zahlungskräftigen – Kunden. Allerdings waren die Bemühungen um Länder wie Afghanistan, Ägypten, Iran und Irak, Portugal, Mexiko und auch Niederländisch-Indien durch deren enge Bindungen an England, Frankreich oder nationale Restriktionen aussichtslos. So wandte man sich solchen überseeischen Ländern zu, die traditionell gute Beziehungen zu Deutschland unterhielten. Zunächst wurden Argentinien, Brasilien, Bolivien und Chile „bearbeitet“. Im April 1939 bereiste Konsul Junge als Beauftragter des RDLI Argentinien, um die Marktverhältnisse für die Hs 126 auszuloten. Am 13. Mai besuchte eine bolivianische Militärkommission unter

Hermann Göring empfängt Benito Mussolini in Karinhall

Führung von General Bilbao die HFW und bekundete Interesse an der Hs 126, aber auch an den Fertigungsmethoden im Rumpfbau bzw. der Blechverformung. Auch Vertreter Brasiliens, darunter der Sohn des Staatspräsidenten Dr. Vargas, besuchten das Werk in Schönefeld, sie interessierten sich allerdings mehr für Schwimmerflugzeuge und für die nicht mehr lieferbare Hs 123. Trotz intensiver Gespräche kam es zu keinen Verkäufen. Im Juli 1938 wurde chilenischen Spezialisten die Hs 126 vorgeflogen, ein Export dorthin scheiterte an den fehlenden Geldmitteln.

Erste Erfolge erzielte man in China mit der Lieferung von zwölf Hs 123, worüber an anderer Stelle berichtet wurde. Mit Japan entwickelten sich rege Beziehungen, bereits im Januar 1938 informierte sich eine Offizierskommission über die Möglichkeit zum Erwerb der Hs 124 und

Hs 126 sowie der Übernahme von Produktionstechnologien und Lizenzen. Ein reger Austausch zwischen Fachleuten der japanischen Flugzeugindustrie und deutschen Vertretern sowie zahlreiche gegenseitige Besuche ließen die Erwartungen auf gewinnträchtige Geschäfte wachsen. Leider wurden diese Bemühungen häufig durch Eingriffe und Verbote des RLM behindert. Am 16. Juni 1942 ordnete Staatssekretär Milch an, dass Verhandlungen mit Japan zukünftig nur und direkt durch das RLM geführt werden durften. Am 9. Februar 1943 kam es zum Abschluss von Lizenzverträgen über Fabrikationsverfahren im Gesamtumfang von 1 085 000 RM. Die japanische Seite wollte darüber hinaus die Druckkabine der Hs 130C erwerben, der Verkauf kam im August des gleichen Jahres zustande. Der Preis betrug 795 000 RM. Nachdem die Japaner Informationen über die Entwicklung der Hs 293 bekommen hatten, versuchten sie auch darüber in detaillierte Gespräche einzutreten, doch das RLM erteilte keine Genehmigung dazu.
Die Beziehungen Deutschlands mit den Bündnispartnern Spanien und Italien boten für Exportaussichten ein günstiges Umfeld. Ende 1938 begannen außerhalb der bisherigen Lieferungen an die Luftwaffe Spaniens direkte Geschäftsbeziehungen durch die Rüstungsindustrie. Doch es dauerte noch ein Jahr, ehe die HFW zum Zuge kamen. Im Oktober 1939 überbrachte der HFW-Vertreter in Spanien, Mallert, eine größere Ersatzteilbestellung für die dort im Einsatz befindlichen Hs 126. Im Interesse der Ausweitung des Geschäfts wurden die am dringendsten benötigten Teile im Wert von 5000 RM den Spaniern geschenkt und ein Monteur nach Tetuan geschickt. Als Anfang 1941 zwei neu errichtete Flugzeugwerke eine Lizenzproduktion anstrebten, versuchten die HFW die Hs 126 unterzubringen, doch trotz aller Anstrengungen begann im November 1943 in Sevilla jedoch die Fertigung der Messerschmitt Bf 109.
Die Geschäfte mit Italien verliefen ähnlich, gegenseitige Besuche führten sogar zur Ausbildung von Ingenieuren der Firmen Fiat und Piaggio im Pressverfahren und dem Vorrichtungsbau bei den HFW. Am 12. Mai 1943 wurden Lizenzen im Gegenwert von 200 000 RM an Fiat verkauft. Obwohl Italien starkes Interesse am Lizenzbau der Hs 129 und dem Erwerb der Höhenkammer der Hs 130C bekundeten, kam es nicht zum Geschäftsabschluss.
Größeren Erfolg erhofften sich die HFW auf dem Balkan. Bulgarien, Griechenland und Jugoslawien rückten schnell in den Fokus der Außenhändler. Trotz großer Kredithilfen durch Deutschland und daraus resultierende Käufe von Rüstungsmaterial gingen die HFW schließlich leer aus. Neben Bodengeräten, Geschützen und Scheinwerfern wurden lediglich einige Dornier Do 17 und Messerschmitt Bf 109 an Bulgarien

abgegeben. Die Bemühungen in Jugoslawien brachten ein ähnliches Ergebnis. Obwohl die Hs 126 auf Luftfahrtausstellungen gezeigt und in Belgrad sowie Sarajewo mit guten Beurteilungen ausgiebig erprobt und vom RLM eine Kreditvergabe sowie die Liefergenehmigung erteilt wurden, die zu einer offiziellen Bestellung von 50 Flugzeugen führte, kam es zu keinem Verkaufserfolg. Dagegen liefen die Geschäfte mit Griechenland besser an. Am 22. April 1939 wurde ein Vertrag über die Lieferung von 16 Hs 126, fünf Ersatzmotoren, diversen Gesenken und Vorrichtungen, vier Pressen und 16 zusätzliche Bombeneinbauten sowie Grund- und Stücklizenzen für die Hs 126 abgeschlossen. Kurz darauf folgte ein Ergänzungsvertrag über die Lieferung von Guss-, Press- und anderen Bauteilen. Die Lieferungen begannen schließlich am 8. Dezember und waren am 1. August 1940 abgeschlossen. Die Auslieferung weiterer 24 Flugzeuge sowie der Lizenzbau von zunächst 32 Hs 126 scheiterten am Exportverbot bzw. der politischen Entwicklung. Nach dem Einmarsch italienischer Truppen in Griechenland und im Verlauf der folgenden Kampfhandlungen kam es sogar zu feindlichen Begegnungen zwischen griechischen und deutschen Hs 126.
Auch Rumänien erhielt 42 Hs 126 aus den Beständen der deutschen Luftwaffe, die kaufmännische Abwicklung der Aktion erfolgte durch die HFW. Die Lieferung von Flugzeugen sowie die Lizenzproduktion von Henschel-Konstruktionen nach bzw. in Ungarn scheiterte allerdings ebenso wie die Wirtschaftsbeziehungen mit der Sowjetunion.
Die damals noch unabhängigen baltischen Staaten waren an der Ausrüstung ihrer Luftwaffen mit der Hs 126 interessiert, doch es gelang nur, fünf Flugzeuge im Mai 1940 an Estland auszuliefern, die restlichen sieben Maschinen aus der Bestellung wurden auf Weisung des RLM für die deutsche Luftwaffe umgerüstet.
Vom RLM wurde schließlich ein Ausfuhrverbot für Flugzeuge und sämtliches Zubehör ausgesprochen. Damit waren alle weiteren Verkaufsbemühungen zum Scheitern verurteilt, obwohl z. B. die Verhandlungen mit neutralen Ländern wie der Schweiz und Schweden bis nahezu zum Kriegsende weiter gingen.

1943 – Hs 293 kommt zum Einsatz

Am 2. Februar 1943 kapitulierte Generalfeldmarschall Friedrich Paulus (1890–1957) mit den Resten der 6. Armee in Stalingrad. 58 000 deutsche Soldaten waren gefallen, 201 000 gerieten in russische Gefangenschaft – nur 6000 von ihnen sollten Jahre später in die Heimat zurück kehren. Reichspropagandaminister Joseph Goebbels nutzte die

Der Einflieger
Fritjof Herting
ist berechtigt, die Dienstbezeichnung
Flugkapitän
zu führen.
Berlin, den 23. April 1940
Der Reichsminister der Luftfahrt
In Vertretung:

Urkunde zur Ernennung von Fritjof Herting zum Flugkapitän vom 23. April 1940

Katastrophe für seine Durchhalte-Parolen und verkündete am 18. Februar im Berliner Sportpalast den „Totalen Krieg“. Das bedeutete u. a. die Einführung einer allgemeinen Dienstpflicht, die Rekrutierung von Zwangsarbeitern und Betriebsschließungen bis hin zur Aufstellung des Volkssturm 1944, um die letzte Kraft aus dem Volk zu pressen und den Krieg bis „fünf Minuten vor Zwölf“ zu verlängern. Vor allem aber forcierte man die Rüstung in allen Bereichen und an die kriegswichtigen Unternehmen wurden immer höhere Forderungen gestellt.

Doch Stalingrad war der Wendepunkt des Krieges, im Mai kapitulierte die Heeresgruppe Afrika und Anfang September landeten die Alliierten in Kalabrien. Mussolini, Hitlers engster Verbündeter, wurde gestürzt. Die ncue italienische Regierung unter Marschall Pietro Badoglio erklärte am 13. Oktober Deutschland den Krieg, Kolumbien und der Iran folgten. Auf den Konferenzen von Casablanca und Teheran wurde bereits über die Zukunft Deutschlands nach dem Ende des Krieges entschieden.

Nach dem Tod von Flugkapitän Kaempf wurde 1943 Friedjof Herting zum Flugbetriebsleiter ernannt, den Serienflugbetrieb im Werk I leitete Flugkapitän Voss, im Werk II Flugkapitän

Einflieger Adolf Katzberg

Fritjof Georg Herting, geboren am 16. März 1907 in Hannover, entdeckte frühzeitig seine Liebe zur Fliegerei. Nach Schul- und Berufsausbildung trat er im Mai 1928 bei der Deutschen Luftfahrt GmbH in Böblingen ein und erwarb am 1. August den A-Schein als Flugzeugführer. Nach Verwaltungsdiensten bei der Lufthansa bis September 1931, wobei er nur die notwendigen Flüge zur Erhaltung der Flugberechtigung durchführte, ging Herting Anfang Oktober zur Deutschen Verkehrs-Fliegerschule Braunschweig. Dort absolvierte er die Ausbildung für Land- und Seeflugzeuge, wofür er am 2. Februar 1932 die Prüfungen für den B-Schein für Landflugzeuge und im August des gleichen Jahres für den A- und B-Schein für Seeflugzeuge erfolgreich ablegte. Die Seefliegerausbildung fand in Warnemünde statt. Bis zum Frühjahr 1933 nahm Herting an einem Ausbildungskurs auf dem Schulschiff „Deutschland" teil und flog danach als Verkehrsflieger bei der Lufthansa vorwiegend die Strecke Travemünde–Kopenhagen–Oslo. Am 29. September 1933 erwarb er den C-Schein für Seeflugzeuge und war bis Oktober 1934 als Fluglehrer für die DVS in Warnemünde tätig. Dann nahm er ein Angebot der SCADTA an und ging für zwei Jahre nach Kolumbien. Unter schwierigen geologischen, meteorologischen und organisatorischen Bedingungen legte Herting auf den Flugstrecken der SCADTA mehr als 270 000 Flugkilometer unfallfrei zurück. Dafür erhielt er auch im März 1935 den C-Schein für Landflugzeuge. In seinem Flugbuch sind während dieser Zeit neben Junkers W 34 und F 13 auch Flugzeuge wie Ford Trimotor, Clark GA 43 und Sikorsky-Typen verzeichnet.

Am 1. Februar 1937 begann Herting als Einflieger bei den Ernst Heinkel Flugzeugwerken in Rostock und flog bis September 1939 alle dort gebauten Land- und Seeflugzeuge. Am 2. Mai 1938, während eines Werksflugs mit einer He 111, verlor er nahezu das gesamte Höhenleitwerk und brachte die Maschine trotzdem glücklich zur Landung. Ernst Heinkel reichte ihn darauf hin beim RLM zur Auszeichnung als „Flugkapitän" ein, allerdings vergingen fast zwei Jahre, ehe dem Antrag entsprochen wurde.

Bei der Vorbereitung der Rekordflüge der He 100 engagierte sich Herting in besonderem Maße in der Hoffnung, diese auch durchführen zu können. Da es nicht dazu kam, verließ er enttäuscht Heinkel und trat am 1. November 1939 in den Dienst der HFW. Als Einflieger flog er vorwiegend die Muster Hs 129 und Ju 88, aber auch die Musterflugzeuge Hs 130. Nach dem tragischen Tod des Chefpiloten Hans-Wilhelm Kaempf 1941, berief die Geschäftsleitung Herting in diese Aufgabe. Er leitete bis zum Ende der HFW die Flugabteilungen beider Werke. Nach dem Zweiten Weltkrieg versuchte er vergeblich nach einer Beschäftigung in der Luftfahrt und schlug sich als Büromaschinenmechaniker durch. Fritjof Herting verstarb 1970 in Immenstadt im Allgäu.

Kurzbiographie von Fritjof Herting

Stahl und die Mustererprobung unterstand Flugkapitän Sulz. Die Flugversuchsingenieure leitete Bubenzer, sie unterstanden der Abteilung T, während die drei Flugbereiche der Abteilung W zugeordnet waren. Den Flugbetrieb der Abteilung F leitete Bohlmann.
Das Arbeitsgebiet der Flugabteilung wird in betrieblichen Dokumenten wie folgt beschrieben:

„...Das Einfliegen aller Mustermaschinen durch den Chefpiloten und hierzu besonders beauftragte Flugzeugführer. Ausführung von Flugvermessungen und deren Auswertung durch die Flugversuchsingenieure. Das Einfliegen erstreckt sich auf alle Flüge vom ersten Werkstattflug bis zur Überführung an den Auftraggeber einschließlich der Abnahmeflüge.

Das Einfliegen der Serien- und Reparaturmaschinen durch alle Flugzeugführer der Abteilungen in den Werken I und II. Die Ausführung von hierbei notwendig werdenden Versuchen durch die Versuchsingenieure. Das Einfliegen erstreckt sich auf alle Flüge vom ersten Werkstattflug bis einschließlich aller Abnahmeflüge, ausschließlich Nachflug und Überführung. Das Ausführen von Reiseflügen auf werkseigenen Maschinen im Interesse der Firma .
Der Abteilungsleiter hat, außer den vorstehend angegebenen Aufgaben, alle den **Privatflughafen Schönefeld** betreffenden Fragen im Auftrag der Betriebsführung zu regeln ..."

Inzwischen wurde bei den HFW das 1000. Frontflugzeug repariert, in Kiew wurde ein Frontreparaturbetrieb durch die Firma errichtet und im ersten Halbjahr 1943 wurden mehr als 600 Kampfflugzeuge ausgeliefert. Die verstärkte Einberufung von Mitarbeitern zur Wehrmacht – bis zum Jahresende wurden 2500 „Gefolgschaftsmitglieder" in den Krieg geschickt – zwang zum massenhaften Einsatz von Ersatzarbeitskräften. Ostarbeiter, französische und nun auch italienische Kriegsgefangene wurden in zunehmendem Maße auch in der Produktion eingesetzt. Bald waren mehr als 5000 Ausländer bei den HFW in allen drei Werken tätig, darunter 1103 Sowjets, 864 Franzosen, 647 Polen und 241 Holländer. Zu deren Unterbringung wurde im April bereits das sechste Barackenlager eingerichtet. Die Bauabteilung war nahezu ganzjährig mit dem Aus- und Erweiterungsbau beschäftigt, bis am 14. August eine Verfügung des Reichsverteidigungskommissars alle Barackenbauten, die weniger als zu 80 Prozent fertig gestellt waren, stoppte.
Die Ausbildung von Facharbeitern in der werkseigenen Lehrwerkstatt wurde fortgesetzt. Zum 1. April 1943 wurden 163 Lehrlinge eingestellt, um zu Metallflugzeugbauern, Werkzeugmachern und Elektromechanikern ausgebildet zu werden.

Besonderer Raumbedarf entstand bei der Abteilung F infolge der verstärkten Entwicklung von „Sonderwaffen“, wie die ferngelenkten Flugkörper bezeichnet wurden. Das Werk III, in dem die Hs 293 in Serie gefertigt wurde, verlagerte man von Falkensee nach Niederschöneweide, die dort ansässige Firma Dr. Lehmann & Schmidt musste ausziehen, als Werksleiter wurde Hatzinger eingesetzt. Das Konstruktionsbüro zog nach Diepensee um und Professor Wagner suchte gemeinsam mit Betriebdirektor Hormel nach weiteren Möglichkeiten um die Arbeitsbedingungen für die Abteilung F zu verbessern. Die Genehmigung zur Errichtung weiterer Hallen am Standort Schönefeld wurde zwar erteilt, aber kriegsbedingt nicht mehr ausgeführt. Das Luftfahrtgerätewerk in Hakenfelde, frei werdende Räumlichkeiten von Flettner in Johannisthal, stillgelegte Ziegeleien in Herzfelde, Glasfabriken in Welzow und Fürstenberg und sogar eine Schamottefabrik in Alt-Döbeln wurden auf die Nutzung durch die HFW geprüft. Auch die Verlagerung der Abteilung F nach Wien oder Ostpreußen wurde erwogen. Im November wurde man schließlich in Warnsdorf im Sudetengau fündig, die Spinnerei von Josef Häbler wurde zum Werk IV und die Serienproduktion der Hs 293 später dorthin ausgelagert. Neben 330 Versuchsgeräten wurden 1943 noch 5428 dieser Flugkörper ausgeliefert.

Am 25. August erfolgte der erste Gefechtseinsatz der Hs 293 in der Biskaya gegen britische Seestreitkräfte. Zwölf Dornier Do 217E-5 der II./K.G. 100, griffen zusammen mit sieben Junkers Ju 88C der I./ZG. 1 zwei Schiffsgruppen an, allerdings mit mäßigem Erfolg. Zwei Tage danach griffen 13 Do 217 einen weiteren Schiffsverband mit Hs 293 an; die Besatzung Hauptmann Aufkammer und Oberleutnant Paulus versenkten das Begleitschiff „Egret“ (1200 BRT), der kanadische Zerstörer „Athabascan“ wurde schwer beschädigt. Nach diesem Erfolg mit der bis dahin unbekannten Waffe wurden die in der Biscaya operierenden britischen U-Boot-Jagdverbände um 200 Seemeilen zurückgezogen, eine Erleichterung für die deutschen U-Boote. Im Tätigkeitsbericht des K.G. 100 vom 25. Juni 1944 schreibt der Geschwaderkommodore Bernhard Jope zum Einsatz der Hs 293 u. a. folgendes:

„... vom 12. Juli 1943 bis 30. April 1944 wurden 392 Hs 293 als Abwurfmunition mitgeführt. Davon im Notabwurf 98 und am Ziel 259 Flugkörper abgeworfen. 24 Stück sind durch Flugzeugverluste verloren gegangen und 11 wieder zurück gelandet worden. Somit wurden mit 171 klar am Ziel geworfenen Hs 293 65 feindliche Schiffseinheiten (36 Handelsschiffe mit 296 000 BRT und 29 Kriegsschiffe) ganz oder teilweise außer Gefecht gesetzt. Dem gegenüber steht ein eigener Verlust von 25 Flugzeugen mit 93 Mann fliegendem Personal, die während des Einsatzes verloren gingen. ...“

Die Einsätze der Hs 293 wurden mit zunehmender Erfahrung der Besatzungen immer effektiver. Am 30. September wurde der Hafen von Ajaccio auf Korsika mit Do 217 angegriffen und das Landungsschiff LST-79 vernichtet, allerdings fielen dabei zwei bruchgelandete Hs 293 in die Hände des Gegners. Bei den Kämpfen um die Inseln Kos und Leros in der Ägäis wurde der britische Zerstörer „Rockwood" getroffen und am 13. November der Geleitzerstörer „Dulverton" durch einen Hs-293-Treffer versenkt. Beim Angriff von 30 Flugzeugen der II./K.G. 40 im Golf von Bougie wurde der Truppentransporter „Rohna" mit 2000 amerikanischen Soldaten an Bord durch eine Hs 293 versenkt, rund 1000 Menschen starben.
Inzwischen arbeitete man in der Abteilung F an weiteren Versionen der Lenkwaffe. Unter der Bezeichnung Hs 293C lief die Erprobung des mit 400 kg Trialen 105 befüllten Flugkörpers zum Einsatz gegen gepanzerte Ziele ebenso wie die der Hs 294, einer großen Torpedobombe für Unterwasserangriffe vom Flugzeug aus. In Konstruktion befanden sich die Hs 295, eine Minenbombe, und die Hs 296 als Panzersprengbombe für den Steilabwurf.

Im RLM wurde im August 1943 entschieden, dass ab sofort jede Flugzeugbaufirma zusätzlich Komponenten für das „Jägerprogramm" zu bauen hatte. Die HFW mussten die linke Tragfläche der Bf 109 fertigen und sollten, beginnend ab Januar 1944, monatlich 40 Stück, steigernd auf 500 bis Juli, abliefern. Außerdem wurden die Vorrichtungen für die rechte Tragfläche der Bf 109, die das Heinkel-Werk in Oranienburg zu bauen hatte, von den Henschelanern angefertigt.
Obwohl intensiv an der Modernisierung der Hs 129 gearbeitet wurde – so konnte am 18. Januar die Attrappe des Führerraums einer Hs 129C-1 dem RLM vorgestellt und der Einbau eines Flammenwerfers bei GL/C-E 7 beraten werden – entschied man Ende des Jahres das Auslaufen ihrer Produktion. Zwar bemühten sich die Luftwaffen verbündeter Staaten noch um die Lizenzbaurechte; den Militärattachés Ungarns, Rumäniens, Bulgariens und Spaniens wurde die Hs 129 in Schönefeld vorgeflogen, aber es kam zu keinen vertraglichen Abschlüssen. Im Einflugbetrieb gab es weitere Verluste. Am 10. März stürzte Flugkapitän Friedrich Stahl mit der Hs 129, Werknummer 0437, in Johannisthal tödlich ab, eine Notlandung der Werknummer 141113 endete am 19. Juli mit 90 Prozent Bruch, der Pilot blieb zum Glück unverletzt. Ebenso erging es seinem Kollegen am 23. Juli, als er die Werknummer 141127 notlanden musste.

Auch mit der Hs 130 wurde intensive Entwicklungsarbeit geleistet. Am 1. Februar konnte die Attrappe der Druckkabine mit Ausstieg nach unten vorgestellt werden und im Sommer wurde die Weiterentwicklung zur Hs 130E mit vier BMW P 8035 sowie dem Einbau des TKL 15 diskutiert. Auch Italien entschloss sich zum Ankauf einer Höhenkammer zum Preis von 850 000 RM, kurz vor der Ablieferung zerschlug sich allerdings das Geschäft wegen der politischen Vorgänge im Land. Leider wurde durch Flugunfälle die zügige Entwicklung der Hs 130 beeinträchtigt. Nachdem die Werknummer 0012 bereits zweimal zu Bauchlandungen gezwungen war, stürzte am 24. September die Hs 130E, Werknummer 0053, mit dem Kennzeichen BD + KB nach einem Triebwerksbrand aus 50 Meter Höhe ca. 500 Meter südöstlich des Parks Diepensee ab, die Besatzung kam ums Leben.

Die Vorderseite der Erinnerungsmedaille zum 10-jährigen Bestehen der HFW

Die Rückseite der Erinnerungsmedaille zum 10-jährigen Bestehen der HFW

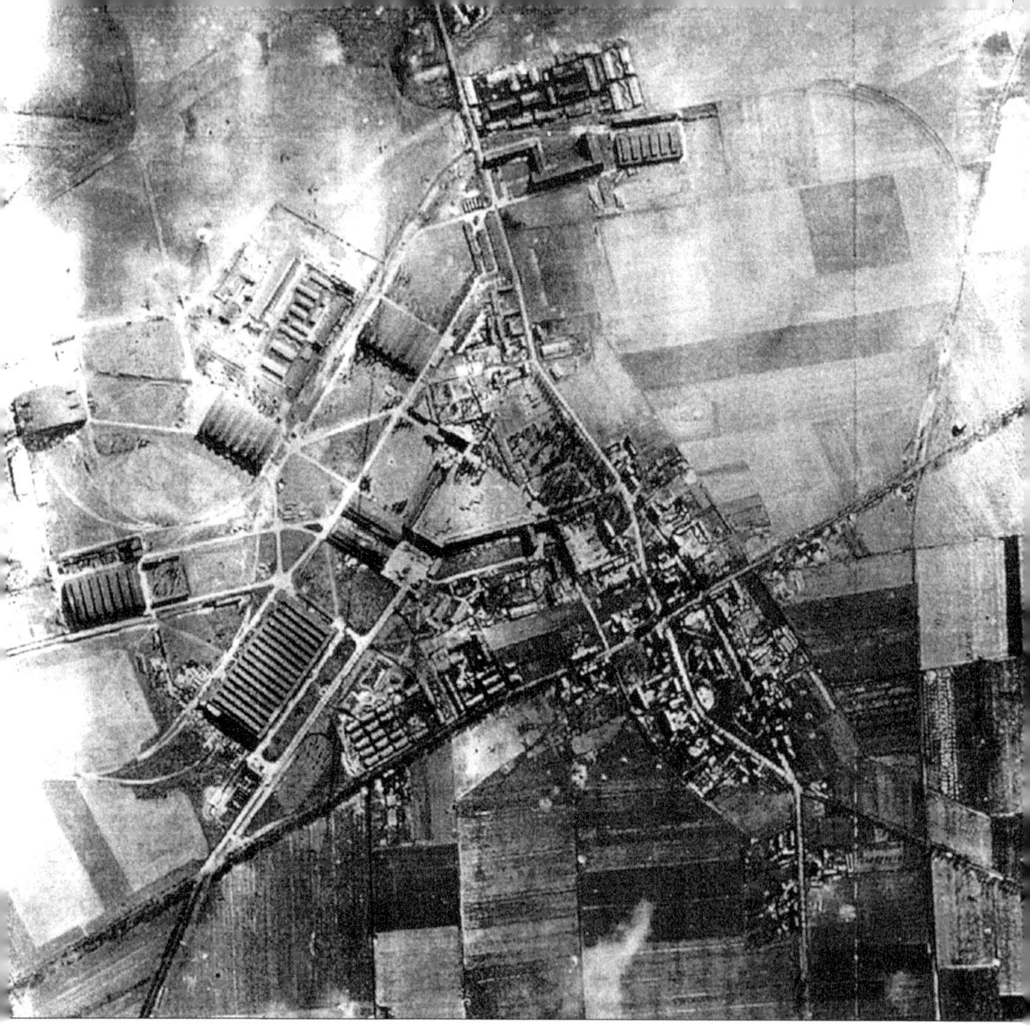

Luftaufnahme vom Werk I 1943

Im fünften Kriegsjahr steigerten sich die Luftangriffe der Alliierten deutlich, Berlin erlebte im November die bis dahin heftigsten Angriffe. Allein am 22. und 23. des Monats wurden 250 Minenbomben, 1750 Sprengbomben, 40 000 Phosphorbrandbomben, 450 000 Stabbrandbomben und 300 Flüssigkeitsbomben abgeworfen. Es entstanden 420 Groß- und 650 mittlere Brände, getroffen wurden der größte Teil der ausländischen Botschaften, die Technische Hochschule, der Potsdamer und Stettiner Bahnhof, zahlreiche Museen und der Berliner Zoo. Als „Weihnachtsgeschenk" flogen am 24. Dezember 300 englische Bomber einen weiteren Angriff, der jedoch die Henschel-Werke verschonte, dafür aber schwere Schäden in Bohnsdorf an den Häusern der

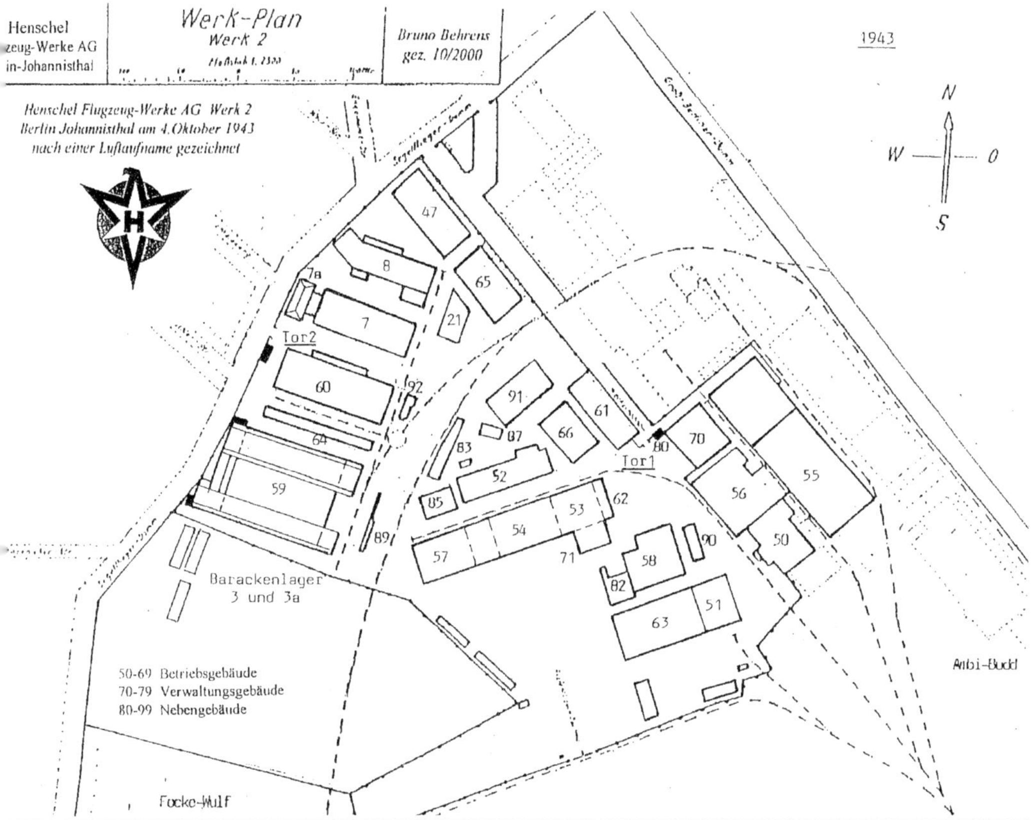

Henschel
zeug-Werke AG
in-Johannisthal

Werk-Plan
Werk 2

Bruno Behrens
gez. 10/2000

1943

Henschel Flugzeug-Werke AG Werk 2
Berlin Johannisthal am 4. Oktober 1943
nach einer Luftaufname gezeichnet

N
W O
S

47 8 7a 7 65 21 Tor2 60 92 91 61 64 87 66 83 80 70 Tor1 52 59 85 62 53 55 56 54 89 57 71 90 58 50 82 51 63

Barackenlager
3 und 3a

50-69 Betriebsgebäude
70-79 Verwaltungsgebäude
80-99 Nebengebäude

Ambi-Budd

Focke-Wulf

Lageplan Werk II von 1943

Dornier Do 217 mit zwei Hs 293 unter den Tragflächen

Werner Kießling, geboren am 15. Juli 1920, flog als 2. Flugzeugführer von Mitte 1943 bis Dezember 1944 in der 9. Staffel der III./K.G. 40. Die III. Gruppe war mit Fw 200C ausgerüstet und flog vorwiegend Fernaufklärung über See. Ab Mai 1944 wurden die Flugzeuge auch zur Seezielbekämpfung mit der Gleitbombe Hs 293 von Südfrankreich aus eingesetzt. Kießling berichtet aus seinen Erinnerungen:

Wir flogen die Focke-Wulf 200C mit einer sechsköpfigen Besatzung, bestehend aus zwei Flugzeugführern, einem Bordwart, zwei Funkern und einem Navigator, der zugleich Lenkschütze für die funkgesteuerte Gleitbombe Hs 293 war. Unsere Ausbildung für diesen Einsatz erfolgte im Spätsommer 1943 unter anderem mit Abwurfübungen über der Ostsee. Bei diesen Flügen, die von Garz, Gotenhafen-Hexengrund und Kolberg aus erfolgten, gerieten einige Flugkörper aufgrund technischer Mängel außer Kontrolle und gingen verloren. Einmal ging die Hs 293 sogar auf Gegenkurs und wir mussten schleunigst das Weite suchen. Der Navigator – wegen der Lenkeinrichtung auch „Kehl-Schütze" genannt – empfing unmittelbar vor dem Flug einen Frequenzquarz für die Steuerung der Bombe, der aus Gründen der Geheimhaltung ständig wechselte.

An einem heißen Septembertag 1943 verlegte unsere Staffel nach St. Jean de Angely, die übrigen Staffeln waren in Cognac und Bordeaux stationiert. An unserem Einsatzplatz lagerten auch in geringer Anzahl Hs 293. Wir flogen meist Seeaufklärung, wurden aber auch gelegentlich zur Schiffsbekämpfung mit Hs 293 eingesetzt, wobei zwei dieser Gleitbomben unter den Tragflächen angehängt wurden. Ich selbst habe vier oder fünf solcher Einsätze geflogen, dabei musste die Fw 200C minimal betankt werden, da die Startbahnlänge für das volle Startgewicht nicht ausreichte. Die Flüge erfolgten sowohl im Kettenverband als auch einzeln. Zwei Einsätze mussten wir wegen technischer Mängel abbrechen, vor der Landung in St. Jean de Angely mussten drei bis vier Tonnen Kraftstoff abgelassen werden, um auf der kurzen Bahn sicher landen zu können. Bei der Annäherung an das Ziel gingen wir in den Bahnneigungsflug mit 450 km/h über, reduzierten dabei die Flughöhe von 4000 auf etwa 1000 bis 1500 Meter und warfen aus rund zehn Kilometer zum Ziel die Hs 293 ab. Der Lenkschütze bemühte sich die Bombe ins Ziel – meist kleinere Verbände oder einzeln laufende Schiffe – zu lenken, allerdings ohne besondere Erfolge. Als bei Foggia zwei Flugkörper in englische Hände fielen, dadurch die sorgsam gehüteten Lenkfrequenzen enttarnt wurden, nahmen die Störungen der Funksteuerung schlagartig zu und viele Gleitbomben schmierten vor Erreichen des Zieles ab. Im Frühjahr 1944 nahm unser Lenkschütze an einer Ausbildungsmaßnahme teil, in der die Steuerung der Hs 293 mittels eines Bildschirms, auch Braunsche Röhre genannt, theoretisch gelehrt wurde; praktische Übungen fanden nicht statt.

Die Einsätze mit der Fw 200 wurden in der Folgezeit immer seltener, nach der Umrüstung der 8. Staffel auf He 177 und der III. Gruppe im September 1944 auf Me 262 blieb nur die 9. Staffel mit Fw 200 übrig, die als Transportverband nach Norwegen verlegte und im Dezember in Trondheim aufgelöst wurde. Damit ging auch die fliegerische Laufbahn von Werner Kießling zu Ende. Am 11. Mai 1955 begann er mit einer kleinen Gruppe von Mitarbeitern in Diepensee mit dem Aufbau der Deutschen Lufthansa der DDR.

Kurzbiographie von Werner Kießling

Arbeiter-Baugenossenschaft „Paradies“ anrichtete und 7 Todesopfer forderte. Am 25. November erlebten die HFW den 170. Fliegeralarm, später meldeten sie per Fernschreiben an Oscar Henschel u. a. folgendes:

„... heute morgen Angriff auf Werk I; Sprengbombe vor Erprobungshalle, großer Glasschaden in dieser und dem Verwaltungsgebäude; 30 Brandbomben in Halle 12, eine Sprengbombe auf Flugplatz zerstört Ju 88 und eine Mine auf Diepensee; Werk II: viele Sprengbomben auf den Flugplatz, eine vor dem Büroeingang, zwei in der Taktstrasse Hs 129 – Lieferausfall 40 Maschinen; Werk III: Nachbarfabrik ausgebrannt, Werk selbst durch Sprengbomben schwer beschädigt ...“:

Trotzdem lieferten die HFW bis zum Jahresende 414 Hs 129B-2, 600 Ju 88A-4 und 219 Ju 88A-14 an das RLM. Hormel erhielt im Juli das Kriegsverdienstkreuz I. Klasse und Frydag wurde in der Hauptversammlung der Ernst Heinkel A.G. am 21. August zum Vorstandsvorsitzenden bestellt. Nicolaus, Oeckl und Professor Wagner wurden zu Direktoren ernannt.

Flugkörperentwicklungen bei den HFW

Die Vorgeschichte

Bereits 1870 beschäftigte sich Werner von Siemens mit der Fernsteuerung von Sprengstoffträgern über und unter Wasser. Am 4. August hatte er dem Kriegsministerium eine Denkschrift mit dem Titel: „Zerstörung feindlicher Kriegsschiffe durch lenkbare Torpedos“ eingereicht. Er ging zwar von pneumatischen Lenkmethoden aus, machte aber schon auf elektrische Einrichtungen aufmerksam. Eine 1874 vorgeführte elektrische Fernsteuerung arbeitete ohne Beanstandungen. Als Siemens 1906 in den Luftschiffbau eingestiegen war, experimentierte man intensiv mit der Fernsteuerung von unbemannten Flugkörpern. Am 9. Januar 1915 erfolgte ein erster Versuch vom Kaiser-Wilhelm-Turm im Grunewald aus, in der Folgezeit dienten Fesselballone und Luftschiffe als Startbasis. Im Herbst 1915 steuerte man in Biesdorf einen Gleiter der Bauart Siemens 1b von einem Parseval-Luftschiff P IV aus. Während des Ersten Weltkriegs hatte man zunächst Gleitflugkörper ohne eigenen Antrieb versuchsweise von Luftschiffen aus abgeworfen, dann ging man zur Steuerung für Höhen- und Seitenruder mittels eines dünnen, dreiadrigem Kabels über. Bis Kriegsende wurden etwa 100 Versuchsgleiter gebaut. Im Sommer 1917 bot Siemens dem Reichsmarineamt Torpedogleiter an, die von den Luftschiffen Z XII und

L 25 abgeworfen und über ein acht Kilometer langes Kabel ferngesteuert wurden. Der letzte Abwurf eines 1000 kg schweren Gleiters fand am 2. August 1918 durch das Marineluftschiff L 35 aus 1500 Metern Höhe bei Potsdam statt. Letztendlich lehnte das Reichmarineamt die weitere Forschungsarbeit mit der Fernsteuerung von Lufttorpedos wegen zu langer Entwicklungszeiten ab. Die Lenkung sollte zunächst rein aerodynamisch ohne Steuergeräte erfolgen, doch bald stand fest, dass der Torpedo um alle drei Achsen gesteuert werden musste. Die durch Federn vorgespannten Ruder wurden durch Magneten betätigt, die durch Schaltschütze gesteuert wurden. Die Ein- und Ausschalt-Kommandos ergaben sich aus Winkelabweichungen und Winkelgeschwindigkeit. Später erfolgte die Steuerung mittels Zeiss-Feinhöhenmesser, Lichtstrahlen und Photozellen, eine sehr aufwändige und teure Entwicklung, die nicht zur Einsatzreife führte.

In der Weimarer Republik waren wehrtechnische Entwicklungen aufgrund der Bestimmungen des Versailler Vertrags nur in beschränktem Umfang möglich und wurden getarnt oder im Ausland ausgeführt. Korvettenkapitän Hirth von der Waffenabteilung des Allgemeinen Marineamts bemühte sich besonders in den 1920er Jahren um die Weiterentwicklung der Lufttorpedowaffe. Unter Kapitän zur See Rudolf Lahs, dem späteren Präsidenten des RDLI, begann 1925 eine rege Entwicklungstätigkeit, die sich insbesondere auf die Vervollkommnung der Einsatzverfahren für Lufttorpedos richtete. Parallel dazu arbeitete die Torpedoversuchsanstalt (TVA) Eckernförde an der Anpassung des Schiffstorpedos an den Abwurf aus Flugzeugen Die Seeflugzeug-Versuchsanstalt Kiel gewährte dabei, ebenso wie die Seeflugzeug-Erprobungsstelle Travemünde, aktive Unterstützung.

1926 wurde bei der Drahtlos-Luftelektrischen Versuchsanstalt (DLV) in Gräfelfing unter der Leitung von Professor Max Dieckmann im Auftrag der Abteilung Waffenprüfung des HWA eine Funklenkanlage für Flugzeuge entwickelt, die jedoch noch sehr unzuverlässig arbeitete und deshalb nicht in die Flugerprobung ging. Auf dem Versuchsgelände des Heereswaffenamts in Kummersdorf laborierte man Anfang der 1930er Jahre mit ferngelenkten Raketen, die mit einem Sprengkopf versehen, Punktziele in größerer Entfernung bekämpfen sollten. Die Forschungsanstalt „Graf Zeppelin“ (FGZ) in Ruid bei Stuttgart experimentierte mit Schrägstartanlagen und Raketenschlitten für Flugzeuge und Fernlenkbomben.

1937 reichte Dr. Max Kramer von der DVL beim Technischen Amt des RLM den Vorschlag ein, die Bahn einer Fallbombe durch Nachlenkung zu korrigieren. Aus diesem Projekt entstand später die Lenkbombe PC 1400 X, auch Fritz X genannt, die neben der Hs 293 noch im Zweiten

Weltkrieg zum Einsatz kam. Im Jahr darauf entstand in Gräfelfing die Lenkempfangsanlage C 192, während die Antennenanlage dazu bei dem Flugfunk-Forschungsinstitut in Oberpfaffenhofen (FFO) unter Leitung von Dr. Zisler entwickelt wurde. Die Firmen Askania und Siemens hatten bereits lange vor Kriegsbeginn mit Autopiloten für unbemannte Flugzeuge experimentiert. Alle diese Forschungen hatten zum Ziel, eine wirkungsvolle Waffe zu erhalten, die gegnerische Ziele auf große Entfernungen sicher bekämpfen konnte, ohne dass der Träger in den Abwehrbereich des Feindes eindringen musste.
Ende der 1930er Jahre hatten die Entwicklung von Fernlenkverfahren, der automatischen Steuerung von Flugzeugen und der Antriebstechnik durch Raketentriebwerke einen solchen Stand erreicht, dass die Schaffung von Fernlenkwaffen auch für die Wehrmachtsführung interessant wurde. 1939 trat das RLM an die Luftfahrtindustrie mit dem Wunsch heran, die Entwicklung und den Bau von ferngelenkten Flugkörpern in ihr Produktionsprogramm aufzunehmen. Unter denen, die diesen Projekten ungeteiltes Interesse entgegen brachten, waren Walter Hormel und Karl Frydag von den HFW. Sie verpflichteten in der Folge Professor Herbert Wagner, der bereits bei Junkers als Leiter für Sonderentwicklungen auf sich aufmerksam gemacht hatte, und gründeten die Abteilung F.

Hs 293 – ferngelenkte Gleitbombe

Bereits im Herbst 1939, noch ehe Professor Wagner seinen Dienst bei den HFW antrat, hatte er sich mit dem Ingenieur Rudolf Brée, der im RLM für die Entwicklung ferngesteuerter Flugkörper zuständig war, in Verbindung gesetzt und seine Zielvorstellungen dargelegt. Wagner wollte von Beginn an neue Wege gehen, um eine Waffe zu schaffen, die ein Trägerflugzeug außerhalb der gegnerischen Flakabwehr abwerfen und durch Steuerkorrekturen in kleinflächige Ziele lenken konnte. Die DVL hatte zwar schon Modellflugzeuge zur Erprobung von Steueranlagen gebaut, sie besaßen jedoch durch ihre Auslegung – es gab nur Seiten- und Höhensteuerung – eine ungenügende Stabilität und Steuerbarkeit. Wagners Idee unterschied sich von bisherigen Flugkörpern durch den Verzicht auf das Seitenruder, dessen Wirkung nach seiner Ansicht zu den Abstürzen der DVL-Modelle geführt hatte. Zur Richtungsstabilisierung diente eine unter dem Bombenkörper angebrachte Seitenflosse und so genannte Flatterquerruder. Es entfielen alle Auftriebs- oder Anstellwinkelmessungen, Rückführungen und Dämpfungen, das Lenkkommando wurde direkt in Höhenruderausschläge umgesetzt.

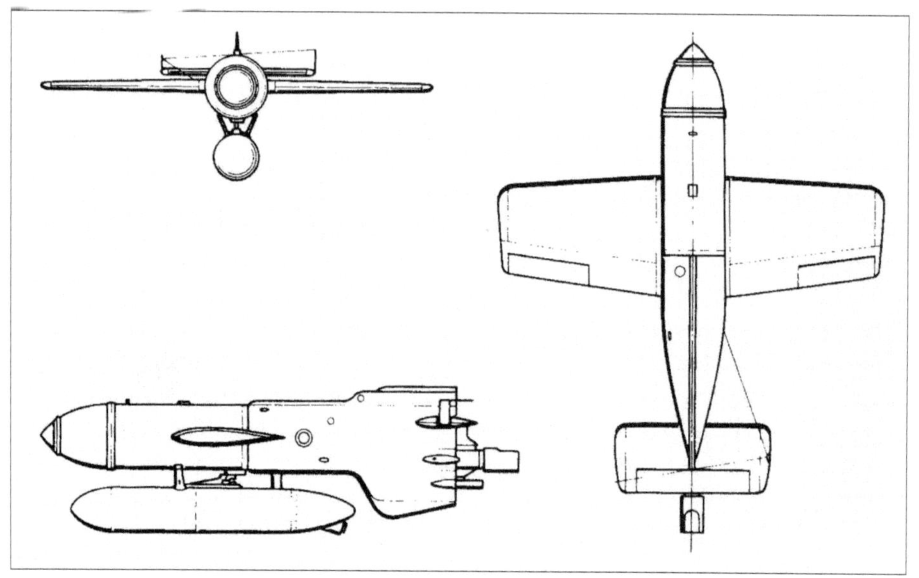

Dreiseitenriß der Hs 293

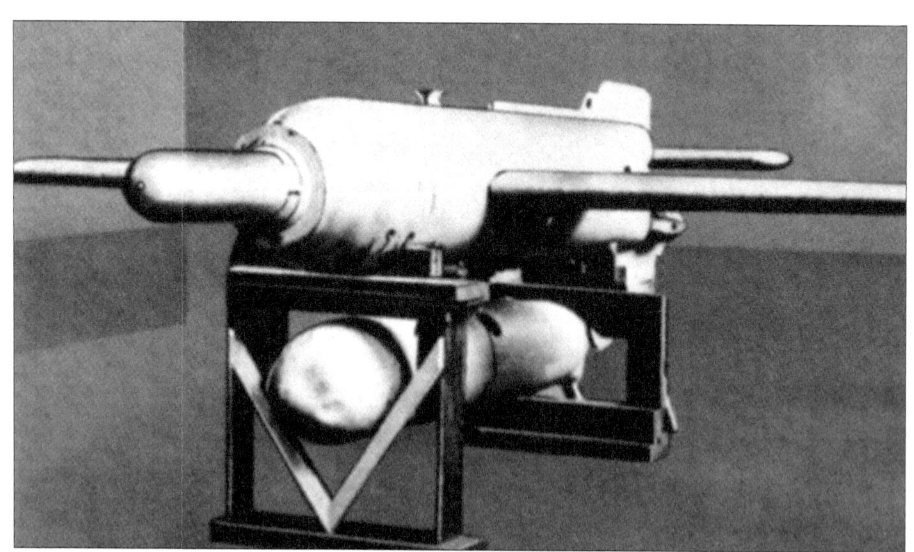

Hs 293 im Transportgestell

Vermessungsarbeiten an der Hs 293

Das vollständige Konstruktionskonzept legte Professor Wagner bereits im Januar 1940 vor. Die Hs 293 war für eine rasche Großserienfertigung ausgelegt und daher die Konstruktion relativ einfach gehalten. Das Rumpfvorderteil bestand aus dem Körper einer Minenbombe SC 500, daran schloss sich die eigentliche, in Schalenbauweise gefertigte Rumpfzelle mit dem Leitwerk an. Dieses Bauteil enthielt die Komponenten der Fernlenkung, die Stromversorgung und eine Selbstzerstöranlage. Der für den Unterschallbereich ausgelegte trapezförmige Tragflügel bestand aus einem durch den Schwerpunkt des Flugkörpers führenden Rohrholm, auf den die beiden Flächenhälften – Blechschalen mit je fünf Rippen – geschoben wurden. Die Profile waren symmetrisch, den Einfluss von Profilungenauigkeiten auf Auftrieb und Rollmomente ließ Wagner übrigens durch Konrad Zuse mit dessen Rechenmaschine gründlich untersuchen. Durch Präzisionsmessuhren wurde die Oberflächenkontur abgetastet, die ermittelten Werte wurden für die Fabrikation ebenfalls in eine Rechenmaschine von Zuse eingegeben, welche dann gegebenenfalls Korrekturen an die Werkzeugmaschine eingab. Das war damit der erste Einsatz eines Produktionscomputers.

Unter dem Bombenkörper war ein Raketentriebwerk HWK 109-507 von der Firma Hellmuth Walter aus Kiel angebracht, welches mit Wasserstoffperoxid und Calzium-Permanganat arbeitete und für zehn Sekunden einen Schub von 600 kp (5,9 kN) abgab. Damit konnte die Hs 293 bis zu Mach 0,85 beschleunigt werden und erreichte bei einer mittleren Marschgeschwindigkeit von 150 m/s Zielentfernungen von 15 bis 18 km. Da das Triebwerk im befüllten Zustand nicht für längere Zeit gelagert werden konnte, wurde es mit einem Schnellverschluss leicht auswechselbar angebracht.
Für die Fernlenkung der Bombe wurde die Radio-Befehlslenkung gewählt, als Sender im Trägerflugzeug diente das Gerät „Kehl" (FuG 203) und als Empfänger das Gerät „Straßburg" (FuG 230), die Funkkanäle lagen im Sechs-Meter-Bereich. Ein Lenkschütze, auch erster Bombenschütze genannt, steuerte über einen kleinen Knüppel mit elektrischen Impulsen den Servoantrieb im Flugkörper, der das Höhenruder entsprechend verstellte.
Während das Höhenruder kontinuierlich verstellt werden konnte, gab es für das Querruder nur den Ausschlag nach oben und die Nullstellung. Beide Stellungen waren in einen Regelkreis einbezogen, dem durch die Bewegung des Steuerknüppels ein Rollwinkel als Sollwert eingegeben und dieser durch ein Potentiometer mit dem Ist-Rollwinkel verglichen wurde. Ein Relais gab dann solange Querruderausschlag, bis der Ist- mit dem Soll-Wert übereinstimmte. Die Neigung um die Längsachse bewirkte die Richtungsänderung des Flugkörpers. Im Heck der Gleitbombe befand sich für den Einsatz am Tage ein pyrotechnischer Leuchtsatz aus fünf Magnesiumfackeln mit einer Brenndauer von 80 bis 90 Sekunden, mit deren Hilfe der Lenkschütze den Flugkörper mit dem Ziel in Deckung bringen konnte. Beim Nachteinsatz war dafür eine Lichtquelle mit Rot- und Blaufiltern vorhanden.
Die Sprengladung bestand aus 150 kg Trialen 105 im Bombenkörper und einem Aufschlagzünder. Damit war die Hs 293 in der Grundversion zur Bekämpfung leicht gepanzerter Schiffsziele geeignet.

Einige technische Daten der Hs 293A-1:

Länge	3,82 m			
Spannweite	3,10 m			
Flügelfläche	1,92 m²			
Rumpfdurchmesser	0,47 m			
Gesamtmasse	1045 kg	davon	Gefechtskopf	550 kg
			Sprengstoff	295 kg
			Triebwerk	133 kg
Geschwindigkeit	120 – 150 m/s			
Zielentfernung	etwa 15 km			
niedrigste Abwurfhöhe	400 m			

Mit dem Abwurf einer ungesteuerten Hs-293-Zelle am 5. September 1940 begann die Flugerprobung. Am 16. Dezember erfolgte der erste, von Professor Wagner selbst gelenkte Versuchsflug in Peenemünde. Allerdings wurde erst der nächste Versuch, zwei Tage später, ein voller Erfolg. Zunächst wurde eine alte Scheune als Ziel genutzt, später setzte man einen ausgedienten 5000-BRT-Frachter auf dem Peenemünde vorgelagerten Ruden auf Grund. Insgesamt wurden vom 5. September 1940 bis zum 29. August 1941 39 ferngelenkte sowie zwei ungesteuerte Gleitbomben Hs 293 in Peenemünde abgeworfen, in 14 Fällen kam es zu Fehlwürfen. Zwei Flugversuchsmuster (Hs 293V-2 und V-3) wurden in kleineren Stückzahlen gebaut und erprobt, bevor 1942 von der Hs 293A-0 insgesamt 1280 Exemplare abgeliefert wurden. Ab November 1942 wurde die Version Hs 293A-1 in Großserie gefertigt; bis Ende 1943 waren bereits 5923 Flügelbomben vom Werk III ausgeliefert. Der Bücker-Flugzeugbau in Rangsdorf lieferte Komponenten für den Bau zu. Am 1. November 1941 war die Versuchsstaffel 293 in Karlshagen aufgestellt worden, die zunächst mit Heinkel He 111 die weitere Erprobung der Bombe und die Ausbildung der Besatzungen übernahm. Am 1. März 1942 erfolgte die Umbenennung in Lehr- und Erprobungskommando 15 (LEK 15), Kommandeur war Hauptmann Hollweck. Der Trainingsbetrieb und die Truppenerprobung fanden in Garz auf Usedom mit dem Flugzeug Dornier Do 217E-5 statt. Diese Version entstand in Landsberg am Lech durch den Umbau von Do 217E-2 und E-3 und wurde von zwei BMW 801 angetrieben. Sie unterschied sich vom Grundmuster im wesentlichen durch die Änderungen im Rumpfvorderteil, den Wegfall der Sturzflugeinrichtung und dem Einbau des Rüstsatzes 10K als Träger für die Hs 293. Im April 1943 wurde das LEK 15 in die II./K.G. 100 eingegliedert und die Do 217E-5 von dieser übernommen. Mit der Verlegung dieser Gruppe am 12. Juli 1943 von Garz nach Istres in Südfrankreich begann der operative Einsatz der ersten ferngelenkten Gleitbombe durch die Luftwaffe. Insgesamt wurden bis zum 27. Juli 1944, als der Baustopp für die Hs 293 befohlen wurde, rund 11 400 Exemplare durch die HFW ausgeliefert.

Varianten der Hs 293

Neben den ersten Versuchs- und Einsatzmustern entstanden von der Hs 293 zahlreiche Modifikationen, die sowohl das Prinzip der Gleitbombe als auch ihr Anwendungsspektrum erweitern sollten. Als Umbau aus der Hs 293A ging die Hs 293B hervor, eine drahtgelenkte Version für den Fall, dass es dem Gegner gelingen sollte, die Funkkanäle zu stören. Die Erprobung der elektrischen Kommandoübertragung per

Gesteuerte Gleitbombe Hs 293C

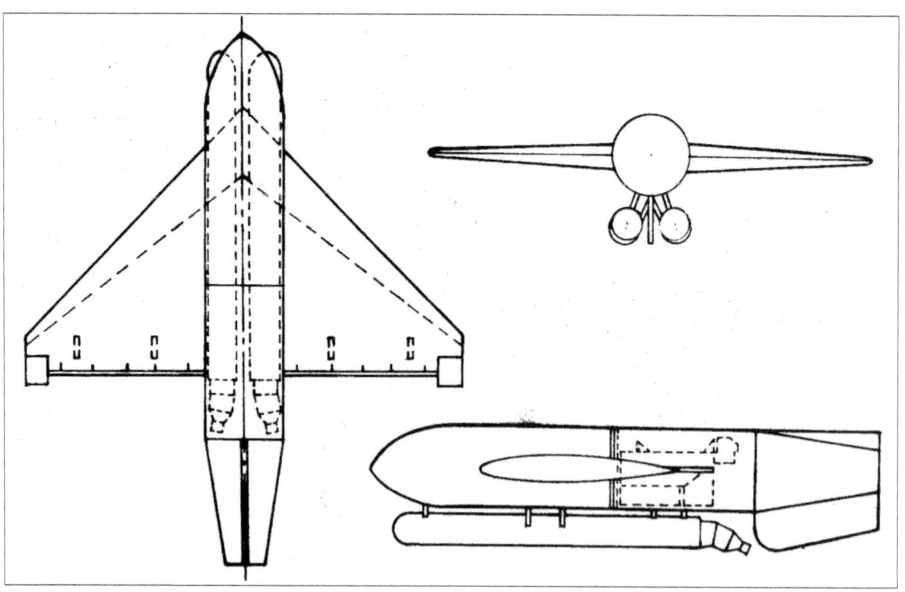

Dreiseitenriß der Hs 293F

Draht begann bereits 1941. Im Ergebnis war es möglich, alle Flugkörper – von der Hs 293 bis zur Hs 296 – auf dieses Lenkverfahren umzurüsten. Dazu wurden neue Sender (FuG 207) und Empfänger (FuG 237) eingerüstet sowie am Flugkörper zwei Spulen mit 18 000 Meter Draht angebracht. Im Trägerflugzeug befanden sich ebenfalls zweimal 12 000 Meter Draht. Widerstandskörper an den Kupplungsstellen bewirkten, dass die Drähte nach dem Abwurf der Gleitbombe gleichmäßig abliefen. Das RLM stoppte zur Bereinigung des Entwicklungsprogramms im Juli 1944 die Arbeiten an der Hs 293B. Zum Einsatz gelangten die drahtgelenkten Gleitkörper nicht mehr, da es an geeigneten Trägerflugzeugen mangelte.

Eine weitere Variante war die Hs 293C, für deren Entwicklung in der Abteilung F mehrere Ausführungen konzipiert wurden, die sich sowohl in ihren Abmessungen als auch in der Ausrüstung z. T. erheblich unterschieden. Am interessantesten war sicher die Hs 293C-4, ein Vorläufer der Hs 294. Es handelte sich dabei um eine draht- oder funkgelenkte Torpedo-Gleitbombe mit einem HWK 109-507B als Antrieb und einem hydrodynamisch geformten Sprengkopf für den Unterwasserangriff auf gepanzerte Schiffsziele. Die Erprobung wurde, bis auf ein paar Schwierigkeiten beim Steilabwurf, zufrieden stellend abgeschlossen. Allerdings kam auch für dieses Projekt im Juli 1944 das Aus. Bis dahin waren rund 60 Exemplare der Hs 293C-4 fertig gestellt worden.

1942 kam die Version Hs 293D heraus, eine Versuchsausführung zur Erprobung der Fernsehlenkung. Damit sollten Angriffe auch bei schlechter Sicht und ohne direkten Sichtkontakt zur Gleitbombe ermöglicht werden. Gesteuert wurde das Fluggerät über das Zielbild, welches von der Gleitbombe zum Flugzeug gesendet wurde. Die Gesamtlänge des Flugkörpers vergrößerte sich durch die Fernsehausrüstung um etwa einen Meter, die Masse erhöhte sich um 110 kg. Das Kameraobjektiv im Bug der Hs 293D wurde durch eine Windfahne in der Flugbahnrichtung stabilisiert, der erste Einbau einer sendefähigen Anlage in eine Zelle der Hs 293A-1 erfolgte im Oktober 1942. Die Flugerprobung begann im Juli 1943 in Peenemünde-West, dem Erprobungszentrum der Luftwaffe auf Usedom. Auch die E-Stelle Tarnewitz, die Forschungsanstalt der Reichspost und die Fernseh A.G. Berlin wurden in die Erprobung einbezogen. Gebaut wurden 255 Exemplare der Hs 293D.

Von der Hs 293E, einer Versuchsausführung mit neuer Klappensteuerung auf Basis der Hs 293A-2, wurden 18 Stück gebaut. Noch 1942 wurden zehn Versuchsausführungen der Hs 293G erprobt. Mit dieser Variante untersuchte man den ferngelenkten Steilabwurf. Durch das Feststoff-Raketentriebwerk WASAG 109-512 mit 1200 kp (11,8 kN) Schub und einer Brenndauer von zehn Sekunden sollte die Bombe auf

900 km/h beschleunigt werden. Ein neu konstruierter Schwenkkreisel ermöglichte sowohl den Steil- als auch den Flachabwurf.
Mit der Hs 293H entstand ein Neuentwurf, gedacht zur Bekämpfung von Bomberverbänden. Der Flugkörper erhielt zwei Flüssigstoff-Raketentriebwerke HWK 109-507, einen neuen Empfänger und einen zusätzlichen Relaiskasten. Das Zündkommando sollte über einen gesonderten Funkkanal durch den Lenkschützen bzw. durch ein begleitendes Flugzeug, welche bis zu 2000 Meter über dem Bomberpulk flog, ausgelöst werden. Im Sommer 1944 wurden einige Versuchsträger von Do 217M eingesetzt, jedoch ohne Erfolg. Mit weiteren Modifikationen der Hs 293 wurde noch bis Oktober 1944 experimentiert.

Hs 294 – Torpedo-Gleitbombe

Diese Waffe wurde 1941 für den Angriff unterhalb der Wasserlinie auf gepanzerte Schiffe entwickelt. Die funkgelenkte Hs 294 war imstande, nach dem Anflug auf das Ziel einzutauchen und bis zu 100 Meter unter Wasser zurückzulegen. Angetrieben wurde sie von zwei HWK 109-507D mit je 650 kp (6,4 kN) Schub für zehn Sekunden, die nebeneinander unter dem Torpedokörper angebracht waren. Die Steuerung war ähnlich der Hs 293A-1, aber mit einer zusätzlichen Vorrichtung zum Absprengen des Rumpfhinterteils und der Flügel beim Eintauchen in das Wasser. Das Rumpfvorderteil lief dann selbstständig wie ein Torpedo auf das Ziel zu. Zwischen 1941 und 1943 wurden verschiedene Muster zu Versuchszwecken gebaut, u. a. auch für Draht- oder Fernsehlenkung, insgesamt etwa 165 Stück. Die Hs 294 – übrigens der größte von der Abteilung F entwickelte Flugkörper – stellte gewissermaßen den Abschluss in der Entwicklung ferngelenkter Angriffsmittel gegen Seeziele dar. Der Fronteinsatz scheiterte sowohl an der unzureichenden Fertigungskapazität als auch an den fehlenden Trägerflugzeugen. Als das RLM am 31. Juli 1944 die Arbeiten an der Hs 294 einstellen ließ, erteilte die Kriegsmarine den Auftrag zur Schaffung einer Gleitbombe mit Raketenantrieb zum Abschuss von Schiffsdecks auf bis zu 40 km entfernte Ziele. Die Arbeiten daran wurden von Professor Wagner und seinen Entwicklungsingenieuren unter der gleichen Typenbezeichnung in Waldmühle bei Bergisch Gladbach, wohin Teile des Konstruktionsbüros ausgelagert waren, noch bis November 1944 fortgesetzt.

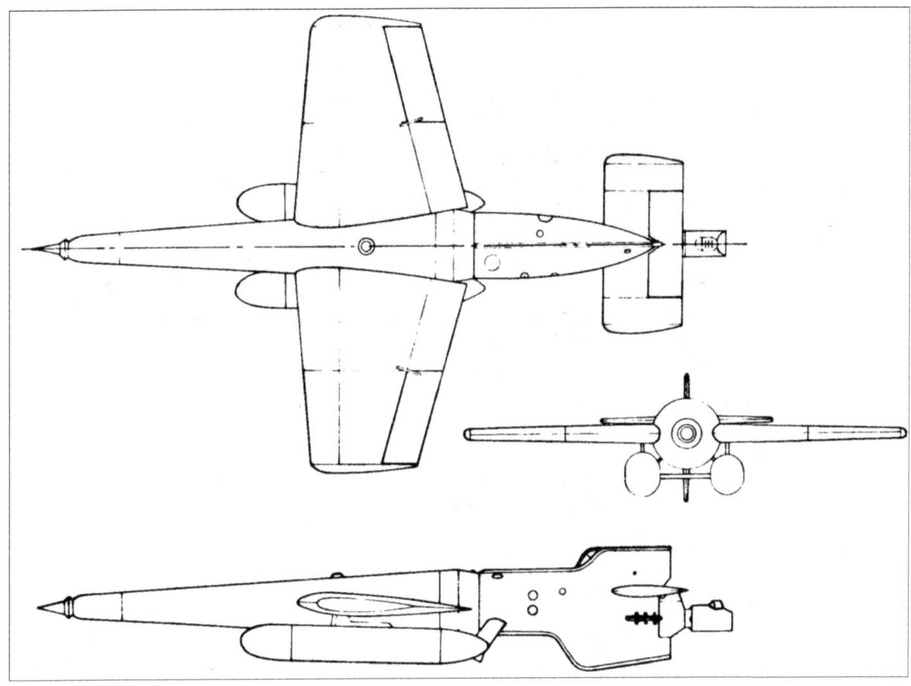

Dreiseitenriß der Hs 294

Einige technische Daten der Hs 294:

Spannweite	4,02 m		
Flügelfläche	5,30 m²		
Länge	6,11 m		
Rumpfdurchmesser	0,62 m		
Gesamtmasse	2170 kg, davon	Bombe	1456 kg
		Sprengstoff	658 kg
Höchstgeschwindigkeit	880 km/h		

Die Projekte Hs 295 und Hs 296

Der ferngelenkte Luft-Luft-Flugkörper Hs 295 zur Bekämpfung von Bomberverbänden war eine vergrößerte Hs 293 mit 580 kg Sprengstoff und zwei HWK 109-507D mit einem Schub von je 650 kp (6,4 kN) bei einer Brenndauer von zehn Sekunden als Antrieb. Gebaut wurden etwa 50 Versuchsmuster verschiedener Ausführungen, so erhielt z. B. die D-Version eine Fernsehsteuerung. In Anwesenheit von Milch wurden am 28. April 1941 Wassermodellversuche an der

Schleuseninsel in Berlin durchgeführt. Doch auch diese Arbeiten wurden vom RLM im Juli 1944 gestoppt.

Einige technische Daten der Hs 295:

Spannweite	4,09 m		
Flügelfläche	5,40 m²		
Länge	5,44 m		
Rumpfdurchmesser	0,58 m		
Gesamtmasse	2090 kg ,	davon die Bombe	1260 kg
		die Sprengladung	580 kg
Höchstgeschwindigkeit	850 km/h		

Die Hs 296 sollte eine Steilabwurf-Gleitbombe mit 600 kg Sprengstoff werden und aus geringer Höhe gegen gepanzerte See- und Landziele zum Einsatz gelangen. Aus diesem Grund wurde sie mit dem Schwenkkreisel der Hs 293G, der den Steil- als auch den Flachabwurf erlaubte, ausgerüstet. Die Konstruktion einiger Versuchsmuster hatte begonnen, als das RLM alle Arbeiten daran einstellen ließ.

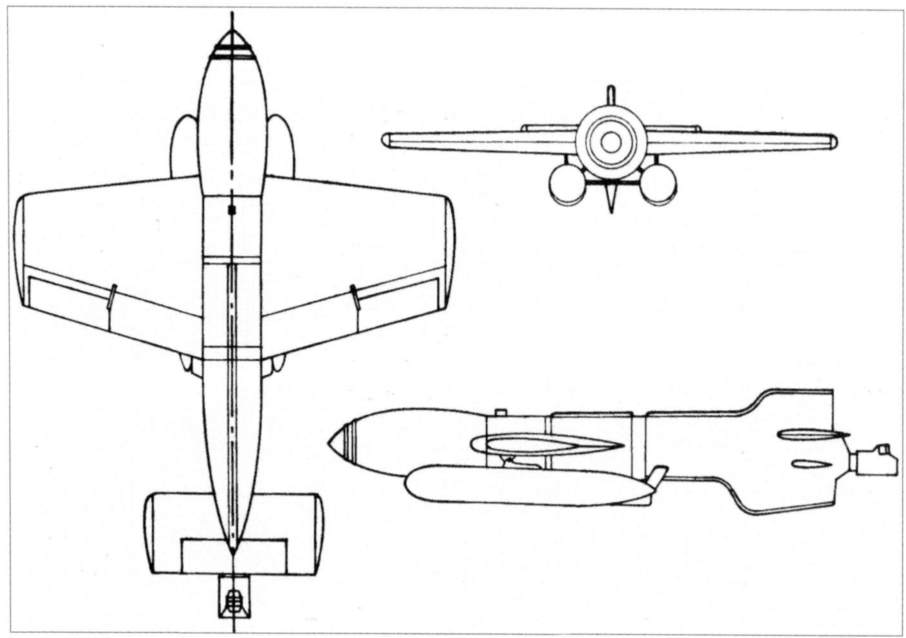

Dreiseitenriß der Hs 295

Jürgen Ritter , geboren am 9. Februar 1925 in Gera, meldete sich an seinem 17. Geburtstag freiwillig zur Luftwaffe. Vom Fliegeregiment 36 in Eger über Wachdienst in Russland kam er im März 1943 zur Ausbildung als Kampfbeobachter nach Thorn. Zunächst erfolgte die Versetzung zum K.G. 1 „Hindenburg" in Schaulen, dann die Kommandierung nach Giebelstadt, wo die Schulung für den Einsatz der Hs 293 gegen Bomberverbände stattfand. Jürgen Ritter berichtet in seinen unveröffentlichten Lebenserinnerungen darüber.

„ ... *Der gedachte Einsatz sollte nach Planung so erfolgen, dass wir mit speziell für uns gebauten Maschinen (Do 217 mit langen Flügeln und GM 1-Gerät) 1000 Meter über den Feindverbänden angreifen, dort die Flugbombe abwerfen und in den Verband lenken sollten. Wir begannen sofort mit dem Training für die Lenkung der Hs 293. Der Flugkörper war etwa 900 Kilo schwer, hatte eine elektronische Anlage mit Kreiselsteuerung und am Rumpfende hell leuchtende Fackeln. Der Beobachter hatte einen Sender und einen kleinen Steuerknüppel, mit dem sich die Bombe nach Sicht sehr genau führen ließ. Zunächst mussten wir viele Stunden am Simulator üben, einem motorisch getriebenen Apparat in einem verdunkelten Raum, der eine ca. zwei Meter große Schwabbelschale bewegte, deren Mittelpunkt markiert war und das Ziel darstellte. Mittels eines Spiegels wurde dieses Ziel auf einen 20 Meter entfernten anderen Spiegel geworfen und dazwischen saß der Lenkschütze mit Blick auf den zweiten Spiegel. Er hatte vor sich den Steuerknüppel und konnte damit eine auf die Schwabbelschale gerollte Kugel ins Ziel lenken. Nach dem Trockenkurs bekam jeder von uns sechs „echte" Hs 293, die er an der Ostsee auf ein Zielschiff steuern musste. Wir wurden dazu nach Garz auf Usedom geflogen. Mit einer He 111 flogen wir dann über Greifswald in Richtung der Insel Rügen, etwa 1800 m dahinter lag das Ziel, ein auf Grund gesetzter Frachter. Zehn Kilometer vor dem Ziel erfolgte der Abwurf der Hs 293, der in der Bodenwanne liegende Mechaniker meldete: „Zelle ist gefallen, Schub und Leuchtsatz setzen ein", danach konnte man die Bombe nach Sicht steuern. Anschließend ging es nach Schwäbisch Hall, wo wir uns mit den Einsatzflugzeugen vertraut machten und eine erste Staffel von zehn Kampfbeobachtern aufgestellt wurde. Nach einem kurzen „Einsatzurlaub" – inzwischen war es Herbst 1944 – erfuhren wir, dass die Idee des Pulkzerstörers aufgegeben worden war. Mit einigen Kameraden kam ich nach Garz, wo wir auf der He 177 Lenkschützen für den Einsatz der Hs 293 gegen Schiffsziele auszubilden hatten. Anfang 1945 wurde ich zum K.G. 200 nach Parchim kommandiert, von wo aus der Einsatz gegen die Oderbrücken erfolgen sollte. Auf dem Platz lagen neben einer Staffel Me 262 auch einige Mistelflugzeuge, nach mehreren heftigen Bombenangriffen lagen alle Anlagen in Schutt und Asche ...*".

Kurzbiographie von Jürgen Ritter

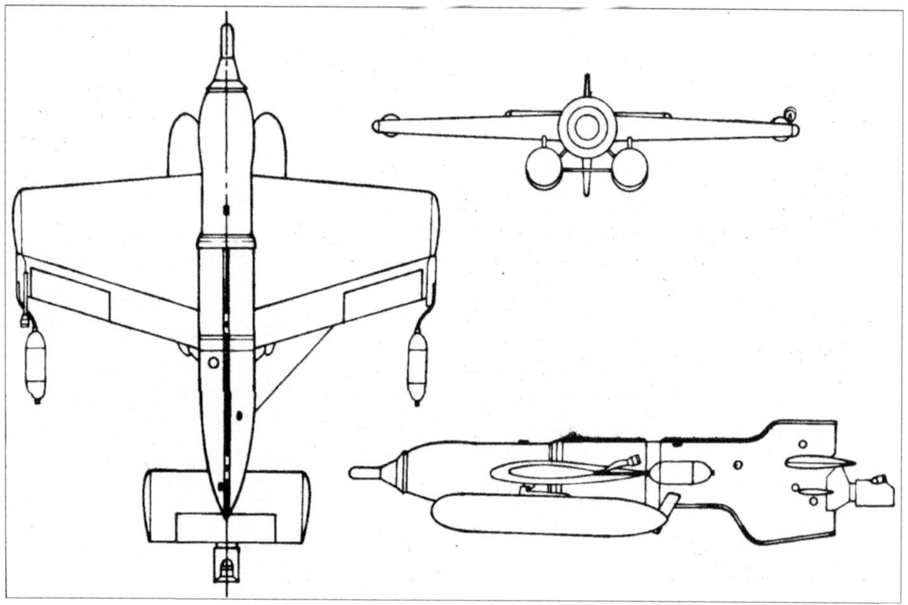
Dreiseitenriß der Hs 296

Hs 117 – Flugabwehr-Rakete (Hs 297)

Professor Wagner hatte 1941 den ferngelenkten Flugkörper Hs 297 für die bodengestützte Luftabwehr entworfen und dem RLM zur Entwicklung vorgeschlagen. Allerdings ohne Erfolg, da die Luftwaffenführung der Auffassung war, den deutschen Luftraum mit Flak und Jagdflugzeugen hinreichend schützen zu können.

Nachdem im März 1942 eine Abteilung Fla-Raketen beim Technischen Amt des RLM eingerichtet worden war und auch das Rüstungsministerium Interesse an der Entwicklung solcher Waffen bekundete, wurde ein Flak-Programm vorgelegt, das die Schaffung moderner Flugabwehrmittel, darunter auch Raketen und kampfstärkere Rohrartillerie, zum Ziel hatte. Am 22. Oktober 1942 wurden als „Geheime Kommandosache" dem Heeresartilleriepark 11 und den potentiellen Herstellerfirmen die entsprechenden Vorgaben übermittelt und u. a. die Arbeit an zielsuchenden als auch in Zielnähe gesteuerten Raketen zum Schwerpunkt erklärt. Am 13. November begann in Peenemünde die Aufstellung eines Erprobungskommandos und der Bau eines Prüfstands für Fla-Raketen.

Am 16. Januar 1943 legten die HFW dem RLM einen Entwurf vor, über den es im Protokoll der Beratung der Munitionskommission beim Reichsminister für Bewaffnung und Munition vom 8. Februar u. a. heißt:

„... die Fa. Henschel hat ... vorgeschlagen, eine Flak-R (Kleinflugzeug), die nach optischer Sicht mittels Funkfernsteuerung gesteuert wird, zu entwickeln. Reichweite 20 Kilometer, Höhe 8000 Meter, Mindestentfernung etwa 5 Kilometer, Startgewicht etwa 130 Kilogramm, Sprengladung rund 5 Kilo (Treffgenauigkeit 6–8 Meter), Unterschallgeschwindigkeit. Die Möglichkeit, ein ähnliches Gerät später auf einem Leitstrahl zu steuern, besteht. Fa. Henschel wird bei personeller Unterstützung in zwei Monaten ein genau durchgearbeitetes Projekt vorlegen ... „

Unmittelbar danach wurden die Arbeiten an der Hs 297 wieder verstärkt aufgenommen. Das größte Problem bestand in der angespannten Personalsituation der HFW. Zur Beschleunigung der Entwicklungsarbeiten benötigte man rund 500 zusätzliche Mitarbeiter. Bis zum 28. September waren trotz Zusage der Luftwaffenführung erst 45 Soldaten, meist mit technischen Vorkenntnissen, für diesen Einsatz abkommandiert worden und es zeichnete sich schon die zeitliche Verzögerung des für den 1. Januar 1944 anberaumten Erststarts ab.
Der erste Versuch fand dann am 15. Februar 1944 mit einer maßstabsgetreuen Attrappe statt, ohne Triebwerk, dafür mit zwei Feststoffraketen, um das Startverhalten zu untersuchen. Für den Antrieb kam damals nur ein Flüssigkeits-Raketentriebwerk in Frage. BMW und HWK erhielten den Auftrag zur Entwicklung desselben für die aus Geheimhaltungsgründen „Schmetterling“ genannte Rakete. Für das Triebwerk, das etwa 50 Sekunden lang arbeiten sollte, war ein regelbarer Schub von 60 bis 390 kp (0,59 bis 3,83 kN) gefordert, was das RLM anfangs entschieden ablehnte. Erst als Professor Wagner anhand umfangreicher Berechnungen seiner Entwicklungsingenieure nachwies, dass damit entscheidende Gewichts-, Reichweiten- und Auslegungsvorteile möglich wären, lenkte das RLM ein. Die Veränderbarkeit des Schubs war erforderlich, um die verschiedenen Flugbahnphasen mit der gleichen Machzahl fliegen zu können. Da man zuwenig über die Aerodynamik im Überschallbereich wusste und für ausgedehnte Untersuchungen die Zeit fehlte, hatte man die maximale Machzahl auf 0,85 festgelegt, das entspricht einer Geschwindigkeit in Bodennähe von etwa 1000 km/h. Das war immerhin doppelt so schnell wie die zu bekämpfenden Bomber, aber noch weit genug von der Schallgrenze entfernt.

Beide Hersteller experimentierten mit unterschiedlichen Materialien, Treibstoffen und technischen Lösungen. Schließlich sollte in der Serienfertigung das weiter fortgeschrittene leichte BMW-Triebwerk mit der HWK-Brennkammer kombiniert werden. Zum Flugversuch gelangte nur das BMW-Triebwerk. Um den Flugkörper auf Marschgeschwindigkeit zu beschleunigen, wurden zwei Starthilfsraketen Schmidding 109-553 mit je 1732 kp (17 kN) angebracht, die nach dem Ausbrennen abgesprengt wurden.
Am 9. Mai 1944 legten die HFW dem RLM eine ausführliche Beschreibung der Fla-Rakete vor, aus der auch der Fertigungsaufwand für den Großserienbau sowie die in die Projektarbeit und den Bau einbezogenen Unternehmen wie Askania, Bosch, Siemens und andere Zulieferer hervor gingen. Trotzdem blieb es zunächst bei der Einzelanfertigung von Versuchsmustern, für die letztlich 200 Geräte festgelegt wurden. Bis zum 6. Februar 1945 waren von der Schmetterling bereits 80 Versuchskörper gestartet worden, darunter 21 Abwürfe vom Flugzeug und 59 Bodenabschüsse. Bei den Entwicklungsarbeiten machten sich die Kriegsauswirkungen durch fehlende Produktionsstätten, Rohmaterialien und Personal deutlich bemerkbar. Die inzwischen zur Hs 117 umbenannte Flugabwehr-Rakete besaß in ihrer letzten Versuchsausführung eine Gesamtmasse von etwa 440 kg und wurde von einem Startgestell aus abgefeuert. Gesteuert werden sollte die Hs 117 nach Zieldeckung durch einen Schützen, dessen Optik durch einen Beobachter dem Ziel nachgeführt wurde. In Großserie sollte letztendlich die Ausführung Hs 117A-2 gefertigt werden, von der das RLM nicht weniger als 24 000 Stück in Auftrag gab. Bis März 1945 waren allerdings erst 150 Exemplare aus dem Versuchsbau im Berliner U-Bahntunnel Seestraße – Objekt 609 „Fink" – bzw. aus dem Werk IV in Warnsdorf ausgeliefert. Anfang 1945 sollte die Serienproduktion im unterirdischen Mittelwerk „Dora" bei Niedersachswerfen anlaufen. KZ-Häftlinge sollten unter zumeist unmenschlichen Bedingungen die Fertigung mit zunächst 50 Stück monatlich beginnen und im Verlauf von neun Monaten bis auf 3000 Stück steigern. Es blieb jedoch bei den 140, meist ohne Triebwerk versehenen Hs 117, die von den US-Amerikanern am 11. April 1945 im Mittelwerk aufgefunden wurden.

Einige technische Daten der Hs 117A-2:

Länge ohne Leuchtsatz	4,30 m	Startmasse	460 kg
Spannweite	2,00 m	Nutzlast	40 kg
Rumpfdurchmesser	0,35 m	Marschgeschwindigkeit	280 m/s
Flügelfläche	0,75 m²	maximale Einsatzhöhe	10 500 m
Flügelpfeilung	37 °		

Ende 1943 forderte das RLM zur wirkungsvollen Bekämpfung der feindlichen Bomberverbände eine Bord- oder Jägerrakete, die in der Lage sein sollte, 40 kg Sprengstoff an das Ziel zu tragen. Die HFW schlugen eine Abwandlung der Hs 117 vor, die eine geringere Spannweite und ein verändertes Leitwerk haben sollte und ohne Starthilfsraketen auskam. Als Antrieb sollte das BMW 109-558 mit einem Schub von 60 bis 380 kp (0,59 bis 3,72 kN) zur Anwendung kommen. Der Gesamtimpuls von 128 kNs (das bedeutet Masse mal Geschwindigkeit) verlieh der als Hs 117H bezeichneten Luft-Luft-Lenkwaffe eine Reichweite von 25 km und die Fähigkeit, die Abschusshöhe um mehrere tausend Meter zu übersteigen. Damit hätten Bomberpulks aus einer relativ sicheren Entfernung bis etwa acht Kilometer von hinten angegriffen werden können, der Flugkörper hätte diese Distanz in 50 Sekunden überwunden. Gelenkt werden sollte die Rakete nach dem Zieldeckungsverfahren per Funk. Allerdings konnte die Lenkung nicht vom Pilot eines einsitzigen Jagdflugzeugs erfolgen, die dafür notwendigen schnellen, mehrsitzigen Kampfflugzeuge standen jedoch nicht zur Verfügung. Die erste Rakete Hs 117H mit 100 kg Sprengstoff und Annäherungszünder wurde im Januar 1945 ausgeliefert, aber danach das gesamte Projekt eingestellt.

Die Luft-Luft-Rakete Hs 298

Bereits 1941 hatte Professor Wagner die Entwicklung der ferngelenkten Hs 298 für den Einsatz gegen Bombenflugzeuge vorgeschlagen. Da das RLM zu dieser Zeit wenig Interesse an einer solchen Waffe zeigte, erhielt das Projekt keine Dringlichkeit und man konnte nur „nebenbei" daran arbeiten. 1943, als Deutschland immer mehr unter dem Bombenhagel der Alliierten litt, forderte das RLM plötzlich eine beschleunigte Serienfertigung der Lenkrakete.

Der Mitteldecker mit Pfeilflügeln, Endscheiben am Höhenleitwerk und einem Doppelstock-Rumpf war von den Abmessungen her die kleinste Entwicklung der Abteilung F. Die Hs 298 trug 25 kg Sprengstoff und wurde von dem zweistufigen Feststoff-Triebwerk Schmidding 109-543 angetrieben. Dabei lieferte die rückwärtige Brennkammer fünf Sekunden lang den Beschleunigungsschub von 150 kp (1,47 kN), danach sorgte die Marschbrennkammer über 20 Sekunden für einen Schub von 50 kp (0,49 kN). Um eine lange Lagerfähigkeit und eine schnelle Einsatzbereitschaft zu sichern, erhielt die Hs 298 keine galvanische Bordstromversorgung, sondern einen propellergetriebenen Generator mit 250 Watt Leistung und einem Spannungsregler. Der

Generator wurde während des Trägerflugs bis zum Abschuss der Rakete blockiert. Die Lenkung war als Handlenkung nach dem Zieldeckungsverfahren konzipiert. Da man dabei kaum mit Direkttreffern rechnen konnte – die Lenkung musste ja durch den Jägerpiloten erfolgen –, sollte die Rakete einen „Vorbeiflugzünder“ erhalten. Vorgesehen war dafür das Doppler-Gerät „Kakadu“ der Wiener Firma Donag. Die Zündung erfolgte im Abstand von acht bis zehn Metern vom Angriffsobjekt. Auch mit einem elektrostatisch arbeitenden AEG-Abstandszünder wurde experimentiert.
Der Rumpf der Hs 298 hatte, abweichend von der üblichen Bauform, einen ovalen Querschnitt, im oberen Teil wurden der Annäherungszünder, die Gefechtsladung und die Lenkeinrichtung untergebracht, im unteren Teil der Luftschraubengenerator und das Triebwerk. Als Trägerflugzeug war hauptsächlich die Focke-Wulf Fw 190 vorgesehen.

Im Mai 1944 begannen die Flugversuche in Peenemünde, als Trägerflugzeuge dienten Heinkel He 111 und Dornier Do 217, die mit der „Kehl“-Lenkanlage der Hs 293 ausgestattet waren. Als Bordempfänger hatte die Hs 298 das FuG 232 der Firma Friesecke & Höpfner. Die ersten 50 Flugversuche leitete Professor Wagner persönlich, um einen schnellen Rückfluss der Versuchsergebnisse in die Konstruktion zu gewährleisten. Noch während die Erprobung mit etwa 100 Exemplaren der Hs 298V-1 lief, wurde bereits das Muster Hs 298V-2 mit zunächst 200 Stück in Auftrag gegeben. Die verbesserte Version konnte 45 kg Sprengstoff transportieren und der Startschub des Triebwerks war mit 280 kp (2,75 kN) nahezu verdoppelt worden. Auffällig waren die großen runden Endscheiben am Höhenleitwerk. Die Luft-Luft-Rakete wurde übrigens nicht wie bisher üblich abgeworfen, sondern von Startschienen, die unter der Tragfläche montiert waren, abgefeuert.

1944 entstanden im Werk IV in Warnsdorf einige Versuchsflugkörper sowie die Nullserie von 300 Stück. Als am 1. September 1944 die leistungsfähigere Hs 298V-2 angeboten wurde, erhielten die HFW noch im Dezember einen Vorbescheid des OKL zur schnellsten Fertigung von 2000 Exemplaren, wovon die ersten 50 bereits im April 1945 abgeliefert werden sollten. Das Kriegsende verhinderte einen Fronteinsatz der Jäger-Rakete.

Einige technische Daten der Hs 298V-1:

Spannweite	1,29 m	Startmasse	100 kg
Gesamtlänge	2,00 m	Nutzlast	25 kg
Rumpfquerschnitt	0,2 x 0,4 m	mittlere Geschwindigkeit	220 m/s
Flügelfläche	0,42 m²	angetriebene Flugstrecke	ca. 5 km
Flügelpfeilung	30 °	Bruchlastvielfaches	6,5 g

1944 – das Ende naht

Dezentralisierung der Flugzeugproduktion

Das Jahr 1944 begann für die HFW früh um 2:30 Uhr mit dem 180. Fliegeralarm. Die zunehmende Luftüberlegenheit der Alliierten zwangen die gesamte Rüstungsindustrie zu Tarn- und Dezentralisierungsmaßnahmen. Das Rüstungskommando forderte aus Furcht vor Spionage und Verrat Tarnbezeichnungen für die ausgelagerten Fertigungsstätten. Das Werk IV in Warnsdorf im Sudetengau wurde zur „Werner A.G." und das Werk V in Brieg in Schlesien wurde als „Oder A.G." bezeichnet. Am 1. März erging der Befehl vom Generalluftzeugmeister Milch, in etwa 1000 Meter Entfernung vom Werk I in verschiedenen Richtungen Splitterschutzgräben auszuheben, die Kosten für die HFW betrugen 160 000 RM. Einen Monat später wurde angeordnet, alle Produktionsstätten, die nicht unmittelbar am Flugplatz liegen müssen, etwa Teilefertigung, Flächen-, Rumpf- und Leitwerksbau, sofort in andere geeignete Objekte zu verlagern. Lediglich die Endmontage und der Einflugbetrieb sollten am Flugplatz verbleiben, dabei durften nicht gleichzeitig mehr als 100 Flugzeuge pro Flugplatz montiert und eingeflogen werden. Die HFW bekamen die Flugplätze in Fürstenwalde, Alteno und Finow als Ausweichplätze zugewiesen. Der Bau der Halle 15 in Schönefeld wurde gestoppt. Noch im März erhielten die HFW Zuweisungsbescheide für zwei Tunnelstrecken der Berliner U-Bahn zur Einrichtung als Produktionsstätten für den Teilebau Ju 88 und die Fertigung der Hs 117. Die Objekte erhielten ebenfalls Tarnbezeichnungen. Intern als Halle 17 bezeichnet, wurde das Objekt 608 in der Grenzallee mit „Sperling" und die Halle 18, Objekt 609 in der Seestraße/Müllerstraße mit „Fink" bezeichnet.

Im Schreiben des Reichsministers für Luftfahrt vom 12. Oktober 1944 wurde angewiesen, dass „... die Henschel Flugzeug-Werke A.G. die Rumpffertigung Zerstörer Ju 88G-1/2 in den Untergrundbahnschacht Grenzallee zwischen Bahnhof Neukölln und Bergstraße zu verlegen hat. Für die 15 000 Quadratmeter ist eine monatliche Miete von 18 750 RM zu entrichten ...".

Die Baufirma Polensky & Zöllner begann am 24. April mit dem Ausbau der U-Bahnschächte. Unter der Bezeichnung „Alma II" wurden drei Räume der ehemaligen Sanitätsbereitschaftsstation im Reichssportfeld für Verlagerungen hergerichtet. Der Flächenbau für die Bf 109 sollte in die Maschinenfabrik Wilhelm Schröder nach Fürstenwalde ausgelagert werden. Betriebsdirektor Walter Hormel besichtigte Anfang Juni den

Schacht 6 in Neu-Staßfurt zur gemeinsamen Nutzung mit Heinkel Oranienburg für den Flächenbau Bf 109. In 460 Meter Tiefe wurden dafür bis zu 10 000 m² zur Verfügung gestellt, auf der Sohle 260-Meter sollte die Motorenfertigung untergebracht werden. Die Salzförderung sollte jedoch nach Möglichkeit weiter laufen. In Rüdersdorf wurden Möglichkeiten zum Bau eines Großbunkers für den Zellenbau erkundet. Am 7. Juni, einen Tag nach der Landung der Alliierten in der Normandie, wurde bei Karl Frydag im Hauptausschuss Zellen mit Dipl.-Ing. Neubert von der Organisation Todt (OT) der Bunkerbau beraten. Es sollten neun große Bunker gebaut werden, davon sieben in den folgenden sechs Monaten. Danach Bunker 8 und 9 in der Nähe von Berlin – der Bunker 8 war für die HFW vorgesehen. Die Aufsicht über das gesamte Bauvorhaben sollten die HFW übernehmen. Ein Teil des Konstruktionsbüros mit ca. 270 Mitarbeitern siedelte in einem Sonderzug nach Brieg in das Werk V um. Weitere Auslagerungen erfolgten nach Herzfelde in ehemalige Ziegeleiöfen sowie nach Mittenwalde und Lübbenau. Schriftgut, Buchungsunterlagen, Lizenz- und Bauzeichnungen sowie andere Materialien wurden nach Landsberg an der Warthe, nach Tempelburg, Stadtlengsfeld, Dresden und Wien vorerst in Sicherheit gebracht.
Währenddessen wurde die Auftragserteilung durch das RLM immer chaotischer. Hektisch wurden Änderungen bekannt gegeben, die bei den HFW zu hunderttausenden Arbeitsstunden im Vorrichtungsbau führten und sich schließlich als unnütz erwiesen, da die nächsten Änderungen meist den Abbruch der Arbeiten und die Verschrottung der Anlagen zur Folge hatten. Noch am 28. Januar wurde angewiesen, die Fertigung der Hs 129 mit 40 Stück pro Monat bis Ende 1944 fortzuführen, dann am 11. August ein sofortiger Baustopp verfügt. Alle im Bau befindlichen Teile und rund 100 Flugzeuge in verschiedenen Bauzuständen mussten verschrottet bzw. demontiert werden. Am 25. Februar wurde die Einstellung aller Arbeiten an der Hs 130 befohlen und der geplante Bau der Me 410 annulliert. Im Werk II wurden die Vorrichtungen für den Flächenbau der Ta 152H errichtet, der jedoch nie zustande kam. Auch für die Vorrichtungen zum Bau des Tragflügel-Mittelstücks der Me 264, beschlossen am 21. August, kam am 26. September der Baustopp und die Weisung zur Verschrottung.
Am 1. März 1944 wurde auf Anordnung Hitlers der so genannte Jägerstab eingerichtet, der als erste Handlung verkündete, dass die Fertigung und Reparatur von Jagd-, Nachtjagd- und Zerstörerflugzeugen absolute Priorität erhält und alle Neuentwicklungen verboten sind, mit Ausnahme derjenigen, die unter Berücksichtigung des Zeit- und Materialaufwands von Göring persönlich genehmigt wurden. Änderungs-

wünsche seien nicht mehr zu berücksichtigen, Änderungen durch die Truppe strengstens untersagt; „... die Flugzeuge müssen so aus der Fertigung kommen, wie sie dann bei der Truppe verwendet werden ...“. 1944 befanden sich neben Schul-, Segel- und Seeflugzeugen immerhin noch 27 Kampfflugzeuge mit elf Varianten in der Produktion. Am 1. Juli wies der Jägerstab u. a. an, den Bau der Flugzeugmuster Junkers Ju 87, Ju 288, Ju 290, Ju 352 und Ju 390, die Heinkel He 111, Messerschmitt Me 410 und Focke-Wulf Ta 154 sofort einzustellen. Auch die viermotorige Heinkel He 177, die als hauptsächlichstes Trägerflugzeug für die gesteuerte Gleitbombe Hs 293 vorgesehen war, wurde zugunsten der Jägerfertigung gestrichen. Bereits im April war der Lieferplan für die Hs 293 von 1800 auf 700 Stück reduziert worden, am 27. Juli teilte das RLM mit, dass mit sofortiger Wirkung die Fertigung einzustellen sei. Die vorhandenen Flugkörper wurden in einer ehemaligen Ziegelei in Löpten in der Nähe von Teupitz eingelagert. Auch die Arbeiten an dem Folgemuster Hs 294 wurden eingestellt, dafür sollte die Hs 117 auch für den Einsatz durch Flugzeuge weiterentwickelt und die Ausbringung von Versuchsgeräten auf 265 Stück gesteigert werden. Der Industrierat legte am 17. Mai im Lieferprogramm für die HFW den Bau von 1745 Ju 388 fest, am 3. Juni wurde die Ju 388 wieder aus dem Programm gestrichen. Im September, nach einer Rücksprache von Frydag bei Göring, wird den HFW empfohlen, doch den Bau der Ju 388 anzustreben, da sie für den Bau der Do 335 und Do 345 wegen der geringen Stückzahlen als Lizenznehmer nicht in Frage kommen würden. Am 30. November wurde die Ju 388 für die HFW definitiv gestrichen.
Oscar Henschel suchte nach neuen Betätigungsfeldern um den sinkenden Auftragsbestand auszugleichen. Am 2. März 1944 wurden vom Junkerswerk in Bernburg elf Zerstörer zur Reparatur übernommen und am 30. des Monats der Bau von 120 Triebwerkssätzen Jumo 222 beschlossen. Sie sollten voraussichtlich auf dem Reichssportfeld produziert werden. Im September besprach Friedrich Nicolaus mit Flugzeugbaumeister Scheibe vom RLM die Möglichkeit der konstruktiven Betreuung des Flugzeugmusters Lippisch P 11 und den Bau von sechs Versuchsflugzeugen. Für Forschungsarbeiten an dem Höhenfernaufklärer DFS 228 und für den Bau der bemannten V 1 Reichenberg wurden Fachkräfte und Räumlichkeiten zur Verfügung gestellt. Am 2. Oktober wurde beschlossen, das Werk II stillzulegen, da durch die gravierende Änderung der Auftragslage die Beschäftigung in Johannisthal praktisch zum Stillstand gekommen war. 150 Arbeitskräfte wurden an die Firma Erla in Leipzig, 184 an Wiener Neustadt und 255 an Junkers abgegeben.

Der Krieg trift auch die HFW

Hatten die HFW bis dahin keine fundamentalen Schäden durch die Bombenangriffe erlitten, änderte sich die Lage 1944. Beim 191. Fliegeralarm am 27. Januar wurden Minen, Stabbrandbomben und Phosphorbomben auf die Werksanlagen in Schönefeld abgeworfen. Verschiedene Gebäude gerieten in Brand, auf dem Flugplatz verbrannte eine Ju 88 und enorme Glas- und Dachschäden waren zu reparieren. Oberleitung und Gleisanlagen der Straßenbahnlinie 147 wurden zerstört, der Transport der Werksangehörigen musste teilweise von Bussen der BVG übernommen werden. Am 21. Juni wurde das Werk III in Niederschöneweide von schweren Sprengbomben getroffen, die 90 Prozent Gebäudeschäden verursachten und einen Produktionsausfall von ca. 2000 Hs 293 zur Folge hatten. Das Jahr ging für die HFW mit dem 330. Fliegeralarm am Nikolaustag zu Ende.

Inzwischen wurden die Meldungen von den Kriegsschauplätzen immer dramatischer. Am 20. Januar wurde Nowgorod, am 23. Februar Kriwoj Rog und am 10. April Odessa geräumt, die Frontreparaturbetriebe wurden aufgelöst. Im Juli meldete das OKW, dass die Städte Lemberg,

HENSCHEL FLUGZEUG-WERKE A.G.

Schönefeld über Berlin-Grünau · Fernsprecher: 65 68 11

Meldekarte

Bei eingetretenen Schäden nach Fliegerangriffen umgehend melden auf einer der 4 Sammelstellen:

1.) Werk I Schönefeld
2.) Werk II Johannisthal, Segelfliegerdamm
3.) Werk III Schöneweide (jedoch nur für Angehörige des Werkes III)
4.) Sportplatz Rudow, verlängerter Flurweg (Straßenbahnhaltestelle der Linie 21, 47, 147, Rudower Grenze)

Die Beauftragten der Betriebsführung erteilen dort Rat und Hilfe in allen Fragen (Einsatz, Sonderurlaub, Unterkunft usw.)

Diese Karte dauernd bei sich tragen!

Bitte wenden!

Meldekarte bei Schäden durch Luftangriffe

Brest-Litowsk und Dünaburg „im Zuge der Frontbegradigung“ planmäßig geräumt wurden. Am 6. Juni landeten die Alliierten in der Normandie und wenige Tage später auf Elba, in Italien wurde Ravanna aufgegeben. Im Oktober waren sowjetische Truppen in Ungarn bis Debrecen vorgerückt, Athen wurde von deutschen Truppen aufgegeben und Belgrad geräumt. Am 28. Dezember meldete das OKW den Rückzug aller Truppen aus Finnland.
Die Entwicklung an der Westfront hatte ebenfalls erhebliche Auswirkungen auf die Geschäfte der HFW. Mit dem raschen Vorrücken der Alliierten wurde Paris zur Frontstadt. Hitler hatte am 7. August Generalleutnant Dietrich von Choltitz (1894–1966) zum Wehrmacht-Befehlshaber für den Großraum Paris ernannt und ihm die Verteidigung bis zum letzen Mann unter Sprengung sämtlicher Seine-Brücken befohlen. Nachdem anfänglich die amerikanischen Truppen Paris umgangen hatten, kamen sie dann doch auf Bitten von Charles de Gaulle der Résistance, die sich am 19. August gegen die deutsche Besatzungsmacht erhoben hatte, zu Hilfe. Für die HFW war es das Ende der Aktivitäten im besetzten Frankreich. Das Auftragsvolumen für die Produktion in Paris belief sich Anfang 1944 immerhin noch auf 54 Millionen RM und

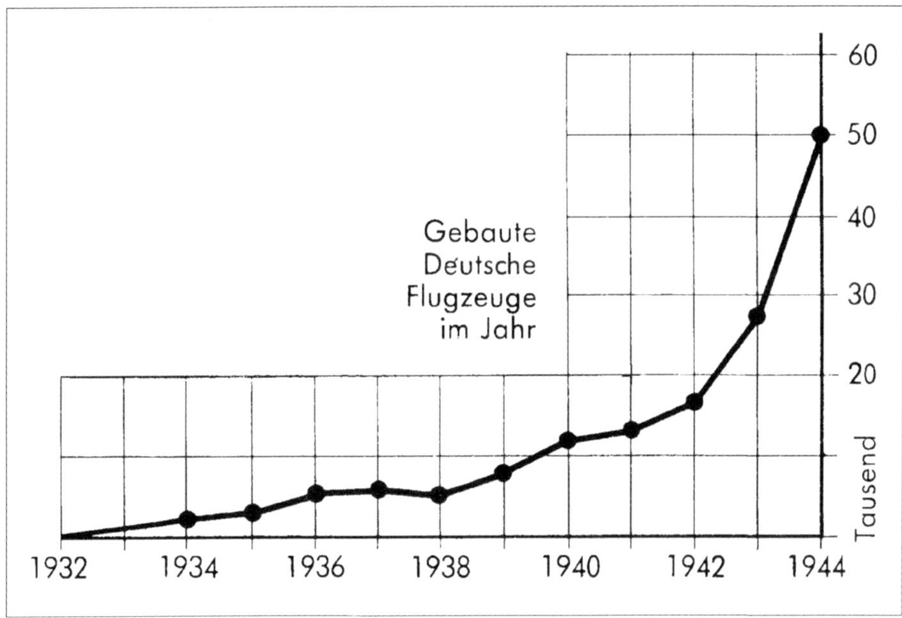

Flugzeugproduktion in Deutschland 1932–1944

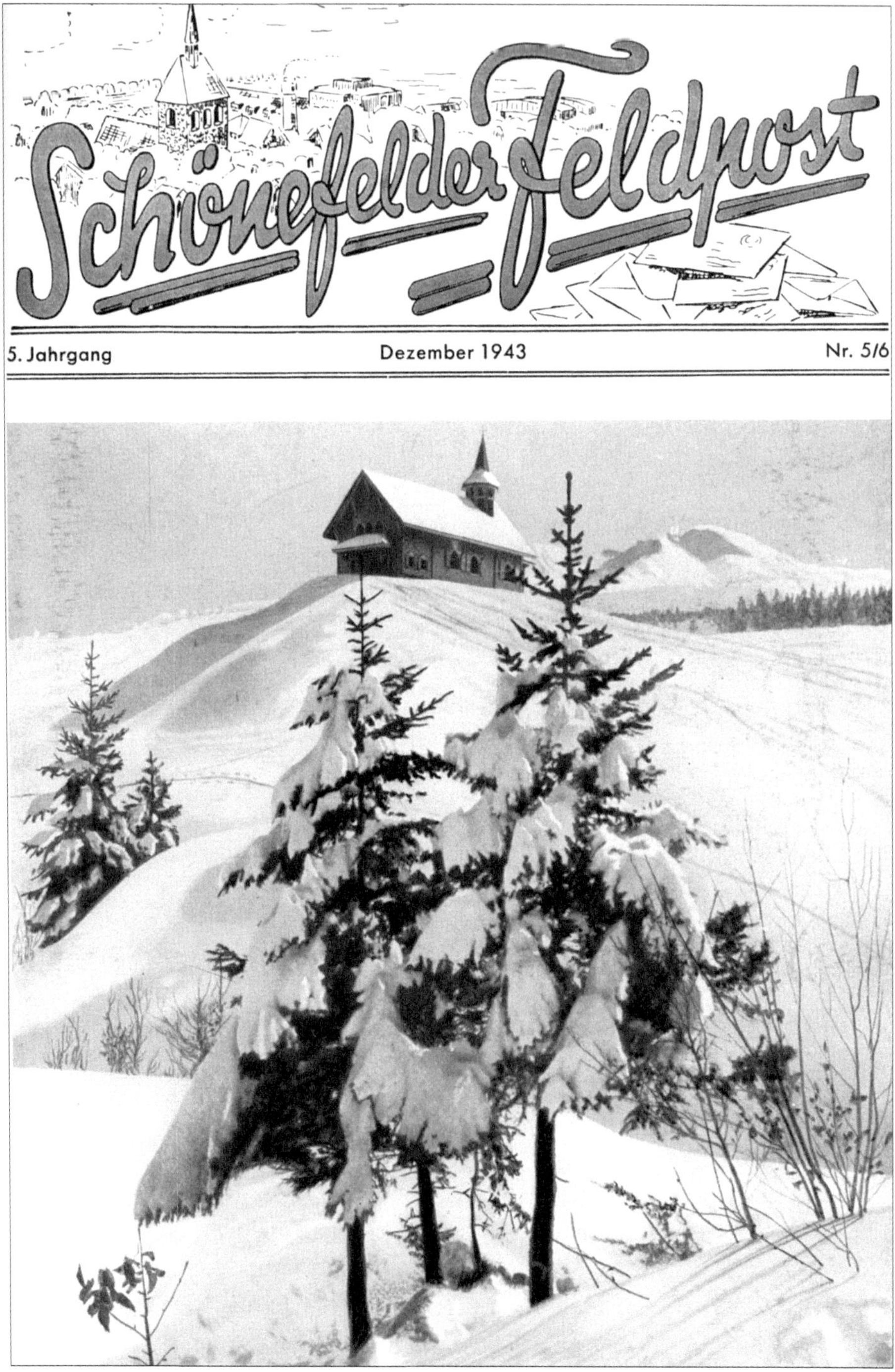

5. Jahrgang Dezember 1943 Nr. 5/6

Das Titelblatt der Schönefelder Feldpost gaukelt ein friedliches Weihnachtsfest vor, während …

FÜR FÜHRER UND REICH STARBEN DEN HELDENTOD DIE ARBEITSKAMERADEN

Herbert Stief
Hammersteurer bei H & S
geb. 2. Mai 1916 in Kassel
Eintritt bei H & S 19. Juni 1931
Gefallen im Oktober 1941 im Osten

Otto Mootz
Prüfer bei H & S
geb. 2. März 1913 in Niederhülsa
Eintritt bei H & S 2. September 1937
Gefallen im November 1941 im Osten

Heinrich Jacob
Former bei H & S
geb. 9. November 1919 in Kassel
Eintritt bei H & S 4. November 1940
Gefallen im Oktober 1941 im Osten

Emil Schmidt
Schreiner bei H & S
geb. 14. November 1914 in Flensburg
Eintritt bei H & S 2. November 1938
Gefallen im Oktober 1941 im Osten

Paul Ritter
Stoßer bei H & S
geb. 25. März 1921 in Laurahütte O.-S.
Eintritt bei H & S 16. September 1940
Gefallen im Oktober 1941 im Osten

Walter Dilling
Schlosser bei H & S
geb. 17. Sept. 1921 in Holzkamp Lippe
Eintritt bei H & S 19. April 1937
Gefallen im Oktober 1941 auf See

Hermann Hetzler
Fallhammersteurer bei H & S
geb. 23. März 1915 in Kassel
Eintritt bei H & S 24. Januar 1934
Gefallen im Oktober 1941 im Osten

Hans Weber
Schmied bei H & S
geb. 19. Mai 1913 in Seesen/Harz
Eintritt bei H & S 18. Oktober 1937
Gefallen im Oktober 1941 im Osten

Hans Kops
Revolverdreher bei H & S
geb. 11. März 1914 in Weinähr
Unterlahnkreis
Eintritt bei H & S 17. November 1938
Gefallen im November 1941 im Osten

Dominikus Günther
Schmied bei H & S
geb. 14. Juni 1914 in Jossa Kr. Fulda
Eintritt bei H & S 5. April 1938
Gefallen im November 1941 im Osten

Franz Ulmer
Fräser bei H & S
geb. 9. Mai 1921 in Rottenburg/Neckar
Eintritt bei H & S 20. August 1940
Gefallen im November 1941 im Osten

Leo Turobin
Gießereiarbeiter bei H & S
geb. 6. August 1913 in Lipine Ob.-Schl.
Eintritt bei H & S 16. September 1940
Gefallen im Juli 1941 im Osten

Fritz Bartsch
Maschinenarbeiter bei H & S
geb. 2. Februar 1910 in Wirges
Eintritt bei H & S 10. Dezember 1937
Gefallen im Dezember 1941 im Osten

Friedrich Kunze
Schmiedehelfer bei H & S
geb. 28. März 1920 in Laurahütte/O.-S.
Eintritt bei H & S 16. September 1940
Gefallen im Oktober 1941 im Osten

Ludwig Klahold
Zeichner bei H & S
geb. 23. Februar 1910 in Kassel
Eintritt bei H & S 7. April 1924
Gefallen im Dezember 1941 im Osten

Heinz Schmidt
Techn. Zeichner bei H & S
geb. 12. Juni 1920 in Hann.-Münden
Eintritt bei H & S am 15. Mai 1939
Im Dezember 1941 in einem Reserve-
lazarett an der im Osten erlittenen
Verwundung gestorben

Heinz Pape
Rohrschlosser bei H & S
geb. 27. September 1918 in Kassel
Eintritt bei H & S 31. März 1938
Im November 1941 in einem Feldlazarett
an der im Osten erlittenen Verwundung
gestorben

Willibald Neubert
Lagerarbeiter bei HFW
geb. 25. Mai 1921 in Chodau Sudetengau
Eintritt in die HFW am 20. Juni 1940
Gefallen im Oktober 1941 im Osten

Heinz Kaese
Hilfsarbeiter bei HFW
geb. 16. Juli 1920 in Berlin-Neukölln
Eintritt in die HFW am 13. Okt. 1939
Gefallen im Oktober 1941 im Osten

Gerhard Kluth
Hilfsregistrator bei HFW
geb. 15. Dezember 1920 in Köpenick
Eintritt in die HFW am 1. Juni 1936
Gefallen im Oktober 1941 im Osten

Richard Quella
Umschüler bei HFW
geb. 29. Dez. 1919 in Landsberg/Warthe
Eintritt in die HFW am 8. Sept. 1939
Gestorben im Oktober 1941 in einem
Feldlazarett im Osten an den Folgen
einer Verwundung

Christian Höft
Jugendl. Helfer bei HFW
geb. 2. Juni 1921 in Taschenberg
Reg.-Bez. Prenzlau
Eintritt in die HFW am 2. Sept. 1939
Gefallen auf See im Oktober 1941

Willi Kurz
Umschüler bei HFW
geb. 24. April 1900 in Berlin
Eintritt in die HFW am 15. April 1941
Verstorben im November 1941 an den
Folgen einer Verwundung in einem
Feldlazarett im Osten

Fritz Rothe
Anlernling bei HFW
geb. 25. Nov. 1913 in Berlin-Lichtenbg.
Eintritt in die HFW am 27. Okt. 1931
Verstorben im Dezember 1941 im
Reserve-Lazarett in Frankfurt/O.

Heinz Stabenow
Helfer bei HFW
geb. am 20. 3. 1920 in Berlin-Karlshorst
Eintritt in die HFW am 4. Januar 1940
Gefallen im September 1941 im Osten

Willi Mooshammer
techn. Registrator bei HFW
geb. 6. Februar 1912 in Berlin
Eintritt bei HFW am 27. Sept. 1935
Verstorben an den Folgen einer Verwundung in einem Feldlazarett im Osten

Günter Erpel
Bote bei HFW
geb. 2. Dezember 1922 in Köpenick
Eintritt in die HFW am 5. April 1938
Gefallen im Oktober 1941 im Osten

Karl-Heinz Splettstößer
Kaufm. Angestellter bei HFW
geb. 28. November 1920 in Berlin
Eintritt in die HFW am 30. Sept. 1939
Gefallen im Dezember 1941 im Osten

SIE GABEN IHR LEBEN FÜR UNS UND FÜR DIE GRÖSSE UNSERES VATERLANDES

Ehre ihrem Andenken!

... die Anzeigenseite im Henschelstern vom November 1944 gefallene Werksangehörige auflistet

umfasste u. a. Großbauteile wie Triebwerksverkleidungen für die Hs 129, Beschläge für die Ju 88 und die Lieferung von Flugzeugmotoren. Ein Teil der Arbeiten konnte nach Johannisthal zurückverlagert werden, schließlich wurde die gesamte Produktion eingestellt. Am 12. August verließ der letzte Lastzug der HFW Paris. Von Choltitz, der die Zerstörungsbefehle Hitlers immer wieder hinausgezögert hatte, kapitulierte am 25. August, 12 800 deutsche Soldaten gingen in die Gefangenschaft, 3200 waren gefallen.

Ab August wurden weitere Maßnahmen zur Totalisierung des Krieges wirksam. Hausgehilfinnen wurden in den Rüstungsbetrieben eingesetzt, die bisher UK-Gestellten aus den Verwaltungen und Rüstungsbetrieben wurden eingezogen. Der Arbeitskräftemangel in der Luftfahrtindustrie hatte bereits gegen Ende 1943 dramatische Formen angenommen. Karl Frydag als Leiter des Hauptausschusses Flugzeugzellen schätzte, dass durch die im Oktober beschlossene „Sondereinziehungsaktion III" allein 60 000 Mann aus den Flugzeugwerken herausgezogen wurden, das entsprach 20 Prozent aller noch verfügbaren Fachkräfte. Einer Umstellung ganzer Werke auf die Produktion von Jagdflugzeugen konnten die Hersteller von Vorrichtungen und Werkzeugmaschinen nicht mehr folgen. Die Unternehmen, die Sorgen mit der Auslastung ihrer Kapazitäten hatten, mussten und wollten ihre Präsenz auf dem Rüstungsmarkt sichern. Die HFW schienen auf den Wandel des Rüstungsmarkts gut vorbereitet zu sein. Die Firma bezog zwar seit 1939 den Großteil ihres Umsatzes aus der Lizenzproduktion der Ju 88, hatte sich aber rechtzeitig auf Alternativerzeugnisse vorbereitet. Wegen der Leistungsfähigkeit im Fertigungsbereich wurden die HFW ziemlich zeitig von der Verschiebung der Rüstungsprioritäten erfasst. Doch auch in diesem Bereich traf es die HFW hart, besonders aufgrund der chaotischen Vorgaben seitens des RLM und gravierender Fehler in der Rüstungsplanung. Seit Herbst 1942 waren Anlagen für die Ju 188, ab März 1943 für die Me 410 und später für die Me 264 errichtet worden, die sich spätestens im Dezember 1943 als nutzlos erwiesen. Das Reichskuratorium für Wirtschaftlichkeit stellte fest, dass der dadurch hervorgerufene Produktionsausfall 61 Prozent der Gesamtausbringung von 1943 betrug.

Da zu diesem Zeitpunkt auch der Serienbau der letzten Eigenkonstruktion der HFW, das Schlachtflugzeug Hs 129, sowie die Fernlenkwaffenfertigung eingestellt wurden, waren die Henschel Flugzeug-Werke in ihrem Kern gefährdet. Der Einstieg in die Jägerfertigung war der einzige Ausweg aus dem Dilemma. Im Werk I wurde die Tragflächenproduktion für die Bf 109 als „Fertigung im amerikanischen Stil" aufgezogen. An den auf der Lochbauweise basierenden Fließbändern in den

Hallen 5, 7 und 12 war es möglich, völlig ungelernte Arbeitskräfte einzusetzen. Die HFW wurden daraufhin u. a. als „... produktionstechnisch fortschrittlichstes Unternehmen der deutschen Flugzeugindustrie..." propagiert. Die Belegschaftsstärke betrug zum Ende des Jahres 14 955 Arbeiter und Angestellte, davon waren 4510 weibliche und 5254 ausländische Arbeitskräfte – immerhin mehr als 35 Prozent. Für letztere unterhielten die HFW sechs Barackenlager in der Nähe der Werksanlagen. Zum Ende des Krieges kamen noch rund 700 weibliche Häftlinge aus dem KZ Ravensbrück in Halle 7 zum Einsatz. In den Bauberichten von Juli bis September 1944 wird das durch folgende Eintragungen belegt:

„... Befestigen von Stolperdraht am Zaun Halle 7 ... Halle 7a anfertigen und aufbauen von 150 Stück Betten für KZ-Häftlinge ... restliche Arbeiten im KZ-Lager Halle 7 Küche und Waschräume ... in Halle 7 Arrestzelle eingebaut ...".

Ein weiteres in der Halle 2 geplantes Häftlingslager kam nicht mehr zur Ausführung.

Bis Ende März waren 415 Werksangehörige gefallen oder vermisst und 30 in Gefangenschaft geraten. Auch der Einflugbetrieb forderte weiterhin Opfer. Am 18. März stürzte die Ju 88 mit der Werknummer 301567 im Berliner Stadtforst in Wilhelmshagen ab, Flugkapitän Hermann Luther, Bordwart Bernhard Förster und Kontrolleur Bruno Schück verunglückten dabei tödlich. Wegen der prekären Treibstofflage wurden für den Serien- und Reparaturflugbetrieb nur noch 15 Minuten Standlauf- und eine Gesamtflugzeit pro Maschine von 60 Minuten vorgeschrieben.

Trotz aller Wirren und Erschwernisse ging die Produktion und Forschungsarbeit in den HFW weiter. So wurden 1944 noch 248 Hs 129, 502 Ju 88 und 3848 Hs 293 an die Luftwaffe geliefert, während sich gleichzeitig der Gesamtausstoß in Deutschland mit 40 593 Flugzeugen auf dem höchsten Stand seit 1939 befand. Zum 1. April 1944 wurden 148 Lehrlinge neu eingestellt und gleichzeitig 131 nach erfolgreicher Ausbildung frei gesprochen. Otto Oeckl wurde als Leiter des Sonderausschusses F8 (Henschel Zellenbau) eingesetzt und am 18. März 1944 in die „Fertigungsführung der Luftfahrtindustrie" berufen, die HFW wurden am 30. Januar als „Kriegsmusterbetrieb" ausgezeichnet. Friedrich Nicolaus beriet mit Vertretern des Technischen Amts neue Projekte von Langstrecken- und Kampfflugzeugen, darunter einen schwanzlosen Jäger mit Jumo 213, einen ebenfalls schwanzlosen Zerstörer mit Horten- IX-Außenflügel sowie das Projekt Hs P.134, ein Leichtjäger mit BMW 003. Die Attrappe der DFS 228 wurde am 16. August besichtigt und im Oktober mit den Windkanalversuchen für den Kampfeinsitzer Hs P.135 begonnen.

Reichenberg – die Selbstopferwaffe

Als die Bomberpulks der Alliierten den Himmel über Deutschland beherrschten und die sowjetischen Truppen immer näher an die deutsche Ostgrenze rückten, wurde deutlich, dass der Krieg nicht zu gewinnen war. Da kam der Gedanke auf, durch gezielte Zerstörung wichtiger Schlüsselpositionen des Gegners eine günstige Verhandlungsbasis mit den Westalliierten für eine rasche Beendigung des Krieges zu erreichen. Ähnlich den japanischen Kamikaze-Piloten sollten dazu in „Selbstopfereinsätzen" bemannte Gleitbomben gegen Punktziele eingesetzt werden. Die bekannte Fliegerin Hanna Reitsch (1912–1979) suchte Verbündete für diese Idee und wandte sich an Generalfeldmarschall Milch. Als dieser das Vorhaben ablehnte, nutzte sie die Gelegenheit, am 28. Februar 1944 bei einem Empfang auf dem Berghof Hitler das Projekt vorzutragen. Auch der lehnte den Selbstopfereinsatz ab, da er immer noch glaubte den Krieg zu gewinnen, gab aber grünes Licht für die technischen Vorbereitungen. Mit der Führung des Vorhabens wurde der Fliegerstabsingenieur Heinz Kensche von der

Dipl.-Ing. Willy Fiedler im Cockpit

Willy Achim Fiedler, geboren am 23. Januar 1908 in Freudenstadt im Schwarzwald, legte 1926 das Abitur in Freudenstadt ab. 1928 besuchte er die Segelflugschule in der Rhön und erlernte 1930 den Motor- und Kunstflug bei der Akaflieg in Stuttgart. Nach dem Abschluss des Studiums begann er 1934 seine Tätigkeit als Diplom-Ingenieur in Stuttgart. Bei der Rhurthaler Metallfabrik in Mühlheim an der Ruhr entwarf und baute er einen Übungseinsitzer. Nach einem Projektstudium 1936 bei British Aircraft in Feltham trat er 1937 bei der DVL in Berlin-Adlershof als Fluglehrer auf mehrmotorigen Flugzeugen ein. Bei der Erprobungsstelle Rechlin avancierte er zum Flugbauführer und 1938 in Berlin zum Flugbaumeister. Danach war er bei den Gerhard-Fieseler-Werken in Kassel als Leiter der Musterflugabteilung tätig. 1940 wurde Fiedler zum Chefpiloten ernannt und war aktiv an der Erprobung der Fi 99, Fi 158, Fi 167, Fi 256 und dem Spatz beteiligt. Außerdem führte er Erstflüge und die Serienerprobung der Bf 109, Fi 156 und Fw 158 durch. 1942 erhielt er für seine fliegerischen Leistungen den Titel „Flugkapitän" verliehen. Als Firmenerprobungsleiter der Fi 103, die in der Propaganda als Vergeltungswaffe V1 bezeichnet wurde, war er häufig in der E-Stelle Rechlin tätig. In Zusammenarbeit mit Firmen wie Argus, Askania und Rheinmetall leitete Fiedler die Entwicklung des Lufteinsatzes der Fi 103 mit der He 111. 1944 übernahm er als Projektleiter die Entwicklung und den Bau der bemannten V 1 unter dem Decknamen Reichenberg bei den HFW in Schönefeld. Die fliegerische Erprobung fand in Lärz in der Nähe von Rechlin statt. 1945 war Fiedler beim Bachem Werk Waldsee, dessen Teilhaber er seit der Gründung war, an der Entwicklung der BP 346 Natter beteiligt. 1946 gründete er ein Ingenieurbüro in Nabern/Teck.

1948 ging Fiedler in die USA und arbeitete zunächst beim Naval Air Missile Center in Point Mugu in Kalifornien an der Weiterentwicklung von Raketenprojekten. Hierunter fiel auch die Entwicklung der „Loon" für den Einsatz von U-Booten aus. In über 30-jähriger Tätigkeit in den USA arbeitete er an mehreren Generationen von Raketen bis zu den heutigen Marschflugkörpern. 1956 wechselte Fiedler zur Lockheed Missile and Space Division in Sunnyvale und wurde deren technischer Leiter. Die Flugkörper „Polaris", „Poseidon" und 1966 die „Trident", die im Auftrag des US Defense Departement in Washington entwickelt wurden, tragen seine Handschrift. 1973 schied er bei Lockheed aus und trat in den Ruhestand. Willy Fiedler verstarb am 17. Januar 1998 in seinem Haus in Los Altos Hills in Kalifornien.

Kurzbiographie von Willy Fiedler

Abteilung Flugzeugentwicklung im Technischen Amt des RLM beauftragt, er nahm später persönlich an der Flugerprobung teil. In der Sitzung der Luftfahrt-Forschungsakademie unter der Leitung von Professor Georgii am 27. März 1944 referierte er zur technischen Entwicklung der bemannten Gleitbombe. Dafür präferierte man zunächst die Messerschmitt Me 328B. In der Angebotsbaubeschreibung zu diesem Flugzeug heißt es u.a.:

„... Die Me 328B wird entwickelt als Schnellbomber für den Tageinsatz auf stark verteidigte Ziele ... größtes Gewicht wird bei der Entwicklung darauf gelegt, dass das Flugzeug in kürzester Zeit und mit geringem Aufwand zum Einsatz bereitgestellt wird ...“.

Das mag möglicherweise den Ausschlag gegeben haben, dass man sich für dieses Muster, welches bereits ein halbes Jahr zuvor von der Entwicklungsliste gestrichen worden war, entschied. Im Protokoll der Beratung heißt es dazu u. a.: „... die Me 328 ist von der DFS als Jagdbomber entwickelt worden. Die Zelle ist bereits flugerprobt und hat gute Flugeigenschaften. Hinsichtlich Gleitzahl, Geschwindigkeitsspanne und Zuladung durchaus geeignet für den Einsatz als bemannte Gleitbombe ...“.
Am 24. April erging eine Weisung an den Jacobs-Schweyer-Flugzeugbau in Darmstadt, die Me 328B sofort nach Hörsching bei Linz zum Nachfliegen zu transportieren. Dort fanden dann die ersten Flugversuche statt, wobei eine Do 217 das antriebslose Flugzeug im Huckepack auf Höhen von 3000 bis 6000 m brachte. Hanna Reitsch, die persönlich an den Versuchsflügen beteiligt war, bescheinigte der Maschine gute Flugeigenschaften. Die Erprobung wurde noch im gleichen Monat abgeschlossen, zu einem Einsatz bzw. zum Serienbau kam es jedoch nicht.

Ausgerechnet der SS-Standartenführer Otto Skorzeny (1908–1975) – u. a. bekannt als einer der Befreier Mussolinis aus einem Hotel auf dem Gran Sasso im September 1943 – wurde zum Verbündeten von Hanna Reitsch bei der Verfolgung ihrer Idee. Bei einem Besuch in Peenemünde hatte Skorzeny den Start einer Fi 103, besser bekannt als Vergeltungswaffe V 1, erlebt und kam spontan auf die Idee, ähnlich wie bei den Einmann-Torpedos, das Raketengeschoss zu bemannen. Durch seine Verdienste für Hitler und weitgehende Vollmachten erreichte er, dass, ungeachtet der sich ständig verschlechternden Lage der Bau und die Erprobung der Selbstopferwaffe zustande kam.
Im Konstruktionsbüro der Fieseler Flugzeug-Werke hatte Dipl.-Ing. Robert Lusser (1899–1969) das Projekt P.35 Erfurt entwickelt und am 5. Juni 1942 als Fi 103 dem Technischen Amt vorgestellt. Zur Tarnung als

Flakzielgerät (FZG) 76 bezeichnet, wurde der Flügelbombe, angetrieben von einem Argus-Schubrohr As 014 mit 366 kp (3,6 kN) Startschub, höchste Dringlichkeit zugeordnet. In der Nacht zum 13. Juni 1944 erfolgte der erste Abschuss der V 1 auf London. In Nordhausen, Fallersleben und Schönebeck wurden etwa 32 000 dieser Geschosse endmontiert. Einen entscheidenden Einfluss auf den Kriegsverlauf hatte die V 1 jedoch nicht.

Im Mai 1944 erhielt Robert Lusser, damals technischer Direktor der Fieseler Flugzeug-Werke, dank Skorzenys Bemühungen den Auftrag, die Fi 103 zu einer bemannten Version umzukonstruieren. Flugkapitän Dipl.-Ing. Willy Fiedler (1908–1998), Konstrukteur und Werkspilot bei Fieseler, übernahm die Projektleitung. Seine Entwicklungsgruppe führte die Tarnbezeichnung „Segelflug Reichenberg G.m.b.H." und siedelte sich in den Henschel Flugzeug-Werken in Schönefeld an. Die HFW nahmen den Auftrag gern an, waren doch die Produktionsanlagen aufgrund der ständigen Programmänderungen seitens des RLM nicht mehr ausgelastet und man nach anderen Betätigungsfeldern Ausschau hielt. Drei Entwicklungsingenieure sowie 15 Werkmeister wurden für die Entwicklung der Reichenberg abgestellt und die Halle 1, die ursprünglich den Attrappenbau beherbergte, für die Arbeiten eingerichtet. Im August 1944 erhielten die HFW einen technischen Vorbescheid für den Bau von 250 Versuchsgeräten sowie die entsprechenden Betriebsmittel. Schon vor diesem Auftrag begannen unter größter Geheimhaltung die

Von den Alliierten erbeutete Reichenberg

Konstruktions- und Bauarbeiten in Schönefeld. Die Mitarbeiter wurden internatsmäßig in der Halle 1 untergebracht; das Objekt durfte nur mit einer Sondergenehmigung betreten werden und es wurde rund um die Uhr gearbeitet. Für den Umbau der V 1 zu einer bemannten Version standen Teile aus der laufenden Fertigung zur Verfügung. Bereits 10 Tage nach dem Beginn der Arbeiten standen die ersten drei Maschinen auf dem Flugplatz Lärz bei Rechlin zur Flugerprobung bereit. Die als Re I bis Re IV bezeichneten Versuchsflugzeuge unterschieden sich z. T. erheblich. Die Re I hatte kein Antriebsaggregat, einen Führersitz mit bescheidener Instrumentierung und besaß eine gefederte Landekufe. Der Start erfolgte durch Ausklinken vom Trägerflugzeug He 111 in 4000 m Höhe. Den ersten Flug absolvierte Ende August/Anfang September der Rechliner Testpilot Rudolf Ziegler; er landete unglücklicherweise auf einem unebenen Teil des Flugplatzes, wobei das Fluggerät zerbrach und Ziegler ernsthaft verletzt wurde. An der gleichen Stelle landete wenige Tage später der Pilot Pangratz, ebenfalls von der Erprobungsstelle Rechlin, mit der Re III, die auch zu Bruch ging. Die dritte Maschine Re II, die mit einem Argus-Schubrohr ausgestattet war, wurde restlos zertrümmert, als während des Gleitflugs die Kabinenhaube wegflog und den Piloten am Kopf verletzte. Er verlor daraufhin die Kontrolle über das Flugzeug und stürzte ab.
Heinz Kensche schilderte später den weiteren Verlauf der Flugerprobung in einem Schreiben vom 22. Juni 1953 wie folgt:

„... Nach dieser missglückten Einfliegerei stand das nächste zweisitzige Flugzeug am 20. September in Lärz zur Verfügung. Dieses Flugzeug wurde von dem Chefpiloten der Fieseler Flugzeug-Werke, Dipl.-Ing. Fiedler, eingeflogen. Der Flug verlief völlig glatt. Die nächsten Flüge wurden von Hanna Reitsch und mir ausgeführt, ebenfalls ohne besondere Zwischenfälle. ... Am 5. November wurde der erste Flug mit dem zweiten Flugzeug mit Antrieb mit laufendem Argusrohr durchgeführt. Die Auslösung erfolgte in 2000 m Höhe. Das Rohr zündete einwandfrei. ...“.

Die etwa 70 Männer, die sich zum Selbstopfereinsatz (SO) bereit erklärt hatten, wurden dem KG 200 zugeordnet, ihr Kommandeur war Major Gottlieb Kruschke. Die Schulung und Ausbildung wurde auf dem Flugplatz in Prenzlau durchgeführt, wohin auch die Einsatzgeräte Re IV geliefert wurden. Der Krieg ging mit Riesenschritten seinem Ende entgegen und der Reichsführer SS, Heinrich Himmler (1900–1945), drängte auf baldigen Einsatz der SO-Männer. Es ist dem Kommodore des KG 200, Oberst Werner Baumbach (1916–1953) zu danken, dass es nicht dazu kam. Er wandte sich an den Rüstungsminister Albert Speer (1905–

1981), der mit ihm direkt zu Hitler ging und von diesem das Verbot des SO-Einsatzes erwirkte. Baumbach schickte die SO-Männer unverzüglich zu ihren Einheiten zurück, das mörderische Vorhaben war gescheitert.

Am 10. März 1945 wurde schließlich auch die Selbstopferwaffe Reichenberg, von der noch eine unbekannte Anzahl im unterirdischen Mittelwerk „Dora“ gefertigt wurde, von der Produktionsliste gestrichen. Bis zur Auslagerung der Produktion Ende 1944 in den Harz hatten die HFW neben den in Schönefeld gebauten Versuchsmustern und Schulgeräten 271 Exemplare der im pommerschen Gollnow montierten Einsatzversion Re IV an die Luftwaffe geliefert.

Einige technische Angaben zur Reichenberg:

Ausführung	Besatzung	Antrieb	Spannweite	Gesamtlänge
Re I	1	ohne	6,85 m	7,40 m
Re II	1	As 014	5,72 m	8,93 m
Re III	2	mit und ohne	6,85 m	10,80 m
Re IV	1	As 014	5,72 m	8,38 m

Das Ende der Henschel Flugzeug-Werke A.G.

Berlin wird zur Festung

Am 1. Januar 1945 übernahm der Mutterkonzern H & S das Werk II in Johannisthal; dort wurden von 1933 bis 1944 zehn V-Muster der HFW-eigenen Entwicklungen sowie 2560 Serienflugzeuge einschließlich der Lizenzbauten gefertigt. In der zweiten Januarhälfte wurden noch 10 Junkers Ju 88 mit dem Werknummernblock 331 395 bis 331 407 an das RLM abgeliefert. Oscar Henschel besuchte am 9. März noch einmal das Werk I und besprach mit der Betriebsleitung Maßnahmen für das Vorgehen nach Beendigung des Krieges. Der Werksflugplatz wurde Ende Februar/Anfang März kurzzeitig von Fw 190 und Bf 109 des JG 4 belegt, die Angriffe gegen Stellungen der Roten Armee an der Oder flogen. Anfang April verlegten die Einheiten nach Schleswig-Holstein, wo dann deren Auflösung im Raum Leck erfolgte. Bis zum 21. April 1945 flogen noch einmal Fw 190 der 3.(Pz)SG 9, die mit dem „Panzerblitz“ – einer 80 mm-ungelenkten Rakete – ausgerüstet waren, Kampfeinsätze. Das Ende konnten auch sie nicht verhindern, sie zogen sich nach Zeltweg bei Klagenfurt zurück. Die militärische Lage Deutschlands wurde

immer hoffnungsloser. In nur einer Woche zerstörten amerikanische Tiefflieger auf 59 deutschen Flugplätzen 1723 Flugzeuge am Boden. Vom 7. bis 13. März war Dr. Erich Tibi, bei den HFW verantwortlich für Finanzen und Betriebsvermögen, in Thüringen damit beschäftigt, Firmenakten und Produktionsunterlagen in einem Schacht der Grube „Menzelgraben" auszulagern. Am 20. November 1944 wies Walter Hormel an, dass alle unersetzlichen Unterlagen wie Akten, Zeichnungen, Prüfgeräte u. a., in geringen Abmessungen und einem maximalen Gewicht von 100 kg an den Verlagerungsort unter der Tarnbezeichnung „Peters" zu verschicken seien.
Die Luftfahrtindustrie ging ihrem Ende entgegen, ständige Reduzierung der Aufträge durch das RLM und Einstellung von Flugzeugbauprogrammen in Verbindung mit der mangelnden Bereitschaft der Banken an der Auftragsfinanzierung mitzuwirken, führte zur Nichtauslastung der Produktionskapazitäten. Alle Firmen bemühten sich um Anschlussaufträge in anderen Bereichen. Die HFW konnten sich wenigstens den Auftrag für die Fla-Rakete Hs 117 mit einem Volumen von 117 Millionen RM sichern, der bis Februar 1945 den Firmenumsatz gewährleistete. In einem Schreiben des Chefs der Technischen Luftrüstung vom 12. März 1945 unter den für das „Führernotprogramm der Luftwaffe" vorgesehenen Entwicklungs- und Erprobungsaufgaben sind u. a. für Karlshagen (Peenemünde-West) die Hs 117 und die Arado Ar 234 mit der Hs 293 aufgelistet.

Uffz. Kurt Scherer 1945 in Schönefeld, hinter ihm die Halle 4

Bernhard Drewitz, Jahrgang 1930, trat am 3. April 1944 eine Lehre als Elektromechaniker bei den HFW an. Schon ein Jahr danach kam das Ende für das Dritte Reich und damit auch für die Henschel Flugzeug-Werke A.G. in Schönefeld. Er schildert in seinen Erinnerungen den Übergang vom Krieg zum Frieden.

Bereits in der ersten Woche meiner Ausbildung wurde zweimal Fliegeralarm ausgelöst und wir mussten Schutz in unteririschen Räumen an der Südseite der Halle 11 aufsuchen. Der Alarm dauerte meist nur 20 Minuten, Bomben fielen nicht auf das Werk. Irgendwann ging man dazu über, bei größeren Luftangriffen den Lehrlingen einen „BT-Alarm" zu signalisieren (BT stand für Bombenteppich). Dieses werksinterne Signal kam etwa zehn bis 15 Minuten vor dem allgemeinen Luftalarm, danach mussten wir vor der Halle antreten und in geschlossener Formation zu entfernteren Schutzräumen marschieren. Anfang 1945 mussten wir schließlich Splittergräben aufsuchen, die am Ortsausgang von Schönefeld links neben der Straße nach Waßmannsdorf zickzackförmig angelegt waren. Im Januar 1945 wurde ich zu einem einwöchigen Volkssturm-Lehrgang nach Groß-Schulzendorf geschickt. Wir waren mehrere Jugendliche im Alter von 14 bis 16 Jahren, die in Baracken kaserniert u. a im Umgang mit dem Karabiner 98, der Pistole 08, dem MG 42, der Panzerfaust und mit Handgranaten unterwiesen wurden. Im März begann die Sowjetarmee Berlin einzukesseln, doch die Produktion im Flugzeugwerk ging scheinbar unbeirrt weiter. Selbst wir Lehrlinge erhielten am Karfreitag, das war der 29. März, und an den folgenden Ostertagen arbeitsfrei. Dabei hatte ich zu dieser Zeit schon ein gewaltiges Problem. Über einen M-Schüler hatte ich – ich war eifriger Radiobastler – zwei Röhren RV12 P 2000 erhalten, die in modernen Militärfunkgeräten verwendet wurden. Irgendwie erfuhr die Gestapo davon und ich musste in deren betrieblicher Außenstelle im Gebäude der Feuerwehr gegenüber dem Verwaltungsbau „antanzen". Mit Schlägen und finstersten Drohungen sollte ich dazu gebracht werden, die Hintermänner dieser „Sabotageaktion" zu nennen. Es war Anfang April, die sowjetischen Truppen kämpften bereits in Fürstenwalde, als die M-Schüler an die Front geworfen wurden und mein Lehrlingskollege bei den Kämpfen um Mahlsdorf ums Leben kam. Schließlich ging die ganze Geschichte für mich glimpflich aus, als ich am 10. April zur „Frontbewährung" entlassen, aber bei der Musterung als „zeitlich untauglich" zurück gestellt wurde. Ich meldete mich aber bei meiner Lehrstelle ab und beschloss, mich weder an der Front noch im Werk sehen zu lassen. Der Geschützdonner der nur wenige Kilometer entfernten Front war bereits rund um die Uhr zu hören und es herrschte permanenter Luftalarm. Jetzt griffen aber nicht mehr angloamerikanische Bomberverbände an, sondern sowjetische Jagdflugzeuge im Tiefflug.

Nach dem Einmarsch der Sowjetarmee hing ein Befehl aus, nach dem sich alle arbeitsfähigen Männer zu melden hatten. Ich kam dem nach und wurde mit mehreren Männern auf einem Militär-LKW in das Werk gefahren. Wir hatten das Verwaltungsgebäude schnellstens auszuräumen, da es offenbar belegt werden sollte. Schnelligkeit bedeutete in diesem Fall, dass alles aus den Fenstern geworfen wurde. Was zu groß dafür war, wurde „passend gemacht", d. h. zerschlagen. Danach begann die Demontage der Werkhallen. Ich musste u.a. auf den Dächern die großen Drahtglasscheiben abschrauben. Die Hallen wurden in Einzelteilen zerlegt auf Güterzüge verladen und in die Sowjetunion abtransportiert. Bei einem Arbeitseinsatz in der ehemaligen Luftfahrterprobungsstelle Diepensee musste ich Drahtglasfenster einsetzen, dort wurde eine Reparaturwerkstatt für Militärfahrzeuge eingerichtet. Später wurde ich als „Spezialist" eingestellt – ich hatte die Akkus der Elektrokarren zu warten – das hieß Lohn, Schwerarbeiterkarte und warmes Mittagessen.

Bernhard Drewitz konnte später unter Anrechnung der Lehrzeit bei den HFW in einer einjährigen Ausbildung seinen Facharbeiterabschluss nachholen.

Kurzbiographie von Bernhard Drewitz

So sah es 1945 auf vielen deutschen Flugplätzen aus

Karl Frydag prophezeite bereits im November 1944, dass „...im Mai 1945 mit einer Arbeitslosigkeit in der Flugzeugindustrie ..." zu rechnen sei. Durch Demontage- und Verschrottungsarbeiten konnte über einen bestimmten Zeitraum die Belegschaft noch gehalten werden. Der Ministerialrat aus dem Finanzministerium, Josef Mayer, stellte am 5. März 1945 in einem Aktenvermerk fest, dass mit den vorhandenen Rohstoffen nur noch maximal 1480 Flugzeuge im Monat herzustellen seien und deshalb in der Luftfahrtindustrie mindestens 700 000 Menschen freigesetzt werden könnten.

Am 22. April 1945 gegen 17:00 Uhr wurde der Fertigungsbetrieb in Schönefeld eingestellt und noch in der folgenden Nacht setzten sich die leitenden Mitarbeiter gemeinsam mit dem Werkschutzdienst nach Westen ab, um der drohenden Einschließung zu entgehen. Betriebsdirektor Walter Hormel verblieb im Werk, um die Übergabe an die Siegermacht vorzubereiten.

Am 16. April 1945 hatte mit dem Oderübergang der sowjetischen Truppen die Schlacht um Berlin begonnen. Die 1. Weißrussische Front unter Marschall Georgi Shukow (1896–1974) trat aus dem Brückenkopf bei Küstrin von Osten her zur Einkesselung der Reichshauptstadt an und die 1. Ukrainische Front unter Marschall Iwan Konew (1897–1973) rückte zügig aus Südosten vor, um den Ring zu schließen. Die 8. Garde-Armee unter Wassili Tschuikow (1900–1982) griff aus dem Raum Fürstenwalde an, während die 3. Panzerarmee unter Pawel Rybalko (1892–1948) aus dem Raum Luckenwalde auf den Süden Berlins vorstieß. Am 24. April gab das LVI. Deutsche Panzer-Korps unter General Helmuth Weidling (1891–1955) die Verteidigungsstellungen auf der Linie Buckow – Rudow – Bohnsdorf auf und zog sich nach Norden zurück. Die sowjetischen Truppen rückten sofort nach und am 24. April 1945, 6:00 Uhr morgens, vereinigten sich die Spitzen der angreifenden Truppenteile auf dem Flugplatz der

HFW in Schönefeld, allerdings nur, um unverzüglich bis zum Teltowkanal vorzustoßen. Einheiten der 71. Brigade des 9. mechanisierten Korps unter Generalleutnant Iwan Suckow drangen von Schönefeld aus noch Osten vor und um 10:00 Uhr deutscher Sommerzeit wurde Bohnsdorf besetzt. In der Nacht vom 20. zum 21. April hatte es den letzten Luftalarm gegeben, aber sowjetische Aufklärungsflugzeuge hatten nur Leuchtbomben zur Erhellung des Gefechtsfelds abgeworfen. Der Himmel über Berlin wurde ausschließlich von den Fliegern der 16. sowjetischen Luftarmee beherrscht, nachdem wegen Treibstoffmangels die letzten deutschen Flugbewegungen aufgehört hatten. Am 25. April wurde der öffentliche Nahverkehr in Berlin eingestellt und am 2. Mai unterzeichnete der Kampfkommandant von Berlin, General Weidling, im Stab von General Tschuikow im Tempelhofer Schulenburgring die Kapitulation. Nach 16 Tagen war die Schlacht um Berlin beendet und nach wenigen Tagen auch der Zweite Weltkrieg. Die Luftwaffe hatte 95 000 Flugzeuge verloren, fast 100 000 Mann fliegendes Personal hatten den Krieg mit dem Leben bezahlt.
Den Siegern fiel in Schönefeld u. a. der halbfertige Prototyp der Hs 132 in die Hände, der sofort nach Moskau gebracht und im Zentralen Aero- und Hydrodynamischen Institut (ZAGI) sowie dem Wissenschaftlichen Institut der Luftstreitkräfte gründlich studiert wurde. Walter Hormel wurde am 4. Mai inhaftiert und in ein Internierungslager nach Weesow verbracht, wo er am 22. Juli 1945 verstarb.

Werk I wird Kriegsbeute

Unmittelbar nach dem Abzug der kämpfenden Truppen rückten die militärischen Verwaltungsorgane und Besatzungstruppen der Roten Armee nach. Bereits am Tag der Kapitulation Berlins begannen die Demontagearbeiten in den bisherigen Rüstungsbetrieben. Bei AEG blieben z. B. von 7100 Werkzeugmaschinen ganze 88 übrig, bei Siemens & Halske von 6000 lediglich 38, Betriebe wie Borsig und Telefunken wurden vollständig demontiert. Im Werk I in Schönefeld wurden die Hauptproduktionsgebäude sowie die Abwasser-Pumpstation, der Wasserversuchskanal und diverse Nebengebäude abgebrochen. Die Eisenkonstruktion der nicht fertig gestellten Halle 14 wurde von Dezember 1945 bis Februar 1946 demontiert und abtransportiert. Maschinen und alle verwendungsfähigen Bauteile wurden als Reparationsleistung in die Sowjetunion verbracht. Einige Gebäude wurden von den russischen Einheiten genutzt, so der gesamte Verwaltungsbau, die „Henschel-Villa", die Gebäude 22, 30, 33 sowie die Halle 11. Letztere wurde auf Weisung des Militärkommandanten des Bezirks Berlin-

Treptow für die Friedensproduktion instand gesetzt. Interessant sind in diesem Zusammenhang die Kompetenzstreitigkeiten der Militärbehörden. So forderte am 9. Juli der Militärkommandant von Wildau unter Strafandrohung bis zum 11. Juli einen Bericht darüber, was an Material in Schönefeld und Johannisthal noch vorhanden sei. Der Kommandant von Treptow wies zur gleichen Zeit an, dass die HFW in Schönefeld in den Hallen 8 und 1 Aufträge des Militärkommandanten auszuführen haben und die Entnahme von Einrichtungsgegenständen, Instrumenten und sonstigen Teilen, auch durch militärische Abteilungen, bei strengster Bestrafung verboten ist. Am 21. Juni 1945 übergab in Vertretung von Dr. Rühl ein Herr Borchert an den Militärkommandant von Wildau folgenden Bericht:

„... Entsprechend dem Befehl Nr. 3 des Herrn Marschall der Sowjetunion Shukow melden wir hiermit die Henschel Flugzeug-Werke A.G. zur Übergabe an die Besatzungsbehörde an. Die Baulichkeiten sind durch Luftangriffe leicht beschädigt. Die Ausrüstung des Werks ist durch Kommandos der Besatzungstruppen zum größten Teil bereits entnommen worden. Eine Aufstellung der vor der Besetzung an andere Stellen verlagerten Materialien muss neu aufgestellt werden, da die gesamte Firmen- und Betriebsleitung nicht mehr anwesend ist ...“.

Ein gewisser Herr Wohlfarth gab am 15. Oktober bei Oberleutnant Swerschok in Wildau auf dessen Forderung einen Auskunftsbericht über das frühere Produktionsprogramm der HFW, die Anzahl der Beschäftigten und Kenndaten des Werksflugplatzes. In einer persönlichen Anmerkung hält er fest, dass „... aus der Unterhaltung der Eindruck gewonnen werden kann, dass die Russen beabsichtigen, eine Flugzeugproduktion aufzuziehen ...“. Hier war wohl mehr der Wunsch der Vater des Gedanken, denn schon am 12. Juni hatten Nicolaus und Dr. Rühl an Herrn von Koeppen im Werk V in Brieg mitgeteilt, dass

„... infolge der Besetzung der bisherige Vorstand der Henschel Flugzeug-Werke A.G. nicht mehr in der Lage (ist), die Geschäfte zu führen. Direktor Hormel und Herr Frydag sind nicht anwesend. Herr Dr. von Rutenberg ist bei der Verteidigung Berlins gefallen. Der alleinige Inhaber Oscar Robert Henschel hat Herrn Dr. Rühl zum Leiter der Flugzeug-Werke bestellt. Da eine Weiterführung der Flugzeug-Herstellung nicht mehr in Frage kommt und die Umstellung auf eine Friedensproduktion anläuft, werden die bisherigen Flugzeug-Werke als „Henschel-Werke, Werk Schönefeld“ bezeichnet. ...“.

Am 29. März 1946 ändert sich auch das und durch die Provinzialverwaltung der Mark Brandenburg wurden die HFW in Schönefelder Industrie-Gelände A.G. umbenannt und Rudolf Herz als vorläufiger Treuhänder eingesetzt.

Die Roten Falken ziehen ein

Am 6. Februar 1946 erschienen Offiziere der in Johannisthal stationierten 62. Selbstständigen Transportflieger-Abteilung der Zivilen Luftflotte in Schönefeld und teilten Borchert mit, dass der Werksflugplatz ab sofort von ihnen in Benutzung genommen werde. Sie forderten die unverzügliche Herrichtung des Gebäudes 22, das ehemalige Sicherheitsgebäude gegenüber dem Verwaltungsbau, zur Nutzung als Unterkunft. Das benötigte Material, besonders Fensterglas und Glühlampen würden per LKW angeliefert. Vorerst wäre nur die Nutzung dieses Gebäudes vorgesehen, aber in Aussicht gestellt, die Hallen 5 und 6 sowie große Teile des Verwaltungsgebäudes zu nutzen. Und wieder kam es zu Kompetenzstreitigkeiten zwischen Wildau und Treptow, wobei schließlich auf höheren Befehl die Fliegereinheit siegte. Zeitweilig waren 1945 der Stab der 193. Jagdfliegerdivision und ab April 1945 die Lawotschkin La-7 des 9. und 176. Garde-Jagdfliegerregiment in Schönefeld basiert. Verschiedentlich operierten auch die Jakowlew Jak-3 und Jak-9 der 347. und 518. Jagdfliegerdivision von hier aus. Ab September 1945 begann ein eingeschränkter Zivilflugverkehr durch die sowjetische Aeroflot zwischen Moskau und Berlin. Die Jagdfliegereinheiten wurden verlegt und das 226. Selbständige Gemischte Fliegerregiment der 16. Luftarmee bezog in Schönefeld seine Basis. Zum Einsatz kamen zunächst Lisunow Li-2, die später durch Iljuschin IL-12 und IL-14 ersetzt wurden. Bis 1960 blieb die Einheit hier stationiert. Erst als der Flugplatz Sperenberg – ein Neubau im Gebiet des ehemaligen Schießplatzes Kummersdorf als Ersatz für Schönefeld – einsatzbereit war, verlegten die Flugzeuge dorthin und die Deutsche Lufthansa der DDR konnte die ehemalige Halle 11, die Lehrwerkstatt der HFW, als Abfertigungsgebäude nutzen.

HFW wird Reparaturbetrieb

Nach der Unterzeichnung der bedingungslosen Kapitulation Deutschlands am 9. Mai 1945 durch Generalfeldmarschall Wilhelm Keitel (1882–1946) nahm am 17. Mai der erste Nachkriegs-Magistrat von Groß-Berlin seine Arbeit auf. Allerdings wurde zunächst das wirtschaftliche und politische Leben durch die Besatzungsmacht bestimmt. Am 1. Juli 1945 räumten die Amerikaner die von ihnen besetzten Gebiete in Thüringen, Sachsen, Sachsen-Anhalt und übergaben sie der Sowjetarmee. In Berlin-Karlshorst nahm die Sowjetische Militäradministration in Deutschland (SMAD) am 9. Juni 1945

ihren Sitz und ordnete zum 15. August die Wiederaufnahme der Industrieproduktion an. Nach dem Einzug der westlichen Alliierten in Berlin nahm am 8. August der Alliierte Kontrollrat seine Tätigkeit in der Stadt auf.
Auch in der Mark Brandenburg etablierten sich die neuen Verwaltungsorgane und leiteten u. a. die Liquidierung bzw. den Umbau der Henschel Flugzeug-Werke A.G. ein. Am 30. Oktober 1945 erließ die SMAD den Befehl Nr. 124, nach dem das Vermögen der HFW in die Hände der provisorischen Provinzialverwaltung der Mark Brandenburg übergeht. Am 4. Februar 1947 unterbreiteten der Treuhänder der inzwischen in Schönefelder Industrie-Werke umbenannten Firma und der Bürgermeister des Ortes dem Leiter der Verwaltung für die ökonomische Entwaffnung Deutschlands (!) Vorschläge für die Verwendung der nach der Demontage übrig gebliebenen Gebäudeteile, Baumaterialien, Metallreste und unbebauten Flächen. Danach sollten die Industrie-Werke in der Halle 11 die Reparatur von Verkehrsfahrzeugen und Landmaschinen fortsetzen, in dem stark beschädigten Gebäude 41 die Leichtmetall-Gießerei wieder eingerichtet und die Reparatur von Güterwagen aufgenommen werden. Von Oktober 1945 bis Mitte 1946 wurden 520, größten Teils schwer beschädigte Güter- und Personenwagen für die Deutsche Reichsbahn repariert. Am 12. Februar 1946 beauftragte die Provinzialverwaltung die Schönefelder Industrie-Werke mit der Produktion von 5000 Ackerwagen, 2200 Pflügen und 14 500 Eggenfeldern und -bäumen.
Doch auch das kam anders als geplant, als nach einer eingehenden Besichtigung des Flugplatzes und der restlichen Gebäude durch Vertreter der sowjetischen Besatzungsmacht mit Architekten und Baufirmen, entschieden wurde, Schönefeld zu einem internationalen Flughafen auszubauen. Am 21. Mai 1947 erließ der Chef der SMAD für Brandenburg, Garde-Generalmajor Scharow, den Befehl Nr. 93, in dem festgelegt wurde, dass bis zum 25. Mai ein besonderes Baukontor für die Ausführung der Bau- und Projektierungsarbeiten zur Umgestaltung des Flughafens einzurichten sei. Ergänzend dazu folgte am 26. Juni 1947 sein Befehl Nr. 112 über „Maßnahmen, die die Zuweisung der erforderlichen Landflächen für den Zivilflughafen in Schönefeld gewährleisten".

Damit endete endgültig die Geschichte der Henschel Flugzeug-Werke A.G. in Schönefeld.

Anhang

Abkürzungsverzeichnis

AEG	Allgemeine Elektrizitäts-Gesellschaft
A.G.	Aktiengesellschaft
AGO	Aktiengesellschaft Otto – Flugzeugwerke GmbH
AVA	Aerodynamische Versuchsanstalt
BAL	Bauaufsicht Luft
BBI	Kürzel für den Flughafen Berlin Brandenburg International
BMW	Bayrische Motorenwerke
BRT	Brutto-Registertonne, entspricht 2,83 Kubikmeter
BVG	Berliner Verkehrsgesellschaft
DAF	Deutsche Arbeitsfront
DFS	Deutsche Forschungsanstalt für Segelflug
DLH	Deutsche Luft Hansa bzw. Lufthansa (ab 1933)
DLV	Deutscher Luftsport-Verband
DRP	Deutsches Reichspatent
DTMB	Deutsches Technikmuseum Berlin
DVG	Drahtlos-Luftelektrische Versuchsanstalt Gräfeling
DVL	Deutsche Versuchsanstalt für Luftfahrt
ETH	Eidgenössische Technische Hochschule
FFO	Flugfunk-Forschungsanstalt Oberpfaffenhofen
FGZ	Forschungsanstalt Graf Zeppelin
FT	Funk-Telegraphie
FTVS	Flieger-Technische Vorschule
FuG	Funkgerät
FZG	Flakzielgerät
GBSL	Gesellschaft zur Bewahrung von Stätten deutscher Luftfahrtgeschichte
GfL	Gesellschaft für Luftfahrtbedarf
g	Fallbeschleunigung auf der Erde; im Mittel 9,8 m/s^2
HFTS	Höhere Flieger-Technische Schule
HFM	Henschel Flugmotorenbau GmbH
HFW	Henschel Flugzeug-Werke
HJ	Hitlerjugend
HWA	Heereswaffenamt
HWK	Hellmuth Walter in Kiel (Raketentriebwerkbauer)
HZ	Höhenzentrale
IAA	Internationale Automobil Ausstellung
ILA	Internationale Luftfahrt Ausstellung
ISTUS	Internationale Studienkommission für den Segelflug
JG	Jagdgeschwader

KG	Kampfgeschwader
kp	Kilopond, Krafteinheit; 1 kp = 0,0098 kN
kN	Kilonewton, SI-Krafteinheit; 1 kN = 101,9 kp
kW	Kilowatt, Leistungseinheit; 1 kW = 1,36 PS
KZ	Konzentrationslager
LED	Luftfahrterprobungsstelle Diepensee
LEK	Lehr- und Erprobungskommando
LFG	Luftfahrzeug Gesellschaft
LG	Lehrgeschwader
LKW	Lastkraftwagen
LLG	Luftlandegeschwader
LS	Lastensegler
MG	Maschinengewehr
MK	Maschinenkanone
NME	Neukölln-Mittenwalder-Eisenbahn
NSDAP	Nationalsozialistische Deutsche Arbeiterpartei
NSFK	Nationalsozialistisches Fliegerkorps
Ob.d.L.	Oberbefehlshaber der Luftwaffe
OKL	Oberkommando der Luftwaffe
OKW	Oberkommando der Wehrmacht
OT	Organisation Todt
PS	Pferdestärken – veraltete Leistungseinheit; 1 PS = 0,7355 kW
PTL	Propellerturbinen-Luftstrahltriebwerk
Pz	Panzer
RDLI	Reichsverband der deutschen Luftfahrtindustrie
RLM	Reichsluftfahrtministerium
RM	Reichsmark
SAM	Siemens Apparate und Maschinenbau GmbH
SG	Schlachtgeschwader
SMAD	Sowjetische Militäradministration in Deutschland
SO	Selbstopfer
S.V.K.	Seeflugzeug-Versuchskommando
TH	Technische Hochschule
TK	Turbokompressor
TL	Turbinen-Luftstrahltriebwerk
TU	Technische Universität
UK	Unabkömmlich
VDM	Vereinigte Deutsche Metallwerke
VfH	Versuchsstelle für Höhenflug
WASAG	Westfälisch-Anhaltische Sprengstoff AG
ZA	Zeugamt
ZAGI	Zentrales Aero- und Hydrodynamisches Institut (in Shukowski bei Moskau)
ZG	Zerstörergeschwader

Quellen- und Literaturhinweise

Archivmaterial

Henschel-Museum und Sammlung Kassel;
Monatsberichte der Henschel Flugzeug-Werke Schönefeld;
Panzerschrank – interne Berichte der Betriebführung der HFW;
Tätigkeitsbericht des K. G. 100 vom 12.7.1943–30.4.1944.

Veröffentlichungen

Balke, Ulf
Kampfgeschwader 100 „Wiking“, Motorbuch Stuttgart 1981
Baumbach, Werner
Aufstieg und Untergang der Luftwaffe, Motorbuch Stuttgart 1977
Benecke, Theodor u. a.
Flugkörper und Lenkraketen, Bernard & Graefe Koblenz 1987
Bölkow, Ludwig
Ein Jahrhundert Flugzeuge, VDI Verlag Düsseldorf 1990
Budraß, Lutz
Flugzeugindustrie und Luftrüstung in Deutschland 1918–1945, Droste Verlag, Düsseldorf 1998
Cescotti, Roderich
Kampfflugzeuge und Aufklärer von 1935 bis heute, Bernard & Graefe, Koblenz 1989
Cohausz, Peter W.
Deutsche Flugzeuge bis 1945, Aviatic Verlag Oberhaching, 1998
Engelmann, Joachim
Raketen, die den Krieg entscheiden sollten, Eggolsheim o. J.
Griehl, Manfred
Deutsche Militärflugzeuge 1933–1945, Motorbuch Stuttgart 2008
Höhenjagd- und Höhenkampfflugzeuge bis 1945, Podzun-Pallas Wölfersheim 2003
Griehl/Dressel
Deutsche Nahaufklärer 1930–1945, Podzun-Pallas Friedberg 1989
Hellmold, Wilhelm
Die V 1 – eine Dokumentation, Weltbild Verlag Augsburg o. J.
Herwig/Rode
Geheimprojekte der Luftwaffe III, Motorbuch Stuttgart 2002
Kadermann, Siegfried/Messerschmidt Wolfgang
Henschel Lokomotiven von 1848 zum Intercity, Bechtermünz Augsburg 1995
Kuhlmann, Bernd
Schönefeld bei Berlin – ein Amt, ein Flughafen und 11 Bahnhöfe, Verlag GVE Berlin 1996
Lauck, Friedrich
Der Lufttorpedo-Entwicklung und Technik 1915–1945, Bernard & Graefe München 1981

Miranda J. / Mercado P.
Die geheimen Wunderwaffen des III. Reichs 1934–1945, Nebel Verlag Eggolsheim o.J.
Nowarra, Heinz J.
Die deutsche Luftrüstung 1933–1954, Bernard & Graefe Bonn o. J.
Deutsche Flugkörper Waffenarsenal Band 103, Podzun-Pallas Friedberg 1987
Die Ju 88 und ihre Folgemuster, Motorbuch Stuttgart 1987
Prochnow, Helmut
Barackenlager und Flugzeughallen der HFTS Adlershof, Eigenverlag 2006
Roeder, Jean
Bombenflugzeuge und Aufklärer – von der Rumpler-Taube zur Dornier Do 23, Bernard & Graefe Koblenz 1990
Schneider, Helmut
Flugzeug Typenbuch 1939/40, Herman Beyer Verlag Leipzig
Smith, J. Richard u. a.
Geheimflüge – der Versuchsverband des OKL 1939–1945
Motorbuch Stuttgart 2006
Stützer, Helmut
Die deutschen Militärflugzeuge 1919–1934, Verlag E. S. Mittler & Sohn, Herford 1984
Tieke, Wilhelm
Der Kampf um Berlin 1945, Motorbuch Stuttgart 1994
Trenkle, Fritz
Die deutschen Funklenkverfahren bis 1945, AEG Telefunken Ulm o. J.
Ulbricht, Annette (Herausgeber)
Von der Henschelei zur Hochschule – der Campus der Universität Kassel am Holländischen Platz und seine Geschichte, university press Kassel 2004
Verein zur Bewahrung von Stätten deutscher Luftfahrtgeschichte
Luftfahrt in Berlin-Brandenburg, Schönefeld 1992

Zeitschriften und sonstige Unterlagen

Cockpit Profile Flugzeug Publikations-GmbH – Illerdissen
Digitales Bildarchiv der Berliner Flughäfen
Flug Revue – Vereinigte Motor-Verlage Stuttgart
Flugzeug classic – Gera Nova Verlag Oberhaching
Flugzeug extra – UNITECH Stengelheim
Flugzeug-Handbuch Hs 129B-1 und B-2, Ausgabe März 1944
Flugzeug Profile Heft 42 – UNITECH Stengelheim
Flugzeugtypen Band 4 – Modellsport Verlag Baden-Baden
Jet & Prop – Verlag Heinz Nickel Zweibrücken
Henschel Heft – Henschel Flugzeug-Werke A.G. Schönefeld o. J.
Henschel Hs 129 (polnisch), Militärverlag Warschau 1996
Luftfahrtgeschichte Heft 3/1973, Schmidt-Publikation Stuttgart
Zwangsarbeiter in Deutschland, Kulturlandschaft Dahme-Spreewald e.V. – Zeuthen 2004

Horst Maternas Geschichte des Flughafens Berlin-Schönefeld

Die Henschel Flugzeug Werke in Schönefeld bei Berlin wurden erst 1933 gegründet.
Sie entwickelten sich aber in kürzester Zeit zu einem Großserien-Flugzeugbau-Produzenten.
Neben der Lizenzproduktion für JUNKERS und DORNIER wurden eigene Flugzeuge hier gebaut sowie düsengetriebene Flugzeuge und sogar ferngelenkte Flugkörper entwickelt.

Horst Materna, Festeinband, 288 Seiten und 254 Abbildungen.
ISBN978-3-86777-049-1

Nach dem Zweiten Weltkrieg hinterließen die Henschel Flugzeug-Werke in Schönefeld einen gut ausgebauten Werkflughafen. Nach der völligen Demontage der Werksanlagen war das Areal nutzlos geworden. Durch einen Befehl der sowjetischen Besatzungsmacht kam es wieder zum Flugbetrieb. Aus bescheidenen Anfängen 1946 entstand ein moderner und internationaler Flughafen. Das Buch schildert die schweren Anfangsjahre des Flughafens Berlin-Schönefeld.

Horst Materna, Festeinband mit 192 Seiten und 216 Abbildungen. ISBN 978-3-86777-326-3

Nach dem Ende der diplomatischen Blockade der DDR, inszeniert durch die Bundesrepublik, stieg das Flugaufkommen sprunghaft an. Sowohl die vorhandenen Abfertigungsanlagen als auch die Luftfahrzeugflotte hatten ihre Leistungsgrenzen erreicht und mussten unbedingt erweitert werden.
Der Agrarflug sowie der Spezialflug erreichten Dimensionen, die sowohl vom Umfang als auch von den Leistungen schnell internationale Spitzenwerte erreichten.
Das Buch schildert sehr anschaulich die Periode von 1963 bis 1977 und weist die dynamische Entwicklung des Luftverkehrs der DDR nach.

Horst Materna, Festeinband mit 288 Seiten und 426 Abbildungen. ISBN 978-3-86777-454-3

Horst Maternas Geschichte des Flughafens Berlin-Schönefeld

Als 1978 das Militär die Führung des Unternehmens INTERFLUG übernahm und ein aktiver General der Luftstreitkräfte Generaldirektor wurde, änderte sich einiges in der Struktur, aber auch in den Aufgaben der INTERFLUG. Neben der Vorbereitung des Personals auf den Verteidigungszustand wurden zunehmend Flüge zur Unterstützung von nationalen Befreiungsbewegungen, einschließlich Waffentransporten, und Unterstützungsaufgaben für die Luftstreitkräfte durchgeführt. Trotzdem entwickelten sich die Leistungen aller fünf Betriebe kontinuierlich. Neue Flugtechnik kam zum Einsatz, die moderne Rechentechnik hielt sowohl bei der Flugsicherung, als auch in der Verwaltung Einzug und auch die Beziehungen zu Fluggesellschaften der westlichen Welt wurden intensiviert.

Horst Materna, Festeinband mit 288 Seiten und 352 Abb. ISBN 978-3-86777-465-9

Ende der 1980er Jahre wurde immer deutlicher, dass INTERFLUG mit ihrer Verkehrsflugzeugflotte nicht mehr konkurrenzfähig und eine Modernisierung durch sowjetische Konstruktionen nicht realistisch war. Hinzu kamen die gesellschaftlichen Probleme, die sich aus der desaströsen Wirtschaftslage der DDR in Verbindung mit den zunehmenden Differenzen innerhalb des sozialistischen Lagers ergaben und zwingend Veränderungen erforderten. In dieser Zeit öffnete sich allmählich der Weg nach Westen und es gelang moderne Technologien, Rechentechnik und selbst westliche Flugzeuge in Betrieb zu nehmen. Das Ende der DDR bedeutete aber auch das Ende der INTERFLUG, auch wenn zaghafte Versuche zu deren Überleben unternommen wurden. Wie sich der quälende Prozess bis zum Jahr 2000 hinzog, wird in diesem Buch beschrieben.

Horst Materna, Festeinband mit 224 Seiten und 250 Abb. ISBN 978-3-86777-685-1

Horst Materna

Die Geschichte des Flughafen Berlin-Schönefeld von 1933 bis 2000

Chronik der Ereignisse von den Henschel Flugzeugwerken über die Nutzung durch das sowjetische Militär bis zum Ende der DDR-Fluggesellschaft INTERFLUG und der Planung des neuen Großflughafens BER im Raum Schönefeld.

Verlag Rockstuhl

DAS BEGLEITBUCH

ZUR GLEICHNAMIGEN BUCHREIHE

Beginnend im Jahr 2010 hat der Verlag Rockstuhl freundlicherweise die Geschichte des Flughafens Schönefeld bei Berlin publiziert. Das hier vorgelegte Begleitbuch zur Buchreihe soll es den Lesern erleichtern, sie sich interessierende Perioden oder bestimmte Ereignisse sowie Persönlichkeiten oder die Beschreibung von Fluggeräte schneller zu finden. Aber auch dem Leser, der nicht alle veröffentlichten Bücher in seinem Schrank stehen hat, soll es Anreiz sein, die Reihe zu vervollständigen. Bestimmte Ereignisse oder Suchbegriffe werden mit dem entsprechenden Band und der Seitenzahl gekennzeichnet. Zum Beispiel finden Sie unter dem Kürzel II/123 die Kurzbiographie des Flughafenplaners der Deutschen Lufthansa (Ost), Dipl.-Ing. Ernst Haas im Band II ab der Seite 123 oder unter IV/144 im Band IV die Entwicklungsgeschichte des sowjetischen Großraumflugzeugs Iljuschin IL-96 auf der Seite 144.

Horst Materna, Taschenbuch
ISBN 978-3-95966-089-1

Horst Materna auf der Leipziger Buchmesse am Stand des Verlages Rockstuhl

Über den Autor

Der Flugkapitän, Dipl.-Ing. Horst Materna gehört zum Jahrgang 1936 – geboren in Harta im Sudetenland.

Er erlernte den Beruf eines Landmaschinenschlosser, war von 1954 bis 1957 Militärpilot. Von 1958–1990 war Horst Materna in der Zivilen Luftfahrt der DDR tätig. Dabei brachte er es auf 10.000 Flugstunden als Copilot, Kapitän und Trainingskapitän auf verschiedenen Verkehrsflugzeugtypen. Ab 1976 übernahm er für 15 Jahre die Tätigkeit als Flugbetriebsleiter des Verkehrsflugs bei der INTERFLUG.

Publizistisch finden wir zahlreiche Veröffentlichungen zu Luftfahrtthemen in der Fachpresse und er schrieb das Buch „*Die Geschichte der Henschel Flugzeug-Werke A.G. in Schönefeld bei Berlin 1933–1945*"; „*Die Geschichte des Flughafens Berlin-Schönefeld 1945–1963*"; „*Flughafen Berlin-Schönefeld – Heimatbasis der INTERFLUG 1963–1977*", „*Flughafen Berlin-Schönefeld und die militärisch geführte INTERFLUG 1977–1988*" sowie „*Flughafen Berlin-Schönefeld und das Ende der INTERFLUG 1988–2000*".

Das Buch „*Flugplatz Neuhardenberg–Marxwalde*" gestaltete er als Mitautor.

Heute lebt er als Rentner am Rande des Flughafens Schönefeld bei Berlin.